王思迅（暢銷書《易經白話講座》作者）——著

金剛經白話講座

放下的人生修行

作者序 見如來

我第一次接觸《金剛經》，是在大二。當時我念中興大學，有一天下午，天氣很熱，經過智海社的社團辦公室，被一種寧靜且清涼的氣氛吸引，就走了進去。得到他們社員允許後，我在書櫃裡拿了一本《金剛經》，坐下來慢慢讀。當然，當時我是讀不懂的。但是，那個寧靜且清涼的美好感受，卻一輩子無法忘記。

《金剛經》是我生平第一本，即使讀不懂，也願意反覆讀的一本書。後來我鼓勵別人讀《金剛經》，也是建議他們不必急著讀懂經文，因為這一段不懂的時光，有如人生的童年，我們在不懂的時候與這本經所結下的緣分，彷彿一個小孩子充滿好奇地看著自然世界。這是一段非常難得，也將影響人們一生道路的時光，請不要打擾它，也不要太早結束它。

我就這樣迷迷茫茫，有一搭沒一搭地誦讀《金剛經》，持續幾年。其中，有兩個感想可以跟大家分享。

一是雖然不瞭解經文的意思，可是，每次讀誦時，總會有那麼一兩句話，觸動我的內心，甚至會產生身體局部的反應，彷彿一陣電流通過胸前，或者從肩膀到後背感到一陣痠麻、發熱。而且連續幾個月都會對這幾句話有這樣特別的感受。我印象最深刻的一次，是念到經文中「如來所得法，此法無實無虛」一句，感受非常強烈，是從頭到腳都如同觸電一般，幾乎無法繼續往下讀。另有兩次，身心也有很強烈的感受，但還是比不上「此法無實無虛」。一次是讀到「但凡夫之人，貪著其事」，另一次是讀到「一切賢聖，皆以無為法而有差別」。

對於這樣的反應，我不知如何解釋，只能理解為，跟這幾句經文有特別的緣分。所以，我就把幾句經常觸動我的經文，記在心中，平常沒事時，就反覆回味，或者拿這些經文來理解現實生活中所遇到的問題。此時，我雖然還是不懂整體經文的意義，卻覺得《金剛經》十分可親，並不會因為它的深奧而產生距離感。

第二件值得分享的事是，在讀誦《金剛經》時，我常常望文生義，誤解經文的意義。其實，這並沒有關係。因為有這樣的誤解，後來在我正式讀一些法師講經的書籍時，先前錯誤的理解會被糾正，甚至產生慚愧感。這樣的慚愧感反而讓我對此處的經文印象深刻，體會也隨之加深。在我開始讀法師的講解後，有時也會理解錯誤，甚至不懂裝懂，但這些錯誤又會在幾年之後，因為新的閱讀與體會，再經歷一次充滿慚愧的糾正與檢討。所以，我的第一個心得是，不必太早去懂《金剛經》的經文。而第二個心得是，不必想一次就把《金剛經》的經文全部弄懂。想一次就把《金剛經》完全讀懂，這樣的理解一定會有錯，也會充滿誤解。

對於這樣一部重要的佛經，在我們生命的歷程中，我們應該，也必然會反反覆覆地，來來回回地體會。每隔三、五年，找一本適合的書，一字一句地，好好重新精讀一次。隨著年齡的增加，每一次的精讀，一定會有不同的體會，也一定會有更深的體悟。

還有，如果能把我們對《金剛經》的體會，運用在日常生活中，在所遇到的問題中實踐，我相信，這樣的運用與實踐，重要性要遠高過對經文的正確理解。因為，大部分的理解只是頭腦的活動，只有願意落實在生活中，才會變成真實的智慧。

我開始講授《心經》與《金剛經》，大約是七年前。當時因為《心經》篇幅較短，所以先開《心經》課程，後開《金剛經》課程。不過，實際授課之後，發覺《心經》的篇幅雖短，實則內容深奧，牽涉廣泛，對初學者來說，反而不易體會。所以現在授課，我會先上《金剛經》，後上《心經》。

對於沒有佛學基礎的人來說，《金剛經》是親近佛法般若智慧最好的第一本書。我常跟學員說，我們每一個人都有「宗教性」，也都願意修行，但是，不一定每一個人都想信奉某一種特定宗教。所以，我講《金剛經》，並不完全用佛教的立場來講，更多是用「宗教性」的角度來講，或者用修行的角度來講。

當然，每一種宗教都有自己的修行方法，然而，我所謂的修行，並不特指某一種宗教的修行，而是指人生的修行。

什麼是人生的修行呢？我個人的看法是：只要我們真心希望自己變得更好，真心希望自己的生命變得更有意義、更有價值，並且願意在這件事情上付出努力，這就是人生的修行了。

好比你很少運動，而且你真心認為運動會讓你變得更好，那麼運動對你來說就是修行。又例如你常常發脾氣，而且你真心認為少發一些脾氣，會讓你變得更好，那麼少發脾氣對你來說就是修行。或者你東忙西忙，精神緊張，連頓飯也很難放鬆心情地吃，那麼安靜下來，一人獨坐二十分鐘，什麼都不想，把注意力集中在呼吸上，這對你來說，也是修行。

所謂「真心希望自己變得更好」，其實包含了三件事情，一是「真心」，二是「希望」，三是「改變」。

「真心」不單單是指真誠，同時也是一種自我覺察的能力。因為，我們的「真」，需要透過反覆地自我覺察才能確立。所謂的「希望」，不只是被動的期待，而是一種主動付出努力，並逐漸使之實現的願力。所謂的「改變」，是我們真的感受到自己的成長、學習、提升，並慢慢成為我們理想中的樣子。

修行最重要的就是這三件事：自我覺察、實踐願力，以及成長提升。

對我來說，《金剛經》和《心經》無論是否會引領人信仰宗教，都一定是引領人修行的寶貴經典。所以，當時我心中設想的授課對象，並不是信仰佛教的人，而是願意修行的人。

人只要開始在意怎樣使用時間，只要開始在意想成為怎樣的人，只要開始在意怎樣的人生比較有意義、怎樣的人生比較沒有意義，只要開始在意怎樣過此一生，才不算白白來人世間走一遭，只要他開始在意這些事情，就是開始表現出「宗教性」的傾向。人的「宗教性」不是任何一個時間階段都會展現的。從我個人的觀察，覺得一般會在四十到四十五歲之間，慢慢展現出「宗教性」。當然，有些人會更早一些，而有些人則更晚一些。

為何是四十到四十五歲之間呢？這是因為我們現在對壽命的預期，大約是八十到九十歲，而四十到四十五歲，剛好是一半。當人感覺到，自己的生命已度過人生的一半，這時，就會忍不住問自己，生命的意義究竟是什麼？他會很想知道，如此忙碌半生，究竟目的何在？他更想要知道，要做哪些事情，人生才不算虛度？

當他發覺，人生已經度過一半，而他對這些問題的答案，仍毫無所知，仍無法面對，仍有意無意地在迴避，他的內心，就開始警醒了。他開始知道不能再繼續這樣，開始感到時間有限，想要認真反省自己的生活。

當一個人開始認真面對這些問題時，深藏在他內心裡的「宗教性」，就會開始甦醒。

一個人想要過好這一生，想要讓生命有意義、有價值，想要讓自己成為自己喜歡的樣子，佛法的智慧，絕對可以提供很大的幫助。而在所有的佛法智慧中，我認為《金剛經》可以提供最簡便、最直接，也最有效的方法。這個方法，從名相上說，我們可以稱之為「般若」。而從實踐上說，則可以稱之為「放下」，或者「放下執著」。

人生可以追求的事物非常多，多到讓人不知如何取捨。但是，如果能安靜下來覺察自己的生命，反省自己的生活，開始進行讓自己變得更好的修行，大概經過三、五年之後，就會知道，真正關乎我們生命意義的事情，其實並沒有很多，人生並沒有我們想像中那麼複雜，那麼困難，那麼難以輕鬆。

在這個覺察生命的過程中，你會發現，「放下」幾乎是我們每天都要從事的日常功課。當我們慢慢學會「放下」，我們的世界就會越來越明澈，越來越清楚，我們的人生道路也會越來越明確，越來越篤定。最後，我們會知道自己應該過怎樣的生活，成為怎樣的人，在怎樣的事情上努力，並在「宗教性」的實踐上，圓滿我們的一生。

＊＊＊

那麼，《金剛經》究竟在講什麼？為什麼可以給人這麼大的幫助？我是這樣體會的。

一般認為《金剛經》的主題是講「空性」。可是，「空性」並沒有具體內容，所以是沒辦法直接描述的。例如我們講「人性」，不同哲學家賦予「人性」不同的內容，所以，「人性」是可以講的。可是，「空性」跟「人性」不在同一個層次。「人性」是人之所以為人的基礎，而「空性」則是一切之所為一切的基礎。佛教認為，一切事物的存在，並沒有實質層面上的基礎，所以稱之為「空」。

「空性」因為沒有具體內容而無法講，但是，為了傳播佛法，卻也不能不講，那怎麼辦呢？這時，《金剛經》提供了一種方法，讓我們循此法而認識「空性」，我稱之為「以心說空」。

舉例來說，我們的心有一種傾向，喜歡認定某些事物是好的，某些事物是不好的。被認定是好的事物，例如富貴名利，我們就會努力追求。被認定是不好的事物，例如辛勞困難，我們就會努力迴避。這種傾向，深入人心，且非常強烈，以致我們的心完全被它綑綁，只能照著這樣的設定行動，無法逃脫。這樣就是落入因果業力，隨其流轉，不得自由。這樣隨因果業力而流轉的心，與「空性」背道而馳。

我們的心，可不可以有另一種傾向呢？我們的心，能不能有另一種理解方式呢？例如我們是不是應該反省一下，我們所認為好的東西，真的那麼好嗎？富貴名利真的好到，值得我們犧牲其它一切，全心去追求嗎？同時，我們所認為不好的東西，真的那麼不好嗎？辛苦與困難真的一點正面價值都沒有嗎？如果我們的心，有這樣的理解，那麼我們就不會被原有的傾向控制，我們可以某種程度地逃脫因果業力，某種程度地能夠自主與得到自由。

我們的心，喜歡認定事物是這樣的，或那樣的。這可以稱為好惡，或者價值評斷。這個認定，會逐漸強烈，最後變成難以改變的傾向。接著，這個傾向會控制我們的頭腦與身體，讓我們依循這一認定而去行為與反應。當我們的頭腦與身體都被這一傾向控制了，那就代表我們失去了自我覺察的能力，也失去了我們的自由。這樣的情況，就被稱為是隨著因果業力流轉。

如果我們的心，能夠從這一認定的傾向中掙脫出來，那我們就能脫困，不會被控制，也能得到自由。我們的心，能夠逃脫自己給自己設下的圈套，能夠避免「作繭自縛」，能夠透過自我覺察，放下自己原有的傾向，這種能力，就是我們內心智慧的顯現。或者，我們也可以稱之為般若智慧。

《金剛經》想告訴我們的方法是，我們無法直接描述什麼是「空性」，可是，我們知道，如果我們錯誤地使用我們的心，我們就會隨因果業力而流轉，並且與「空性」背道而馳。如果我們正確使用我們的心，我們不但可以不隨因果業力而流轉，同時也可以體會到「空性」的意義。

「空性」不是一種用語言就能表達清楚的東西，理解「空性」最好的方法是實踐般若智慧。透過般若智慧的實踐，「空性」會成為一種意味深長，難以道盡，又不言自明的東西。

那麼如何實踐般若智慧呢？《金剛經》也提供了一個具體可行的方法，那就是「放下執著」。《金剛經》反覆以布施為例，一再強調，布施豐厚財物的人福德非常大，但是，能夠放下福德這個想法的人，他的福德比前者更大，而且大到無量無邊，不可思議。

認為布施必有福德，這是從因果上說法。但是，永遠在因果上說法，也將永遠受制於因果，甚至，稍有不慎，還會受困於因果。

凡事若都在因果上做打算，最後還是難逃業力。因為究竟的福德，不是在因果上得福德，而是放下福德，在因果上得自由。因為，不被因果制約綑綁，既是最高的智慧，也是最不可思議的福德。

「執著」就是被困在因果上，動彈不得。「放下執著」就可以在因果上脫困。我們的苦惱，常常是因為被困在執著上，這樣也不對，那樣也不對，層層綑綁，動彈不得。

遇到苦惱的事，如果我們能反觀自照，好好反省，必能看到自己「執著」的地方。只要放下這些「執著」，那些糾纏不清的因果，自然就被鬆開了，苦惱也就順勢化解了。這化解苦惱的過程，就是某種程度實踐般若智慧的過程。

人只有一個心，但是，心可以善用，也可以誤用。使用錯誤的方法，我們的心必然充滿執著，養成各種固定的腦迴路，接著就是用這些腦迴路作繭自縛，同時帶來數不盡的煩惱。

正確地觀看我們自己的心，就是般若智慧。般若智慧就是站到更高的地方看事情，般若智慧就是放下原有的執著，般若智慧就是跳到世界的外面來看世界，般若智慧就是放下習性，般若智慧就是感受到自己圓滿無缺，無所求無所得。

如果要用一段簡單的話，說明《金剛經》的大意，我想我會說：覺察及觀看是一切修行的根本。任何修行要深入妙境，都要帶一點般若智慧的成分。「放下執著」是實踐般若智慧的鑰匙。一切修行最終都將因般若智慧而得圓滿。

這本書是我與學員共同修習《金剛經》時的講義，經過修改，結集而成，特別向這些學員致上深深的謝意。

目次

金剛般若波羅蜜經

姚秦三藏法師鳩摩羅什譯

法會因由分第一

如是我聞：一時，佛在舍衛國祇樹給孤獨園，與大比丘眾，千二百五十人俱。爾時，世尊食時，著衣持鉢，入舍衛大城乞食。於其城中，次第乞已，還至本處。飯食訖，收衣鉢，洗足已，敷座而坐。

善現啟請分第二

時，長老須菩提在大眾中，即從座起，偏袒右肩，右膝著地，合掌恭敬，而白佛言：「希有，世尊。如來善護念諸菩薩，善付囑諸菩薩。世尊！善男子、善女人，發阿耨多羅三藐三菩提心，云何應住？云何降伏其心？」

佛言：「善哉！善哉！須菩提！如汝所說，如來善護念諸菩薩，善付囑諸菩薩。汝今諦聽，當為汝說。善男子、善女人，發阿耨多羅三藐三菩提心，應如是住，如是降伏其心。」

「唯然！世尊！願樂欲聞。」

大乘正宗分第三

佛告須菩提：「諸菩薩摩訶薩，應如是降伏其心：所有一切眾生之類，若卵生、若胎生、若濕生、若化生；若有色、若無色；若有想、若無想；若非有想非無想，我皆令入無餘涅槃而滅度之。如是滅度無量無數無邊眾生，實無眾生得滅度者。何以故？須菩提！若菩薩有我相、人相、眾生相、壽者相，即非菩薩。」

妙行無住分第四

復次：「須菩提！菩薩於法，應無所住，行於布施。所謂不住色布施，不住聲、香、味、觸、法布施。須菩提！菩薩應如是布施，不住於相。何以故？若菩薩不住相布施，其福德不可思量。須菩提！於意云何？東方虛空可思量不？」

「不也，世尊！」

「須菩提！南、西、北方，四維上下虛空，可思量不？」

「不也，世尊！」

「須菩提！菩薩無住相布施，福德亦復如是，不可思量。須菩提！菩薩但應如所教住！」

如理實見分第五

「須菩提！於意云何？可以身相見如來不？」

「不也，世尊！不可以身相得見如來。何以故？如來所說身相，即非身相。」

佛告須菩提：「凡所有相，皆是虛妄。若見諸相非相，即見如來。」

正信希有分第六

須菩提白佛言：「世尊！頗有眾生，得聞如是言說章句，生實信不？」

佛告須菩提：「莫作是說！如來滅後，後五百歲，有持戒修福者，於此章句，能生信心，以此為實。當知是人，不於一佛、二佛、三四五佛而種善根，已於無量千萬佛所種諸善根。聞是章句，乃至一念生淨信者，須菩提！如來悉知悉見，是諸眾生得如是無量福德。何以故？是諸眾生，無復我相、人相、眾生相、壽者相、無法相，亦無非法相。何以故？是諸眾生若心取相，即為著我、人、眾生、壽者。若取法相，即著我、人、眾生、壽者。何以故？若取非法相，即著我、人、眾生、壽者。是故不應取法，不應取非法。以是義故，如來常說：汝等比丘！知我說法，如筏喻者；法尚應捨，何況非法？」

無得無說分第七

「須菩提！於意云何？如來得阿耨多羅三藐三菩提耶？如來有所說法耶？」

須菩提言：「如我解佛所說義，無有定法，名阿耨多羅三藐三菩提；亦無有定法如來可說。何以故？如來所說法，皆不可取、不可說；非法、非非法。所以者何？一切賢聖，皆以無為法，而有差別。」

依法出生分第八

「須菩提！於意云何？若人滿三千大千世界七寶，以用布施，是人所得福德，寧為多不？」

須菩提言：「甚多。世尊！何以故？是福德，即非福德性，是故如來說福德多。」

「若復有人，於此經中，受持乃至四句偈等，為他人說，其福勝彼。何以故？須菩提！一切諸佛，及諸佛阿耨多羅三藐三菩提法，皆從此經出。須菩提！所謂佛法者，即非佛法。」

一相無相分第九

「須菩提！於意云何？須陀洹能作是念，我得須陀洹果不？」

須菩提言：「不也。世尊！何以故？須陀洹名為入流，而無所入；不入色、聲、香、味、觸、法。是名須陀洹。」

「須菩提！於意云何？斯陀含能作是念，我得斯陀含果不？」

須菩提言：「不也。世尊！何以故？斯陀含名一往來，而實無往來，是名斯陀含。」

「須菩提，於意云何？阿那含能作是念，我得阿那含果不？」

須菩提言：「不也。世尊！何以故？阿那含名為不來，而實無不來，是故名阿那含。」

「須菩提！於意云何？阿羅漢能作是念，我得阿羅漢道不？」

莊嚴淨土分第十

須菩提言：「不也。世尊！何以故？實無有法名阿羅漢。世尊！若阿羅漢作是念，我得阿羅漢道，即為著我、人、眾生、壽者。世尊！佛說我得無諍三昧，人中最為第一，是第一離欲阿羅漢。世尊！我不作是念：『我是離欲阿羅漢。』世尊！我若作是念，我得阿羅漢道，世尊則不說須菩提是樂阿蘭那行者，以須菩提實無所行，而名須菩提是樂阿蘭那行。」

佛告須菩提：「於意云何？如來昔在然燈佛所，於法有所得不？」

「不也，世尊！如來在然燈佛所，於法實無所得。」

「須菩提！於意云何？菩薩莊嚴佛土不？」

「不也。世尊！何以故？莊嚴佛土者，即非莊嚴，是名莊嚴。」

「是故，須菩提！諸菩薩摩訶薩，應如是生清淨心，不應住色生心，不應住聲、香、味、觸、法生心，應無所住，而生其心。須菩提！譬如有人，身如須彌山王，於意云何？是身為大不？」

須菩提言：「甚大。世尊！何以故？佛說非身，是名大身。」

無為福勝分第十一

「須菩提！如恆河中所有沙數，如是沙等恆河，於意云何？是諸恆河沙，寧為多不？」

須菩提言：「甚多。世尊！但諸恆河，尚多無數，何況其沙？」

「須菩提！我今實言告汝，若有善男子、善女人，以七寶滿爾所恆河沙數三千大千世界，以用布施，得福多不？」

須菩提言：「甚多。世尊！」

佛告須菩提：「若善男子、善女人，於此經中，乃至受持四句偈等，為他人說，而此福德，勝前福德。」

尊重正教分第十二

復次：「須菩提！隨說是經，乃至四句偈等，當知此處，一切世間天、人、阿修羅，皆應供養，如佛塔廟。何況有人，盡能受持、讀誦。須菩提！當知是人，成就最上第一希有之法；若是經典所在之處，即為有佛，若尊重弟子。」

如法受持分第十三

爾時，須菩提白佛言：「世尊！當何名此經？我等云何奉持？」

佛告須菩提：「是經名為金剛般若波羅蜜，以是名字，汝當奉持。所以者何？須菩提！佛說般若波羅蜜，即非般若波羅蜜，是名般若波羅蜜。須菩提！於意云何？如來有所說法不？」
須菩提白佛言：「世尊！如來無所說。」
「須菩提！於意云何？三千大千世界所有微塵，是為多不？」
須菩提言：「甚多。世尊！」
「須菩提！諸微塵，如來說非微塵，是名微塵。如來說世界非世界，是名世界。」
「須菩提，於意云何？可以三十二相見如來不？」
「不也。世尊！不可以三十二相得見如來。何以故？如來說三十二相，即是非相，是名三十二相。」
「須菩提！若有善男子、善女人，以恆河沙等身命布施，若復有人，於此經中，乃至受持四句偈等，為他人說，其福甚多！」

離相寂滅分第十四

爾時，須菩提聞說是經，深解義趣，涕淚悲泣，而白佛言：「希有！世尊。佛說如是甚深經典，我從昔來所得慧眼，未曾得聞如是之經。世尊！若復有人得聞是經，信心清淨，即生實相。當知是人成就第一希有功德。世尊！是實相者，則是非相，是故如來說名實相。世尊！我今得聞如是經典，信解受持不足為難，若當來世後五百歲，其有眾生，得聞是經，信解受持，是人則為第一希有。何以故？

此人無我相、無人相、無眾生相、無壽者相，所以者何？我相，即是非相；人相、眾生相、壽者相，即是非相。何以故？離一切諸相，則名諸佛。」

佛告須菩提：「如是，如是！若復有人，得聞是經，不驚、不怖、不畏，當知是人，甚為希有。何以故？須菩提！如來說第一波羅蜜即非第一波羅蜜，是名第一波羅蜜。須菩提！忍辱波羅蜜，如來說非忍辱波羅蜜，是名忍辱波羅蜜。何以故？須菩提！如我昔為歌利王割截身體，我於爾時，無我相、無人相、無眾生相、無壽者相。何以故？我於往昔節節支解時，若有我相、人相、眾生相、壽者相，應生瞋恨。須菩提！又念過去於五百世，作忍辱仙人，於爾所世，無我相、無人相、無眾生相、無壽者相。是故，須菩提！菩薩應離一切相，發阿耨多羅三藐三菩提心，不應住色生心，不應住聲、香、味、觸、法生心，應生無所住心。若心有住，即為非住。是故佛說菩薩心，不應住色布施。須菩提！菩薩為利益一切眾生故，應如是布施。如來說一切諸相，即是非相；又說一切眾生，即非眾生。須菩提！如來是真語者、實語者、如語者、不誑語者、不異語者。須菩提！如來所得法，此法無實無虛。須菩提！若菩薩心住於法，而行布施，如人入闇，則無所見。若菩薩心不住法，而行布施，如人有目，日光明照，見種種色。須菩提！當來之世，若有善男子、善女人，能於此經受持、讀誦，則為如來，以佛智慧，悉知是人，悉見是人，皆得成就無量無邊功德。」

持經功德分第十五

「須菩提！若有善男子、善女人，初日分以恆河沙等身布施；中日分復以恆河沙等身布施；後日分亦以恆河沙等身布施，如是無量百千萬億劫，以身布施。若復有人，聞此經典，信心不逆，其福勝彼。何況書寫、受持、讀誦、為人解說。須菩提！以要言之，是經有不可思議，不可稱量，無邊功德。如來為發大乘者說，為發最上乘者說，若有人能受持、讀誦、廣為人說，如來悉知是人、悉見是人，皆得成就不可量、不可稱、無有邊、不可思議功德，如是人等，即為荷擔如來阿耨多羅三藐三菩提。何以故？須菩提！若樂小法者，著我見、人見、眾生見、壽者見，則於此經不能聽受、讀誦、為人解說。須菩提！在在處處，若有此經，一切世間，天、人、阿修羅所應供養，當知此處，則為是塔，皆應恭敬，作禮圍遶，以諸華香而散其處。」

能淨業障分第十六

復次：「須菩提！若善男子、善女人，受持、讀誦此經，若為人輕賤，是人先世罪業，應墮惡道，以今世人輕賤故，先世罪業，則為消滅，當得阿耨多羅三藐三菩提。須菩提！我念過去無量阿僧祇劫，於然燈佛前，得值八百四千萬億那由他諸佛，悉皆供養承事，無空過者。若復有人，於後末世，能受持、讀誦此經，所得功德，於我所供養諸佛功德，百分不及一，千萬億分，乃至算數譬喻所不能及。須菩提！若善男子、善女人，於後末世，有受持、讀誦此經，所得功德，我若具說者，或有人聞，心則狂亂，狐疑不信。須菩提！當知是經義不可思議，果報亦不可思議。」

究竟無我分第十七

爾時，須菩提白佛言：「世尊，善男子、善女人，發阿耨多羅三藐三菩提心，云何應住？云何降伏其心？」

佛告須菩提：「善男子、善女人，發阿耨多羅三藐三菩提心者，當生如是心：我應滅度一切眾生；滅度一切眾生已，而無有一眾生實滅度者，何以故？須菩提，若菩薩有我相、人相、眾生相、壽者相，即非菩薩。所以者何？須菩提！實無有法，發阿耨多羅三藐三菩提心者。須菩提！於意云何？如來於然燈佛所，有法得阿耨多羅三藐三菩提不？」

「不也。世尊！如我解佛所說義，佛於然燈佛所，無有法得阿耨多羅三藐三菩提。」

佛言：「如是！如是！須菩提！實無有法，如來得阿耨多羅三藐三菩提。須菩提！若有法如來得阿耨多羅三藐三菩提者，然燈佛即不與我授記：『汝於來世當得作佛，號釋迦牟尼。』以實無有法，得阿耨多羅三藐三菩提，是故然燈佛與我授記，作是言：『汝於來世，當得作佛，號釋迦牟尼。』何以故？如來者，即諸法如義。若有人言：如來得阿耨多羅三藐三菩提，須菩提！實無有法，佛得阿耨多羅三藐三菩提。須菩提！如來所得阿耨多羅三藐三菩提，於是中無實無虛。是故如來說一切法，皆是佛法。須菩提！所言一切法者，即非一切法，是故名一切法。須菩提！譬如人身長大。」

須菩提言：「世尊！如來說人身長大，則為非大身，是名大身。」

「須菩提！菩薩亦如是。若作是言：『我當滅度無量眾生。』則不名菩薩。何以故？須菩提！實無有法，名為菩薩。是故佛說：『一切法，無我、無人、無眾生、無壽者。』須菩提！若菩薩作是言：『我當莊嚴佛土。』是不名菩薩。何以故？如來說莊嚴佛土者，即非莊嚴，是名莊嚴。須菩提！若菩薩通達無我法者，如來說名真是菩薩。」

一體同觀分第十八

「須菩提！於意云何？如來有肉眼不？」

「如是，世尊！如來有肉眼。」

「須菩提！於意云何？如來有天眼不？」

「如是，世尊！如來有天眼。」

「須菩提！於意云何？如來有慧眼不？」

「如是，世尊！如來有慧眼。」

「須菩提！於意云何？如來有法眼不？」

「如是，世尊！如來有法眼。」

「須菩提！於意云何？如來有佛眼不？」

「如是，世尊！如來有佛眼。」

「須菩提！於意云何？如恆河中所有沙，佛說是沙不？」

「如是，世尊！如來說是沙。」

「須菩提！於意云何？如一恆河中所有沙，有如是沙等恆河，是諸恆河所有沙數，佛世界如是，寧為多不？」

「甚多。世尊！」

佛告須菩提：「爾所國土中，所有眾生若干種心，如來悉知。何以故？如來說諸心，皆為非心，是名為心。所以者何？須菩提！過去心不可得，現在心不可得，未來心不可得。」

法界通化分第十九

「須菩提！於意云何？若有人滿三千大千世界七寶，以用布施，是人以是因緣，得福多不？」

「如是，世尊！此人以是因緣，得福甚多。」

「須菩提！若福德有實，如來不說得福德多，以福德無故，如來說得福德多。」

離色離相分第二十

「須菩提！於意云何？佛可以具足色身見不？」

「不也，世尊！如來不應以具足色身見。何以故？如來說具足色身，即非具足色身，是名具足色身。」

「須菩提！於意云何？如來可以具足諸相見不？」

「不也，世尊！如來不應以具足諸相見。何以故？如來說諸相具足，即非具足，是名諸相具足。」

非說所說分第二十一

「須菩提！汝勿謂如來作是念：我當有所說法。莫作是念！何以故？若人言如來有所說法，即為謗佛，不能解我所說故。須菩提！說法者，無法可說，是名說法。」

爾時，慧命須菩提白佛言：「世尊！頗有眾生，於未來世，聞說是法，生信心不？」

佛言：「須菩提！彼非眾生，非不眾生。何以故？須菩提！眾生，眾生者，如來說非眾生，是名眾生。」

無法可得分第二十二

須菩提白佛言：「世尊！佛得阿耨多羅三藐三菩提，為無所得耶？」

佛言：「如是！如是！須菩提！我於阿耨多羅三藐三菩提，乃至無有少法可得，是名阿耨多羅三藐三菩提。」

淨心行善分第二十三

復次：「須菩提！是法平等，無有高下，是名阿耨多羅三藐三菩提。以無我、無人、無眾生、無壽者，修一切善法，則得阿耨多羅三藐三菩提。須菩提！所言善法者，如來說即非善法，是名善法。」

福智無比分第二十四

「須菩提！若三千大千世界中，所有諸須彌山王，如是等七寶聚，有人持用布施。若人以此般若波羅蜜經，乃至四句偈等，受持、讀誦，為他人說，於前福德，百分不及一，百千萬億分，乃至算數譬喻所不能及。」

化無所化分第二十五

「須菩提！於意云何？汝等勿謂如來作是念：『我當度眾生。』須菩提！莫作是念！何以故？實無有眾生如來度者。若有眾生如來度者，如來即有我、人、眾生、壽者。須菩提！如來說有我者，則非有我，而凡夫之人，以為有我。須菩提！凡夫者，如來說則非凡夫，是名凡夫。」

法身非相分第二十六

「須菩提！於意云何？可以三十二相觀如來不？」

須菩提言：「如是！如是！以三十二相觀如來。」

佛言：「須菩提！若以三十二相觀如來者，轉輪聖王即是如來。」

須菩提白佛言：「世尊！如我解佛所說義，不應以三十二相觀如來。」

爾時，世尊而說偈言：「若以色見我，以音聲求我，是人行邪道，不能見如來。」

無斷無滅分第二十七

「須菩提！汝若作是念：『如來不以具足相故，得阿耨多羅三藐三菩提。』須菩提！莫作是念：『如來不以具足相故，得阿耨多羅三藐三菩提。』須菩提！汝若作是念，發阿耨多羅三藐三菩提心者，說諸法斷滅。莫作是念！何以故？發阿耨多羅三藐三菩提心者，於法不說斷滅相。」

不受不貪分第二十八

「須菩提！若菩薩以滿恆河沙等世界七寶，持用布施。若復有人，知一切法無我，得成於忍。此菩薩勝前菩薩所得功德。何以故？須菩提！以諸菩薩不受福德故。」

須菩提白佛言：「世尊！云何菩薩，不受福德？」

「須菩提！菩薩所作福德，不應貪著，是故說：不受福德。」

威儀寂靜分第二十九

「須菩提！若有人言：『如來若來、若去；若坐、若臥。』是人不解我所說義。何以故？如來者，無所從來，亦無所去，故名如來。」

一合理相分第三十

「須菩提！若善男子、善女人，以三千大千世界碎為微塵；於意云何？是微塵眾，寧為多不？」

須菩提言：「甚多。世尊！何以故？若是微塵眾實有者，佛則不說是微塵眾。所以者何？佛說微塵眾，即非微塵眾，是名微塵眾。世尊！如來所說三千大千世界，則非世界，是名世界。何以故？若世界實有者，即是一合相；如來說一合相，則非一合相，是名一合相。」

「須菩提！一合相者，則是不可說，但凡夫之人，貪著其事。」

知見不生分第三十一

「須菩提！若人言：『佛說我見、人見、眾生見、壽者見。』須菩提！於意云何？是人解我所說義不？」

「不也，世尊！是人不解如來所說義。何以故？世尊說我見、人見、眾生見、壽者見，即非我見、人見、眾生見、壽者見，是名我見、人見、眾生見、壽者見。」

「須菩提！發阿耨多羅三藐三菩提心者，於一切法，應如是知、如是見、如是信解，不生法相。須菩提！所言法相者，如來說即非法相，是名法相。」

應化非真分第三十二

「須菩提！若有人以滿無量阿僧祇世界七寶，持用布施。若有善男子、善女人，發菩提心者，持於此經，乃至四句偈等，受持、讀誦，為人演說，其福勝彼。云何為人演說？不取於相，如如不動。何以故？『一切有為法，如夢幻泡影；如露亦如電，應作如是觀。』」

佛說是經已，長老須菩提，及諸比丘、比丘尼、優婆塞、優婆夷，一切世間天、人、阿修羅，聞佛所說，皆大歡喜，信受奉行。

第一堂課 譯本、經名及第一分

修行不是做什麼特別的事，
只是用心體會生活，並從中得到提升的力量

《金剛經》與《心經》這兩部佛經的知名度都非常高，也是一般人最常念誦的兩部佛經。《心經》和《金剛經》的內容，推論可能都是根源自《大般若經》。《大般若經》總共有十四會，《心經》的內容與第二會的內容很接近，尤其是第四二二卷與第四二九卷。《金剛經》則與第九會的內容十分接近。所以，《金剛經》的主題和《心經》一樣，都是在講無上甚深的般若智慧，也就是空的智慧，但是兩者偏重的地方不太一樣。

什麼地方不同呢？我想跟大家分享兩點。第一個不同是：《心經》談「空」不談「心」，而《金剛經》則談「心」不談「空」。

不知大家注意到沒有，《心經》雖然經名出現「心」字，可是經文卻一個「心」字都沒有。相反地，《金剛經》的經名沒有「心」字，但是經文卻經常出現「心」字，總共出現了四十幾次之多。

甚至，《金剛經》一開始就以「如何降伏其心」作為全經問答的核心，這等於是用一個「心」字，為我們敲開般若智慧的大門。

至於「空」字，《心經》篇幅極短，卻處處談「空」。開頭第三句，就用「照見五蘊皆空」切入經文的核心。之後又連續用了六個「空」字。這等於是用一個「空」字，為我們敲開般若智慧的大門。

《金剛經》全文五千多字，從頭到尾只出現三個「空」字。這三個「空」字，兩次指空間（東方虛空、上下虛空），一次指沒有（無空過者），這都不是佛教所談的「空」。所以才說，《心經》談「空」不談「心」，而《金剛經》則談「心」不直接談「空」。

第二個不一樣是，說法的對象不同。《心經》是針對智慧已有累積，或修行較深的人而說的法。而《金剛經》則是針對一般開始發願修行的善男子、善女人而說的法。

因此《心經》直接從「空」這個非常抽象的概念入手，其主要論點在「不二」與「無得」。「不二」是指不二分，這是般若智慧的妙用。「無得」則是指一切事物皆不可執著，連般若智慧本身也不可執著。這是《心經》談「空」的方法。它的文字雖然簡潔，但是對一般人來說，內容不是那麼容易懂。

但是，《金剛經》不直接談「空」，而是透過「心」來間接談「空」。因為「心」的所知所見即是五蘊之「相」，所以《金剛經》的主要論點在於「不住於相」。也就是要破我們的「心」對於

「相」的執著。

說了這麼多，但是，究竟什麼是「般若」呢？「般若」是梵文的音譯，意思是在智慧之上的智慧。換句話說，它不是普通的聰明智慧，或敏捷巧思，而是高於一切智慧之智慧。

什麼是高於一切智慧之智慧？這好比有一個水池，我們是生活在水池裡的小魚，因為池中食物有限，所以每條魚都要發揮智慧，與其它魚競爭，想辦法吃到更多的食物，變成更大的魚。然而，有一條魚，牠不是想著如何與其它魚競爭，而是彷彿站在水池之外，看著自己所做的事，也看著其它魚所做的事，同時看著大家這樣做的原因，以及這樣做之後，得到的結果。當牠這樣站在局外，這樣站在一切之上，平靜地觀看自己，並不帶好惡地觀看所有事物時，就會逐漸看到一切事物運行的規律，甚至，會看到所有魚的命運，乃至整個水池的命運。在這個不涉入、無所求的觀看過程中，這條魚所領悟到的，必然是一種特別的智慧，一種洞見的智慧。

持續用這樣置身事物之上的角度觀看自己、觀看他人、觀看環境、觀看時空的變化，也觀看自己思維中的一切。這樣的觀看，與這樣的觀看所得到的理解，以及繼續用這樣的觀看來觀看理解，這就是智慧之上的智慧。

智慧之上的智慧讓我們知道，事情為何這樣或那樣發生，也讓我們知道，我們為何會有這樣或那樣的好惡反應。這一份知道，與這一份觀看的能力，讓我們對一切事物的發生與變化，擁有較大的包容與接受的能力。也讓我們對自身一切喜怒哀樂的感受，有較強的平衡與平撫的能力。

＊
＊
＊

在正式講《金剛經》之前，要先說明我們使用的譯本。《金剛經》有好幾種翻譯的版本，我們使用的是鳩摩羅什大師的譯本。但在講解經文時，某些地方也會參考玄奘大師的譯本。

根據鳩摩羅什大師的譯本，《金剛經》的全名是《金剛般若波羅蜜經》。不過，根據玄奘大師的翻譯，《金剛經》全名是《能斷金剛般若波羅蜜多經》。玄奘大師多了「能斷」這兩個字。

所謂的「金剛」，在梵文中是鑽石或閃電的意思。中文的解釋，認為「金剛」是可以摧毀一切，卻無法被一切所摧毀的東西。在古印度神話中，「金剛」也是統領天界的帝釋天所使用的兵器。所以藏傳佛教有「降魔金剛杵」的法器。

鳩摩羅什大師使用「金剛」一詞，是用來象徵般若智慧，表示般若智慧可以破除一切難以破除的無明煩惱。不過，若依玄奘的翻譯，「金剛」一詞反而是用來象徵無明煩惱。指無明煩惱雖然堅硬如「金剛」，但是，般若智慧依然可以將之破除。故稱「能斷」。

前面講過，「**般若**」是梵文的音譯，是智慧的意思。當然，這個智慧不是一般反應靈敏、思辨力強的那一種智慧。而是在一切智慧之上的智慧，是能解脫一切煩惱的智慧，也是來自我們的本心，人人都具備的智慧。

因為「般若」的含意比世人觀念中的智慧要深遠，所以許多佛法相關書籍中，常常直接使用音譯的「般若」二字，而不用智慧。

大家可能會覺得很奇怪，為什麼《金剛經》、《心經》，還有其它很多佛經，都在講「般若」呢？因為，「般若」思想是佛法非常重要的核心。如果拿掉「般若」，那麼佛法就失去了靈魂，甚至，我們也找不到另一條可以開悟、可以成佛的道路了。

禪宗的法師特別愛說，「佛」與「凡夫」沒有差別，只要「悟」了就是「佛」，若是「迷」了，那就是「凡夫」。而所謂的「悟」，其實就是指打開般若智慧。所謂的「迷」，就是指般若智慧還沒打開。

所以，一切佛法智慧，無論怎麼發揮作用，怎麼應用在現實生活中，怎麼幫助眾生解決問題，最後，這些智慧一定要歸結於能見到本心的般若智慧。至少也要越來越靠近般若智慧才行。如果任何智慧的應用，最後卻越來越遠離般若智慧，那麼這就一定不是來自佛法的智慧。這一點大家一定要分辨清楚。

「**波羅蜜**」一詞，是指「到達彼岸，得到解脫」的意思。「般若波羅蜜」就是「能讓人到達彼岸，得到解脫的般若智慧」。

但「波羅蜜」在梵文中，也有究竟、圓滿的意思。所以「般若波羅蜜」也可以解釋為「究竟圓滿的智慧」。

《金剛經》在最初剛翻譯成中文時，很多宗派都視之為「不了義經」。當時的人把佛經分為

「了義」與「不了義」兩種。「了義經」是指這本佛經以說道理為主，而且把道理說得很清楚、很完整、很透徹，適合根器比較深的人閱讀。而「不了義經」則是這本佛經以說事情、說故事、說譬喻為主，雖然無法把道理說得很圓滿，很深入，卻很適合一般大眾閱讀。例如《阿彌陀經》與《地藏經》等，內容主要是在說故事，所以歸於「不了義經」。很奇怪的，《金剛經》不知是不是情節比較豐富，早期也被視為「不了義經」。當然，隨著時代的發展，這種說法慢慢就被改變了。

一提到《金剛經》，我們很容易就會想到禪宗。因為禪宗向來以《金剛經》為核心經典。例如我們去北投農禪寺，牆壁上刻著的就有《心經》與《金剛經》。還有一面大牆，上面寫著《金剛經》的名句：「應無所住而生其心」。

不過，大家要知道，《金剛經》成為禪宗的核心經典，是五祖弘忍與六祖慧能以後的事。在這之前，禪門裡主要讀誦的經典是《楞伽經》。但是《楞伽經》實在太艱深，太難讀了，名相又多，一般人很難讀懂。再加上六祖慧能是因為聽聞《金剛經》而開悟，而且五祖弘忍也以《金剛經》傳法，所以後來《金剛經》在禪門裡的地位，就逐漸取代了《楞伽經》。

因為之前有幾個同學問過如何閱讀《金剛經》，所以在正式講解經文之前，我想先跟大家分享我讀《金剛經》的經驗。有幾點建議，大家可以參考看看。

首先，讀經之前，不必急著明白經文的意思。

我們拿到一本佛經，可以先試著從各個方面跟這本經書結緣。例如仔細看看書的封面、背面，乃至版權頁，看看上面有沒有說明這經書是誰印的，印了多少本等等。也可以仔細撫摸紙面，感受它的材質，觀賞經文的字體，乃至聞聞紙張的味道等等。總之，就是要珍惜這本經，要好好感受，讓我們身體各種感官都與這本經書結緣。這是第一階段。

其次，就是常常讀它，而且要發出聲音讀，一字一句慢慢讀。雖然不必發出很大的聲音，但至少要讓自己的耳朵聽到自己發出來的聲音。每天至少抽出十五分鐘以上，每周至少抽出四天來讀。當然，能夠持之以恆，無一天間斷更好。這屬於第二階段，這階段最好能持續二、三周以上，而且只要唸誦和聽自己唸出來的聲音就好，仍不必著急明白字句的意思。

接下來，第三階段，就是在經文中留意是否有一些字句，特別能打動你的內心。例如，我自己剛讀《金剛經》時，對「無實無虛」這四個字，特別有感觸，而且非常強烈，甚至強烈到彷彿全身觸電。之後還曾對「昔為歌利王割截身體」，以及「凡夫之人貪著其事」等字句，很有直覺的身心上的觸動。通常，在兩、三周的誦讀中，我們可能會對經中五到十個地方的字句，留下深刻的印象與觸動。這些地方，也許就是將來我們細讀經文時，負責帶領我們走向更深智慧的伏筆。

第四階段，是尋找適合的參考書，一字一句地理解，一字一句地體會。尤其是像《金剛經》、《心經》這樣的基本佛經，最好每一個字都不要放過。每次專心讀幾句就好，不必貪多，最好能在一百字以內。讀完後，閉目反覆感受，反覆回味五到十分鐘。如果能夠每天這樣讀半小時到一小時，大約二到三個月，就可以把《金剛經》細讀一遍。

第五階段，是每週至少一次，誦讀《金剛經》一遍。能持之以恆最好。如果不能持之以恆，至少也要在特別的日子，誦讀《金剛經》一遍。例如逢年過節，或者對你很重要的親友生日，甚至是身體不舒服的時候，都可以誦讀。當然，機緣合適的時候，能鼓勵別人也一起來誦讀《金剛經》，就更是一件好事了。

現在我們正式進入經文。

法會因由分第一

如是我聞：一時，佛在舍衛國祇樹給孤獨園，與大比丘眾，千二百五十人俱。爾時，世尊食時，著衣持鉢，入舍衛大城乞食。於其城中，次第乞已，還至本處。飯食訖，收衣鉢，洗足已，敷座而坐。

鳩摩羅什翻譯的《金剛經》，全文五千多字（玄奘翻譯的則有八千多字），目前流通的版本，普遍把它分為三十二段，每一段各有一個名稱，例如「法會因由分第一」、「善現啟請分第二」等。有的版本則會寫成「第一品，法會因由分」、「第二品，善現啟請分」等。

此分名為「法會因由分」，意思就是記述這場說法集會的緣由。

大家要知道，一般佛經的段落與名稱，是原來經文中就有的。例如《法華經》的「序品第一」、「方便品第二」、「譬喻品第三」等。但是《金剛經》的段落與名稱並不是佛經原本即有，而是南北朝時期由昭明太子加上去的。

誰是昭明太子呢？昭明太子就是與達摩大師有一段精彩對話的梁武帝的兒子。梁武帝對中國佛教的影響與貢獻極大，例如漢地寺廟的全面素食，就來自梁武帝「制斷酒肉」的規定。又例如現在拜懺中所用的《梁皇寶懺》，也是梁武帝發起，並請誌公禪師制成的。

讀過中國文學史的人，一定聽過一本書叫《昭明文選》。這是中國第一部收集各種文學形式的選集，而負責主編的人就是昭明太子。《昭明文選》是中國第一本排除經史與諸子百家的觀點，著重於文學的角度所選出來的文集，這也等於表達了昭明太子對於「文學」的看法了。

這位擅長文學的太子，為了方便母親讀誦與理解《金剛經》，所以把經文分為三十二段，並給予名稱。後人覺得這個辦法很好，有助於閱讀，所以沿用至今。不過，也有些人反對這個做法，認為這是竄改佛經，罪過很大。所以，有一個傳言，說昭明太子因為加了這三十二分，死後墮入地獄，至今仍在地獄受苦云云。

雖然有這一則傳說，可是，很多講《金剛經》的法師，仍沿用昭明太子的分法，認為這個分法不但可以幫助初學者理解，也有功於此經的流通普及。由此可見，很多教內人士並不認同昭明太子入地獄的傳說。

講到這裡，我想也順道向大家說一個梁武帝與誌公禪師的有名故事。

有一次，梁武帝請誌公禪師看戲。看完後，問禪師，今天的戲演得如何？禪師回答不知道。武帝又問，那唱得如何呢？禪師仍回答不知道。武帝覺得奇怪，因為看戲時，禪師精神奕奕，並未睡覺，為什麼問什麼都說不知道呢？誌公禪師解釋，出家人時時用功辦道，面對生死，哪有時間看戲！又說，陛下若不信，請找一個判死罪的犯人，命他捧一盆水在台前看戲，並對犯人說，等戲結束，若這水未灑出，立刻無罪開釋，若有水灑出，立即斬首。梁武帝便依誌公禪師的意思處理。隔日，看完戲，犯人捧的水，一滴都未灑出來。誌公便請梁武帝問犯人，今天的戲演得如何？唱得如何？結果犯人跟誌公一樣，都回答不知道。梁武帝問何故如此，犯人回說，因為心裡只顧著不讓水灑出來，所以無心看戲、聽戲。梁武帝當下大悟。

原來，修行是要以面對生死之心來修，才能有成就。

如是我聞：一時，佛在舍衛國祇樹給孤獨園，與大比丘眾，千二百五十人俱。

一般佛經在開頭的地方，都有一句「**如是我聞**」，意思就是以下的經文內容，是「我」親耳聽到佛陀這樣說，然後把它記錄下來的。《金剛經》裡的「我」是誰呢？他就是佛陀十大弟子裡，人稱「多聞第一」的阿難尊者。

據說，阿難尊者的記憶力超越常人，佛陀圓寂之後，弟子聚集於王舍城，阿難把佛陀每一場法會的內容，全部背誦出來，經過眾弟子討論後，記錄成為佛經。當然，這只是傳說。從學術的角度來說，佛經以梵文紀錄，是陸陸續續完成的，中間長達兩三百年的時間（甚至更長），而且版本並不統一。例如《金剛經》現存的梵文版本就有四種之多，可見佛經並非完成於一人、一時、一地之手。

其次，佛經在一開始的時候，還會講述此次法會的「人、地、時、事」等因緣。所謂的「時」，就是時間。但因為古印度人不太重視時間，沒有明確的紀年，所以佛經只寫「**一時**」，表示有這樣一個時候。有些人認為，「一時」的說法大有深義，因為不特別註明某一年，即表示佛陀所說的佛法有永恆性，不限於任何時空。這個說法，大家也可以參考。

所謂的「人」，就是指在釋迦牟尼佛說法現場的聽眾。在這些聽眾中，有許多是我們肉眼看得到的，例如比丘僧眾、善男子、善女人等。也有許多是我們肉眼看不到的，例如天人、阿修羅、菩薩、各方護法神等等。例如此處說「**與大比丘眾，千二百五十人俱**」，這就是看得見的出家人。

一千兩百五十人的場面，在佛陀的法會中，應該屬於中小型場面。例如《法華經》，參與其法會的出家人就有一萬兩千人之多。

所謂的「地」，就是講經的地點。經文說「**佛在舍衛國祇樹給孤獨園**」，這個「舍衛國祇樹給孤獨園」就是說法的地點。

「舍衛國」是當時恆河北岸一個邦國的都城。此處與恆河南岸的「王舍城」齊名，都是釋迦牟尼佛長期說法的地方。據說，佛陀在世時，冬天住在恆河南岸王舍城的「竹林精舍」，夏天則住在恆河北岸舍衛城的「祇園精舍」。兩地相距約五百公里。

「舍衛國祇樹給孤獨園」是佛陀長達二十幾年的說法地點，這背後還有一個故事。話說有一位富有且善良的長者，名為須達多，因為常常照顧孤苦無依的人，所以也被稱為「給孤獨長者」。這裡的「給」念「ㄐㄧˇ」，是「養」的意思。給孤獨長者發願為佛陀建造一個適合說法與居住的精舍，最後看上祇陀太子的一座私人花園，於是向太子提出購買的請求。這位太子很喜歡自己的花園，但又礙於對方的名望與善願，不好直接拒絕，於是提出一個難題，希望對方知難而退。太子告訴長者，若能用黃金鋪滿花園，就可以用這些黃金來購買。結果給孤獨長者真的用大象運來黃金，鋪滿花園，讓太子既驚訝又感佩，認為佛陀必是一位偉大的說法者。所以，太子提出要求，因為黃金所鋪之地並未涵蓋樹木，祇陀太子希望滿園的樹木能以他的名義供養給佛陀。給孤獨長者答應了太子，所以此園就稱為「祇樹給孤獨園」。「祇樹」就是指祇陀太子捐贈的樹。

據說，此園的精舍是由釋迦牟尼佛的首座弟子舍利弗負責監造的。沒錯，這位舍利弗就是《心經》中出現的那位舍利弗。

這個「祇樹給孤獨園」究竟有多大呢？有人做了換算，大約是兩萬坪左右。差不多是四分之一個台北大安森林公園。

所謂的「事」，就是此次法會之所以舉行，佛陀之所以說法的因緣。例如《金剛經》的因緣，就是長老須菩提提出一個問題，而佛陀回答。《法華經》的因緣，就是佛陀入定時引起各種震動，還發出各種光芒，因而引發後續討論的議題。這些都是說法的因緣。

「**大比丘**」的「大」是尊稱，梵文發音為「摩訶」。「比丘」是梵文音譯，指出家僧人。「比丘」的原義是乞食，表示出家人必須以乞食自活，不事經營，沒有積蓄，專心清修。其精神面的含義，也包括乞法。也就是參師訪道，乞求妙法，希望修得正果。乞食是為了養身，乞法則是為了養心。

關於出家人的乞食，有兩個故事，很有深意，值得大家知道。

一是釋迦牟尼佛的故事。佛陀有一次向一位婆羅門乞食，這位婆羅門質疑說：「天下人都是耕田得到食物，你為何不自己耕田養活自己呢？」佛陀回答，我也耕田，只是我耕的是天下人的心田。佛陀說：「我和弟子時刻以精進為牛，以智慧為鋤，在炎熱的夏天除去煩惱、愚痴的雜草，最後以累累的福德聖果布施給眾生啊！」這個故事是在說，一般人以物品布施，而修行人則以「法」來布施。

另一個故事是佛陀兩位弟子，大迦葉（ㄕㄜˋ）與須菩提乞食的故事。迦葉尊者喜歡向窮人乞食化緣，而須菩提尊者則喜歡向富人乞食化緣。原來，迦葉出身富貴，家族富可敵國，他認為今生成為窮人是因為前世未積福德，所以向他們化緣，可以幫窮人積福德，讓他們來世擺脫貧窮。須菩提則出身婆羅門之家，智慧過人，但有貴族的習氣，後來出家，懺悔前過，修得阿羅漢果，在弟子中有「解空第一」的美譽。他認為窮人已經很苦了，不忍再向他們化緣，所以只找有錢人化緣。佛陀知道後，認為他們倆人都不對，因為如果心中先有什麼念頭，執著於此，再去化緣，就不是佛法了。化緣要隨緣而化，不可執著。

爾時，世尊食時，著衣持鉢，入舍衛大城乞食。於其城中，次第乞已，還至本處。飯食訖，收衣鉢，洗足已，敷座而坐。

「**食時**」就是到了吃飯的時候。古印度的出家人，常常一天只吃一餐，過了中午就不吃了。這是「過午不食」的戒律。

從「**著衣持鉢**」的「著衣」一語可以知道，出家人外出乞食時，要穿僧人的正式衣服。即使天氣很熱，還是要穿。從祇園精舍到城裡，據說有三公里左右的路程，來回六公里，加上化緣的時間，大約要走一個半小時，而且必須赤足而行，這是代表修行的一種精神。

「**次第乞已**」的「次第」是依序的意思。意思是不能加以選擇，只要是經過的地方，每一戶人家都要去化緣，既不能跳過貧戶，也不能在有錢人家的門口站久一點，希望多得一點東西。而且也不能選擇化緣的食物，對方給什麼，就接受什麼。

「**還至本處**」就是回到僧團所在處。「**飯食訖（ㄑㄧˋ）**」就是吃完飯。「訖」是完畢、結束的意思。如同「銀貨兩訖」的「訖」。化緣來的食物，不是各人吃自己鉢裡的，而是所有人先把化緣來的食物混在一起，再平均分配給每一個人。

我曾經看過一個影片，是大陸一間寺廟，每年帶僧眾十餘人出外「經行」兩周，每天要走三、四十公里。途中不避風雨，不住旅社，只能睡在橋下。途中也不能買東西，只能化緣，而且規定過午不食。化緣來的食物，先混在一起。若太乾，就加一點水，攪拌一下，再平均分給每一個人。準備食物時，也有各種誦經與參拜的儀式。我看路人給的食物，有滷的豆乾、蔬菜、饅頭、餅乾、炒飯等等。各種食物混在一起，樣子當然不好看，但僧眾還是照吃，眉頭都沒皺一下。

「**收衣鉢**」的「衣」字很重要。這表示，僧人吃飯時，是懷著慎重與感恩之心，穿著正式衣服吃飯。而且不離開座位、不東張西望，也不聊天講話。吃完飯後，才把正式的外衣脫下。所以，若是有機會去寺廟裡的「五觀堂」吃飯，要衣著整齊，把該扣的扣子扣好，袖子不要捲起來，安靜端坐，專心吃飯，不可隨便。

「**敷（ㄈㄨ）座而坐**」的「敷」是鋪開的意思。「座」是座具。據說，古代印度修行人的座具和睡具是同一副，全部鋪開就是睡覺的地方，鋪開一半，就是打坐的地方。

這個「坐」，玄奘的譯本譯為「結跏（ㄐㄧㄚ）趺（ㄈㄨ）坐，端身正願，住對面念」。所謂「跏趺坐」就是雙盤蓮花坐。所謂「對面念」我們可以簡單理解為念住於一處，也可以理解為入定的狀態。

佛陀雖然入定了，但入定仍有深淺之分。如果是深入定，弟子一定不會去打擾。但是，如果是淺入定，弟子還是可以向前求教請益的。

此時須菩提心中想好了一個問題向佛陀求教，所以有下一段的「善現啟請分」。所謂的「善現」，其實是須菩提的別名。所謂的「啟請」，就是開口詢問、請教的意思。

在這一分的結尾，我想分享《維摩詰經》裡的一段故事。有一天，光嚴童子在路上遇到維摩詰居士，問他從哪裡來？居士說從道場來。光嚴童子又問：「什麼是道場？」維摩詰居士於是順此因緣解說了道場的意義。大意是說，道場不是某一個場所，而是我們的心在哪裡，哪裡就是道場。大者一切法皆是道場，小者一念也是道場。

從這個故事引申，修行也不是做什麼特別的事情才叫修行，這一段經文講的穿衣、走路、化緣、吃飯、洗手、安坐等等，如果心神安住地去做，難道不是在修行嗎？其實日常生活中的一切，只要我們用心體會，都可以從中得到提升的力量，也都可以是修行啊！

第二堂課

第二分

只要發願累生累世修行，
那就不是普通人，而是菩薩了

善現啟請分第二

時，長老須菩提在大眾中，即從座起，偏袒右肩，右膝著地，合掌恭敬，而白佛言：「希有，世尊。如來善護念諸菩薩，善付囑諸菩薩。世尊！善男子、善女人，發阿耨多羅三藐三菩提心，云何應住？云何降伏其心？」

佛言：「善哉！善哉！須菩提！如汝所說，如來善護念諸菩薩，善付囑諸菩薩。汝今諦聽，當為汝說。善男子、善女人，發阿耨多羅三藐三菩提心，應如是住，如是降伏其心。」

「唯然！世尊！願樂欲聞。」

這一分的名稱是「善現啟請」。「善現」是須菩提的名字。須菩提出生於婆羅門的富貴人家，傳說，他出生的時候，家中倉庫裡所有值錢的物品，竟一夜之間全部消失。這一異象，讓家人十分驚訝，遂請大師為這小孩算命。大師說，這小孩非常吉祥，不受世間名利束縛，所以家中財物才會不翼而飛。但七日之後，原本消失的財物竟又全部出現了！所以家人為小孩取名為「須菩提」，有「空生」、「善吉」、「善現」的意思。

這個故事很美。美不是因為失而復得，而是因為，真實的東西永遠不會消失。

其實，我們心中的般若智慧，我們心中的佛性也是「善現」的。它讓我們不受世間名利束縛，不受情感綁架，在得失中知足且淡定。它讓我們知道，那些失去的，原本並不屬於我們。也讓我們知道，那些屬於我們的，永遠不會失去。

人在得失之間，在好惡之間，在悲歡之間，如果願意看淡一點，願意換個角度來感受，試著緩和情感能量的高低波動，這就是在修般若智慧。

人若能修般若智慧，則所失去的，必然會用另一種方式，讓我們得到收穫，這就是「善現」。

須菩提是佛陀十大弟子之一，被稱為「解空第一」。這表示他對「空性」的理解是所有弟子中最透徹的一位。但這位須菩提，也曾出現在古典小說《西遊記》裡。他就是教會孫悟空一身本領的須菩提祖師，簡稱菩提祖師。

《西遊記》裡對這師徒二人的安排，其實非常有意思。因為孫悟空的活潑機智，代表我們每個人都有的「凡心」。這個「凡心」固然有各式各樣的本事，但仍要臣服於「解空第一」的須菩提，才能找到真正的出路。這樣的師徒組合，似乎象徵著「真空妙有」的關係。師父是「真空」，徒弟是「妙有」，兩者可以獨自存在，也可以合一。

在《西遊記》小說中，須菩提祖師把一身本領教給孫悟空之後，料想他將來離去早晚要闖禍，所以叮嚀他，不可以跟別人說自己的師父是須菩提祖師。其實，這個叮嚀真正要說的是，即使我們的行為會犯錯，但是，我們心中的佛性，依然不會改變。即使我們嘴巴不說，但是師父就是師父，這件事實永遠不會改變。因為「佛性」就是每一個人內心裡的師父。

無論我們承不承認，師父永遠存在於心中，一刻也不會離開。我們心中想起師父，就是浮現佛性。如果我們忘記師父，那就好像佛性隱沒了一般。

如果沒有「佛性」或「空性」來教導我們，我們這個「心」頂多就是個天賦異稟的「潑猴」。必須經過「空」的教導，這個「心」才能找到真實的方向，並知道自己是誰。

《西遊記》裡充滿各種跟修行有關的隱喻，很值得一讀。可惜我們現在不是在講《西遊記》，無法說太多。不過，須菩提祖師教了孫悟空三件事，這與佛法有關，我們可以說一說。

《西遊記》裡的孫悟空跟隨須菩提祖師長達十年。前面七年，只做體力勞動，什麼都不教，這當然是在考驗孫悟空求道的決心與耐心，也可以說是在修苦行。第八年開始，教了他一個長生不老的口訣，這等於修到解脫生死的境界了。第九年，教他躲避三災的七十二變，這等於修到隨緣自在，不受困於因果之中。第十年，教他神通觔斗雲，一翻十萬八千里，足以到達西天的靈山。其實，一翻就是一念。這是暗示，當下一念即能回到自性的靈山。

讓我們回到經文。「啟請」的「啟」字，本義是「開」。如果「開」的是某件事，那就叫「啟動」或「啟程」。如果「開」的是我們的智慧，那就叫「啟發」或「啟蒙」。如果「開」的是我們口中說出來的話，那就叫「啟稟」或「啟齒」。可見「啟」的含意很豐富，可以好好體會。「請」是請法。「善現啟請」就是須菩提開始向佛陀請法。

沒有這一「啟」，門與路都是關著的，我們想走也走不出去。有了這一主動之「啟」後，智慧與慈悲的大門就打開了，只要你願意走，想去哪裡都是海闊天空，自由自在。

時，長老須菩提在大眾中，即從座起，偏袒右肩，右膝著地，合掌恭敬，而白佛言：

玄奘的《金剛經》譯本，在翻譯這一段時，多了一個細節描述，就是在釋迦牟尼佛入定時，諸人「頂禮世尊雙足，右遶三匝」。

這裡的「右遶三匝」，需要向大家解釋。原來古印度人以右方為尊，所以繞著佛陀的右方走三圈，表示禮敬，也表示依順佛陀教誨的意思。這個「右遶」，其實就是順時鐘方向繞。

我們若去藏傳佛教的佛寺，看到鐘、塔時，也可以順時鐘「右遶三匝」，聽說功德很大。但是，一定不要轉錯方向，變成逆時鐘方向，這樣就成了違逆佛法了。違逆佛法是有罪過的，有時寺裡人員會指正喝止。

不過，這個「右遶」的習俗，似乎沒有感染到中土的佛教寺廟。沒有感染的原因，我想主要是我們的傳統是以左為尊，而印度則習慣以右為尊。所以，我們在台灣進出寺廟，大部分人還是習慣「左遶」，也就是逆時鐘的方向進出。

有一次，我去山西五台山，那裡有很多藏傳佛教的寺廟，原本想用台灣的習俗，從右方的門進入，但看到很多人從這裡出來，我才想到應該入境隨俗，跟隨大家行進方向，從左方的門進入。

「**時**」是這個時候的意思。「**長老**」是有德有年之人。這個有年，在佛教界是指出家的時間，而不是指年齡。出家的時間有個專有名詞，稱為「臘」。所以，從前出家人圓寂之後，會註明壽幾年，僧臘幾年。

「**從座起**」是離開座位，走到佛陀的身前。「**偏袒右肩**」是露出右肩，把衣服披在左肩上。「**右膝著地**」是右腳單膝跪，左腳掌仍踩在地上。「**合掌恭敬**」表示跟佛陀講話是要合掌的。雙掌合於胸前，既是表達恭敬，也有助於專注。「**白**」是下對上說話的敬語。如果是上對下，例如佛對弟子說話，那就用「告」字，不用「白」字。

「希有，世尊。如來善護念諸菩薩，善付囑諸菩薩。

下面須菩提說了一段話，並向佛陀請教了一個非常重要的問題。請教問題之前，須菩提先讚美了佛陀「善護念諸菩薩，善付囑諸菩薩」。這既是一種禮節，當然也是弟子誠心的感恩。

「**希有**」就是稀少、罕見的意思。以「希有」稱呼對方，這應該是古印度一種非常高規格的尊語。很多講經的大師都認為「希有」的含意很深，代表「時希有」、「處希有」、「德希有」、「事希有」等等。

佛當然稀有，但我們不妨換個角度來想想稀有這件事。我跟大家說，許多道理因為過於常見，所以顯得平凡，但顛倒過來看，那麼平凡很可能就變得很不平凡了。

例如，釋迦牟尼佛是稀有的，但是，從因緣的角度來說，任何事物的發生，都要累積無量無邊的因緣才能成就與顯現，而且成就之後又可能隨即破滅消失。從這個角度來說，世上沒有一樣東西不是稀有的。

今天我們有緣一起上課，乃至我有一句話打動了你，你有一個表情打動了我，這都是累世難得的緣分。甚至，嚴格來說，這一稀有的緣分，百劫千世都無法重複。

一切世間的緣分都是稀有的，但所有的緣分終將流逝，且流逝後就不再回頭。唯一不會流逝，且長存不變的，只有內在真實的本心、自性，也就是「佛性」。所以我們也可以說，「佛性」是最不稀有、最永恆、最普通，也最無處不在的東西。

萬事萬物皆在流逝，一期一會，錯過便永世難再。從這個角度來看，每樣事物都令人珍惜，也令人感傷。每一次回眸、每一個笑容，都是百千萬劫才有的相遇。這些真的非常難得，非常珍貴，也非常稀有。一閃而過，不可能再有。剎那就是生死，就是永隔，如同經歷一次輪迴，過後不再相見。

一切都會改變流逝，唯獨「佛性」卓然不動，不增不減，永遠且普遍存在於眾生心中。如此說來，因緣極為稀有，而「佛性」則是最不稀有、最平凡，也最普遍的了。「佛性」的普遍與平等，如果這樣來看，是非常清楚的。

從因緣的角度來看，「相」才是稀有的，「佛性」則無處不在，也無時不在。「佛性」就像陽光、空氣、水，到處都有，時時都有，萬物皆沐浴在其中。春天的櫻花、夏天的荷花、秋天的菊花、冬天的梅花，就好比是「相」，「相」是一期一會，每日都在變化，每一朵花的姿態也各不相同，稍縱即逝。

唯有能珍惜當下各種花姿的人，才知道空氣、水與陽光的可貴。而否定花姿的美麗，一心追求陽光、空氣、水的人，反而難以體會「空性」或「佛性」的真正價值。真正的「希有」是「相」。所以，我們對於「相」也不能不帶有真誠的敬意。這樣的敬意，既是珍惜，也是智慧，更是慈悲。慈悲與空性原是一體。

個別的「相」雖然是稀有的，然而，因緣和合的活動，卻無止無息，永恆轉動。所以，「相」的數量、內容與形式，是以不可思議的速度和規模無窮無盡地衍生，也永無止息地更迭。

所以，情人送你的玫瑰，雖然是獨一無二的，卻只是無窮無盡的宇宙、無窮無盡的情人，相贈以無窮無盡的玫瑰中，渺小到不能再渺小的一部分而已。那麼，這朵玫瑰的意義，真的那麼獨一無二嗎？

如同我們在河邊散步，偶然，一粒沙子吹入眼中，我們因此流下許多眼淚。要知道，全宇宙的所有細沙，沒有一粒細沙是一模一樣的。在全宇宙數不清的河邊，數不清的細沙裡，獨一無二的一粒細沙，跑進我們的眼中，讓我們流了許多眼淚，但無論是哪一粒細沙跑進我們眼中，都一樣會流下淚水，那麼這粒沙子的獨一無二意義是什麼呢？

陽光、空氣、水，與每天都在開放也每天都在枯萎的花並不是兩種不同的東西。稀有的與普遍的，獨一無二的與不斷更迭的，剎那的與永恆的也不是兩種不同的東西。事實上，它們是從來不曾分開的一體。

那麼，是獨一無二的偶然比較有意義，還是千篇一律的必然比較有意義呢？無論我們用哪一種自以為有意義的方式，故意區分它們的意義，或者故意把它們合為一體，都是不對的。因為，它們雖然不同，卻也無法分開。

從這裡來看，「開悟」是一件非常獨特的事？還是一件非常普通的事？或者，佛陀的存在，是一件非常特別的事？還是一件非常普通的事？佛陀的存在與開悟是一件事？還是兩件事？我們應該把它們分開看？還是應該把它們合在一起看？這個問題，大家可以想一想。

下面來講「**世尊**」這個字眼。「世尊」是佛陀的十種名號之一，意思是佛陀乃普世眾生中之最尊貴者，應受一切眾生尊重的意思。

下面我們把佛陀的十種名號，用最簡單的方式介紹一下。一是「如來」，可理解為如實而來，如實而去的意思。二是「應供（音譯阿羅漢）」，表示應受眾生供養。三是「正遍知（音譯三藐三佛陀）」，指證得圓滿而普遍的智慧的人。四是「明行足」，表示智慧與修行都圓滿。五是「善逝」，指圓滿寂滅，超脫生死流轉的意思。六是「世間解」，表示入世無惑、出世無礙，通達一切世間事理真相。七是「無上士」，是指至高至善之人。八是「調御丈夫」，指能以各種方便引導修行者的意思。九是「天人師」，指一切眾生與天界之人的導師。十是「世尊」。而佛陀這個名號的意思，是指覺悟的人。

「**護念**」一詞，玄奘翻譯成「攝受」。「攝受」就是慈悲照護的意思。有時也稱為「加披」。所以「善護念諸菩薩」就是說佛陀對菩薩很慈悲、很關心、很照顧。這種慈悲，當然不是人類熟知的那種慈悲，而是像光一樣，籠罩一切，無所不包的慈悲。這類似於基督教常說的「光照、恩寵」。唐代還有一位大譯師義淨法師也譯過《金剛經》，他把「護念」譯為「利益」，這樣意思就更顯豁了。

南懷瑾老師解釋「善護念」時說，這是一切修行的共同法門。為什麼呢?因為「善護念」就是時時刻刻照顧好自己的當下一念。如果當下的每一念，都照顧好了，那麼無論修什麼法門，都可以修得非常深入。南老師這個說法非常好，可說是「善護念」別開生面的解釋。

「**付囑**」就是囑咐。如果分開來說：「付」是把東西交給別人，在這裡就是指把佛法教給菩薩。「囑」是叮嚀，表示很重視這件事。

「**善護念、善付囑**」從字面上是指佛陀很關心菩薩，時時想要提攜菩薩。但是，也不妨換一個方式理解。就是，眾生心裡都有佛性，如果我們感受到自己心中的「佛性」時，我們就能感受到佛陀對我們的「護念」與「付囑」。這既是佛陀對我們的加持，也是我們的自重與自愛。

「世尊！善男子、善女人，發阿耨多羅三藐三菩提心，云何應住？云何降伏其心？」

「**善男子、善女人**」是指修持佛法的在家眾。「**阿耨多羅三藐三菩提**」是梵文音譯，它的意譯是「無上正等正覺」。再進一步拆分，「無上」是最高、究竟的意思，表示超越一切，沒有東西能與之比肩。「正」是圓滿、完全、普遍的意思。「等」是平等的意思，也有廣大遍在、涵蓋一切、沒有分別的意思，相當於英文的「universe」。「覺」是覺悟，也是智慧的意思。最後還有一個「心」，這個「心」當然是修行之心、提升之心、成長之心。

「無上正等正覺」如果翻譯成白話，我會翻成「至高無上的、無可再超越的，真實平等與究竟覺悟」。

這段經文的意思是，修持佛法的在家眾們，如果發願成就究竟圓滿的心，該如何安住、降伏自己的心呢？

這裡有一個問題，大家應該留意。就是須菩提在前面稱佛陀「善護念諸菩薩，善付囑諸菩薩」，使用的是「菩薩」二字。可是，現在突然不用「菩薩」了，改用「善男子、善女人」。那麼，「菩薩」與「善男子、善女人」在這裡的意思是一樣的嗎？是指同一群人，還是指不同一群人呢？

其實，「菩薩」與「善男子、善女人」，可以是同一群人，也可以不是同一群人。因為，凡夫與菩薩的差別，主要就在有沒有發心、發願。而大乘佛教最重視的，就是發心、發願。所以，我一定要記得，只要我們非常真實地發願，希望修得究竟的智慧與慈悲，並且累生累世往成佛的道路上走，那麼我們就是菩薩了。這一點非常重要。

任何人，只要真心發了累生累世修行的大願，並發願累生累世度化眾生，那麼他就不是凡夫，而是菩薩了。我們都應該如同對待菩薩一樣，尊重此人。這一點是大乘佛法非常殊勝的地方。

菩薩這個果位，特別受大乘佛教的重視，同時，也必須是在大乘佛法裡，才顯得出菩薩這一果位的特殊意義。

一般南傳佛教並不特別強調菩薩這一果位。從菩薩的本義來說，菩薩就是一位發願成就最廣大的慈悲（正等）與最究竟的智慧（正覺）的眾生。所以，凡夫只要一發大願，一有志向，願意實踐菩薩道，願意學習般若智慧，那麼他就不是凡夫了。用《易經．乾卦》的道理來說，他就是「龍」了。用孔子的角度看，這叫「士志於道」。用大乘佛法的觀點來說，只要發此大願，他就是菩薩了。或者說，他就走在菩薩乘的道路上了。

此處，我們參考一下玄奘大師的翻譯。他把這一句翻譯成：「諸有發趣菩薩乘者，應云何住？云何修行？云何攝伏其心？」所謂的「趣」是朝向的意思。「發趣菩薩乘者」就是「善男子、善女人，發阿耨多羅三藐三菩提心」。所以，結論就是，發菩提心，就等於修「菩薩乘」。這一點很值得我們好好體會。

既然發了菩提心，而且發願要長期實踐修行，那就會產生此「心」如何永遠「安住」在這個「願」上，與這個「行」上的問題。於是，接下來須菩就提出了「云何應住」的疑問。

如果此「心」無法「安住」於正法之上，那麼，如何把不在正法之上的「心」收回來，讓它不再晃蕩，重新回歸正法呢？於是，須菩提又提出「云何降伏其心」的問題。

所謂的「**降伏**」，玄奘譯為「攝伏」。「攝」是「收」的意思。「伏」是「服」的意思。所以，「攝伏」就是「收服」。

《西遊記》裡有一句說，「五行山下定心猿」。這個「心猿」，暗指「心猿意馬」，表示此心安定不下來。孫悟空的心定不下來，釋迦牟尼佛把他降伏了，壓在五行山下，強力把他定住，讓他不再躁動。可是，這樣有用嗎？壓了五百年、定了五百年、鎖了五百年，這個「心猿」還是無法真正安定下來。

如果孫悟空的心，壓了五百年都降伏不下來，那麼，一般人的心，容易降伏嗎？

這裡我們再參考一下玄奘大師的翻譯，他除了「云何應住」、「云何降伏其心」之外，還多譯了一句「云何修行」。這個「云何修行」，主要是問「菩薩乘」怎麼修？重點如何把握？

根據玄奘的翻譯，須菩提為發願行菩薩道的人，問了三個問題：一是此心如何安住？二是如何修菩薩乘？三是此心安不住時，如何降伏？

這三個問題，非常重要，如果你在釋迦牟尼佛的講經現場，也一定會想問這三個問題。不過，很特別的是，佛陀並沒有按次序一一回答，而是給出一個綜合性的回答。

佛言：「善哉！善哉！須菩提！如汝所說，如來善護念諸菩薩，善付囑諸菩薩。汝今諦聽，當為汝說。善男子、善女人，發阿耨多羅三藐三菩提心，應如是住，如是降伏其心。」「唯然！世尊！願樂欲聞。」

須菩提在詢問之前，先讚美了釋迦牟尼佛，而釋迦牟尼佛在回答之前，也先稱讚了須菩提，這叫「禮尚往來」。

如果學生在發問之前，先稱讚老師教得太好了，讓人耳目一新云云，然後再說，自己資質不好，還是有些地方不明白。這時，老師一定彎下腰來，洗耳恭聽學生的問題，並一定非常認真且有耐性地為學生解惑。

我們在工作場合中，或在家庭裡，或與朋友交往間，若想提出任何疑慮，不妨先感恩對方，稱讚對方一番，再提出自己的想法。如果這樣做，那麼對方一定會慎重對待我們的問題。若能善用這個方法，那麼在人生的道路上，一定會處處結善緣，並化解許多惡緣。

釋迦牟尼佛聽完問題，先說「善哉善哉」，這就是在稱讚與肯定須菩提，等於說他真用功啊，問題問得好，對大家真有幫助啊！

然後，釋迦牟尼佛在回答前，又先叫了須菩提的名字，這樣須菩提就會加倍專心聆聽。就好像有人上課問我一個問題，在回答之前，我若先在大家面前稱呼他的名字，那這人一定會加倍認真地聽。

再來，佛陀還把須菩提的問題，全部重複一次，以此表示對須菩提所說的每一句話，都非常慎重對待。最後，佛陀又提醒須菩提，「**汝今諦聽，當為汝說**」。「諦」是仔細的意思。表示佛陀下面要回答的內容，非常重要，不可輕忽。

現在很多人在回答別人提出的問題時，會先不由自主地把對方的問題重複一次，然後思考一下，再回答。這表面上看似跟佛陀的回答方式很接近，但其實完全是兩碼事。

因為我們習慣性地重複對方問題時，語氣是不自主、不自信，或者疑惑的，我們只是在爭取思考的時間，完全一副尚未準備好的狀態，自然只會得到負面的效果。這跟佛陀專注、慈悲且胸有成竹的狀態，完全是天壤之別。請一定不要染上這種不自信地重複對方問題的習慣。

接著，須菩提說：「是的，世尊，我非常希望聽，也非常樂於聽。」這表示須菩提已經完全準備好了。「**願樂欲聞**」的「樂」念成「ㄧㄠˋ」，是喜好、欣賞的意思。如同「仁者樂山，智者樂水」的「樂」也念成「ㄧㄠˋ」。

釋迦牟尼佛對這三個問題的回答，我們放在下一分，下堂課再為大家解說。

第三堂課 —— 第三分

每一個念頭，都是眾生，
度好自己心中的每一個念頭，就是在度眾生

大乘正宗分第三

佛告須菩提：「諸菩薩摩訶薩，應如是降伏其心：所有一切眾生之類，若卵生、若胎生、若濕生、若化生；若有色、若無色；若有想、若無想；若非有想非無想，我皆令入無餘涅槃而滅度之。如是滅度無量無數無邊眾生，實無眾生得滅度者。何以故？須菩提！若菩薩有我相、人相、眾生相、壽者相，即非菩薩。」

這一段名為「大乘正宗分」。所謂的「正宗」，就是真實、真正的意思。也有符合標準與規範的意思。此處使用「大乘正宗」，是因為下面這段文字，說出了大乘佛法的核心和根源。所以，這一分很重要。

佛告須菩提：「諸菩薩摩訶薩，應如是降伏其心：

「**佛告須菩提**」的「告」字，與上一分的「白」字相對。佛陀正式回答時，不再提「善男子、善女人」，而直接稱呼其為「諸菩薩摩訶薩」。「**菩薩摩訶薩**」就是「大菩薩」的意思，這是一種尊稱。佛陀為何尊稱「善男子、善女人」為「大菩薩」呢？因為，發大願乃是一個人徹底改變的開始。凡夫若願意發小願，修小善，那麼凡夫就是「善男子、善女人」了。而「善男子、善女人」若願意發大願，修大行，那麼「善男子、善女人」就是「大菩薩」了。

我告訴大家，徹底改變一個人的習性，提升一個人的品質，確立一個人的內在真實，乃至轉化一個人的命運，最有效的方法，就是發願，並真切地實踐此願。

我在課程中，會連續八週，鼓勵大家每週發一個對自己好的小願，並在這一週內切實做到。而且特別強調，願不發則已，如果發了，就一定要努力去實踐。因為，發願而不實踐，比不發願還糟糕。

會鼓勵大家發小願，而不是發大願，是因為小願難度低，比較容易完成，這樣才好要求自己切實做到。而鼓勵大家發對自己好的願，而不是發對別人好的願，原因是對初學者來說，先腳踏實地把自己調整到一個好的狀態，是一切修行的基礎。

例如有人很少運動，我就會建議他發願每天快步走路半小時到一小時，每週至少走四次。又例如有人容易生氣，沒有耐心，那我就建議他發願一週之內，中午一人靜靜吃飯，每一口都咀嚼四十次以上，才吞下肚。又例如有人睡眠品質不好，我就建議他發願一週之內，睡前半小時不看手機，睡前十五分鐘，先靜坐，再就寢。通常，持續八週，把八個小願徹底完成，任何人的習性，都會得到巨大的調整，整個人的狀態也會產生巨大的提升。

對一個發小願的人，尚且會產生巨大的提升，何況是發大願的人。所以，發大願、修大行的人，我們一定要對他非常尊敬。連釋迦牟尼佛都對發大願的人尊稱其為「大菩薩」了，我們又怎能有怠慢之心呢？

下面，佛陀說「**應如是降伏其心**」，意思就是，應該這樣來降伏我們那顆躁動不安的心。這裡有個問題可以留意。玄奘大師對這一句的翻譯是「諸有發趣菩薩乘者，應當發起如是之心」。這個翻譯與鳩摩羅什的翻譯有些差別。一個是翻譯成「降伏其心」，另一個是翻譯成「發起如是之心」。我比較贊同玄奘大師的翻譯。因為，說到底，修行首要是發心與實踐的問題，至於降伏其心的問題，是屬於第二層，而不是第一層的問題。

依照玄奘的翻譯，釋迦牟尼佛是把「安住」、「降伏」與「修行」這三個問題合在一起，用「應當發起如是之心」這一個角度來回答。

佛陀的意思是，這三個問題，都可以從我們「發」的是怎樣的「願」？以及如何實踐這個

「願」?而得到解答。

我們之所以無法調伏此心，無法安住此心，原因就是我們並不真正瞭解我們所發的「願」。如果我們真正了解自己所發的「願」，並知道如何去實踐這個「願」。那麼我們自然知道如何調伏此心，自然知道如何安住此心。

那麼，「發阿耨多羅三藐三菩提心」要成就的究竟是怎樣的「願」呢?我跟大家說，這個菩提大願的核心目的就是「救度眾生」。當然，為了「救度眾生」，我們需要學習佛法，以及相關的知識與技能。然後，更重要的是，我們在「救度眾生」時，必須學會用「不執著」的心、「不住於相」的心，或說是「放下」的心、平實自然的心來實踐。

用不執著的心來救度眾生，就是《金剛經》的核心要義。也是釋迦牟尼佛親自傳授給我們的，「發阿耨多羅三藐三菩提心」之後的具體實踐方法，以及真實修行路徑。這個核心要義，我們先在這裡破題，之後會再一層層說得更細微。

所以，在這個核心要義下，問佛陀如何修行?好，現在知道了，修行就是「放下執著」。問佛陀如何「安住」?現在知道了，此心處在「不執著」的狀態，就能「安住」。問如何「降伏」其心?好，現在也知道了，把正在執著於某事的心放下，它就被降伏了。

三個問題，答案只有一個，那就是「放下執著」。

從玄奘大師的翻譯裡，我們比較容易理解釋迦牟尼佛為何要如此回答。但是，從鳩摩羅什大師的翻譯裡，這個脈絡就沒有那麼清楚了。

「所有一切眾生之類，若卵生、若胎生、若濕生、若化生；若有色、若無色；若有想、若無想；若非有想非無想，我皆令入無餘涅槃而滅度之。」

下面是《金剛經》中對「一切眾生」的十種分類。這個分類方式，也出現在《楞嚴經．卷七》中，而且更細分成十二類，比《金剛經》多兩類。《楞嚴經》經文說：「是有世界卵生、胎生、濕生、化生、有色、無色、有想、無想、若非有色、若非無色、若非有想、若非無想」多出來的兩類是「若非有色、若非無色」。

「卵、胎、濕、化」，一般稱為「四生」。這是從誕生的方式，把眾生分成四類。「**卵生、胎生**」比較常見，卵生就是從卵中出生的眾生，如鳥類、爬蟲類、魚類、昆蟲等。胎生就是從母胎中孕育而生的眾生，如人類、哺乳動物等。「**濕生**」是指不經胎或卵，從有濕氣的地方生出的眾生，或如水螅、草履蟲、某些微生物等。因為它們都需要潮濕的環境提供助緣，所以稱為「濕生」。「**化生**」有許多說法，最常見的是指是不經卵胎濕，憑業力、願力或法性而「剎那化現」的，都是化生。其實這些定義不需要深究，只要知道佛教對眾生的分類方式，和一般生物學的概念並不一樣就可以了。

「**有色、無色**」是從眾生的外觀來做分類。「有色」是看得到、摸得著、可感知的。「無色」

就是我們感官無法直接感知到的。例如空氣、土壤、水中的各種微生物，甚至是靈界的存在等等。這些對一般人來說，都屬於不可感知的眾生。又例如能量、訊息的存在，也屬於「無色」。

「**有想、無想**」是從內心活動來分類。有些眾生內心活動活躍，這就是「有想」。有些則相對簡單，甚至只有反射行為，沒有內心活動，這就屬於「無想」。也有人認為，「無想」是指透過修行超越心識制約的眾生，這樣的解釋也可以參考。

下面「**非有想、非無想**」這個分類，那就比較玄妙了。而且，這究竟是屬於同一類，還是分屬兩類，也有不同的說法。若照《楞嚴經》的經文來看，似乎應該是分屬兩類。我個人傾向於把「非有想」理解為超越「有想」之非物質性存在。例如存在於意識中的事物。「非無想」可理解為超越「無想」之非物質性存在。例如非由意識控制之純粹訊息。這只是我個人的想法，大家可以參考。

很多人認為，這一連串的分類，可以對應到「欲界」、「色界」、「無色界」這三界。例如前面講的「四生」，屬於「欲界」。「有色」屬於「色界」，「無色」屬於「無色界」。「有想」屬於欲界裡的天界，「無想」則屬於色界裡的「四禪天」等等。這個說法大家也可以參考。

眾生的種類非常多，有看得見的，有看不見的，有存在於外在世界的，也有存在於內心世界的，甚至存在於既非外在世界，也非內心世界的另一虛相世界的。但是，無論它們的數量、種類與存在的方式如何不同，只要是眾生，只要是對象，發願修行的人都要加以度化。

曾經有一位學員問我，如果眾生的範圍這麼大，連植物或意識也包含在內，那麼我們吃素，也等於把眾生吃到肚子裡，這要怎麼辦呢？

我說，眾生一定包含植物，我們吃素，其實也是吃眾生，所以，如何度化它們就是一個大問題。我認為，一般寺院的齋堂，稱為「五觀堂」。這個「五觀」，也許是我們思考這一問題的好方向。

「五觀」的第一觀，就是要感恩食物，以及食物的來源。其次，要檢討自己的德行，是否有資格吃這食物。再來就是避免貪著食物美味，而要感恩食物成為我們修行的資糧，因而精進不懈。總而言之，是先感恩食物眾生來度化我們，而不是我們度化食物眾生。因為，有真正的感恩之心，才有真正的度化之行。

或許我們的度化眾生，更多是事後的報恩吧！從這個角度來說，修行即是一種報恩，度化也是一種報恩。能用報恩的角度看待自己與眾生，那麼眾生自然是一體的，無差無別。

這個問題牽涉很廣，大家不妨多想想。每多想一次，必有多一次的收穫。

再說一下「**眾生**」這個字眼。表面上看，「生」就是生命，也可以解釋為存在，「眾生」就是各式各樣的生命與存在。但是，有一次我讀民國初年江味農居士的《金剛經講義》，作者認為，「眾生」的本義是眾多因緣和合而生。這個解釋非常有啟發性，值得介紹給大家。

簡單說，凡是透過各種因緣和合而產生的事物，無論有生命或無生命，都可以稱為「眾生」。

在這個定義下，植物、礦物是眾生；人的意識、念頭、欲望也是眾生；連佛與菩薩也可算在眾生之列。唯一不是眾生的，只有「空性」。所以，「度眾生」就不單單是度外在的眾生，也包括度自己心裡面的「眾生」。

例如你早上賴床，不想起來。這個想賴床的心念，其實也是眾生。如果你心不甘情不願地起床，然後一股下床氣想找人發洩，這就是沒有度好賴床這一眾生。你若度好它，你可以很有精神地起床，心情也會很愉快。

那麼度眾生要度到什麼程度呢？經文說：「我皆令入無餘涅槃而滅度之。」這裡有兩個名詞需要解釋：一是「**無餘涅槃**」，一是「**滅度**」。

「涅槃」在梵文是熄滅、解脫的意思，無餘涅槃意指完全超越所有煩惱，超越生死，進入寂靜安穩、不生不滅的解脫境界。到了這個程度，也可以說幾乎是成佛了。而「滅度」是進入「涅槃」的過程或結果，是度人入滅，進入解脫境界的行動。

所以，度眾生要度到什麼地步呢？簡單說，送佛要送到西天，度眾生也要度到他們都成佛。至少也要度到他們都圓滿自在、無缺無憾，沒有躁動，也沒有不安，更不必向外貪著求取。人能到達這一步，自然也就脫離生死苦海了。

但我們連度自己到西天都很困難了，如何能度一切眾生都到西天呢？又如何能度一切眾生皆令成佛呢？我跟大家說，大乘佛法的奧妙之處就在這裡。

我們若只想度自己，只想為自己好，只想讓自己去殊勝的淨土過安樂日子，那麼度眾生這件事的確非常困難。但是，如果我們不要先有個分別心，不要先把自己和眾生分成兩邊，反正我們自己也在眾生之中，只要一心一意希望所有眾生都過好日子，都沒有煩惱，都離苦得樂，那麼度眾生這件事，反而會變得容易許多。

大乘佛法的奧義就在於，成就自己與成就別人，其實是同一件事。成就別人的過程中，我們也同時成就了自己。如果認為這是兩件事，那麼無論是成就自己或成就別人，都會變得很困難。若有一天我們突然領悟，這原來是同一件事，那麼無論是成就自己或成就別人，都會變得比原來容易許多。

「**如是滅度無量無數無邊眾生，實無眾生得滅度者。何以故？須菩提！若菩薩有我相、人相、眾生相、壽者相，即非菩薩。**」

這一句是《金剛經》最核心的思想，也是最硬核的奧義了。我先簡單白話翻譯一下，然後再進行細部解說。

這句經文的大意是說：一個發了大願的人，要這樣去度眾生，不是度五個、十個眾生，而是要度千千萬萬、無量無邊的眾生，直到所有眾生都離苦得樂，都成道成佛了，他的度化才能停止。而且這個發大願的人在此過程中會獲得一個非常關鍵的領悟，那就是，其實他並沒有度化眾生。並且，這些眾生的成就，也非他個人度化的功勞。為什麼呢？釋迦牟尼佛告訴須菩提，如果一個菩薩還受制於「人我相」，還受制於「時空相」，還必須透過某種「相」來肯定自己的價值與功德，那就還不是一個真正的菩薩。

釋迦牟尼佛在這段經文中，揭露了「菩提心」的本質，也揭露了般若智慧的運用。簡單來說有三個部分：一是做為一個菩薩，必須發願度化無量無邊的眾生，使一切眾生都能離苦得樂；二是菩薩雖然度盡無量無邊眾生，但是，度過之後，又要像沒有眾生因自己而得度一樣；三是菩薩看任何事物，都不應執著於「相」。如果菩薩困在「相」中，無法放下，不得自由，那麼就不是真正的菩薩了。

我想起星雲法師曾在講解這一段時說，釋迦牟尼佛對不執著於「相」的解答，就在「如是」二字。所謂「如是」，就是如其本來的樣子。事物原本的樣子就是會隨因緣流轉變化，所以事物原本並無固定之「相」。但是，人心卻以為事物不會改變，所以執著其「相」。殊不知，這樣的執著，必然落空，也必然事與願違。

佛陀說，菩薩度人要不執著於相，意思也就是說，要如其本來地度人。我們的行為要如其本來，度人的人、所度的對象，也要如其本來，沒有分別。

有一次，我去承天禪寺拜拜，和裡面一位師父聊天。師父告訴我說，修行就是要做事，不要怕辛苦，即使手上沒事，也要主動去幫別人做事。有事做，心才會定，才不會東想西想。若沒事可做，心反而不容易靜下來。師父雖然沒有告訴我，「做事」是指做什麼事，但我很自然就把「做事」想成行菩薩道，幫助他人，利益眾生。常行菩薩道，我們的心就很容易安定下來。其實，這不就是「降伏其心」了嗎？如果我們認為，非得要怎麼做，做到什麼事才算修行，那就是執著，就不是菩薩道了。

行菩薩道的方法包羅萬象，像這位師父跟我聊天，如同話家常，其實是隨緣開示，這也是菩薩道。但他必不以為這是在行菩薩道。這不就是度了眾生卻不以為自己有度眾生嗎？

經文說：「**如是滅度無量無數無邊眾生，實無眾生得滅度者**」。但為什麼明明幫助了眾生，而又要覺得並無眾生被你幫助呢？這一句經文是《金剛經》很關鍵的內容，可以從很多角度來解釋，而我想先從「回到初心」這個角度來說明。

「初心」就是我們本來的那顆心，就是我們當初發願時的那顆心。那是我們理想的心、虔誠的心，也是我們落實於行動的心，同時又是我們希望自己變得更好的心。這顆「初心」就是最真實的心，它可以讓不真實的心，恢復成真實；可以讓倦怠的心，重新恢復活力；它也可以讓自滿驕傲的心，恢復到質樸與虔誠。擁有這顆「初心」的人，就是菩薩，忘記這顆「初心」的人，便回到凡夫。

為什麼呢？因為，「初心」就是那個更真實的存在。在「初心」的起點上，我們尚未幫助任何人，沒有包袱，沒有東想西想，我們的心是空的，但是，我們的行動卻充滿了力量。

回到這個充滿行動力量的起點，就是「回到初心」，也等於是「放空」。此時，我們才能回到更真實的自己。

我在寫《金剛經》的上課講義時，常常覺得，任何教理與智慧，無論多麼高深，我們解說時一定要提出一條讓人可以實踐的道路，也必須展現出一個可以落實於現實生活的方法。換句話說，我們要時時努力讓佛法的智慧，與生活的實踐，盡可能結合在一起，不要分離。

如果有人可以把《金剛經》裡面的道理，講得非常深入、非常高妙，講得出神入化，而聽者在讚嘆之餘，卻感覺這不是自己做得到的事，因而無法落實於自己生活的任何一個方面，那這個解說，恐怕就不是很好的解說。

在這個感悟下，我想再從另一個角度，向大家解釋「如是滅度無量無數無邊眾生，實無眾生得滅度者」這一句經文，可以如何從實踐的層面來理解。

其實，菩薩與眾生並沒有真正的分別。當我們在幫助別人時，我們就是菩薩。而當我們接受別人幫助時，我們就是眾生。所以，每一個人都可以是菩薩，同時，每一個人也都必然是眾生。行菩薩道的人，固然要致力於度化眾生，但是，我們也要知道，這種度化，並不是指修行高、智慧高的人，去度化修行低、智慧低的人。如果經文中所說的度化，必須是修行深與智慧高的人才能做，那麼初發願的善男子、善女人，因為修行不夠，難道就什麼事都不能做了嗎？

顯然，這裡的「度」，沒有修行位階的高低之分。因為，任何位階的人都可以對其它人的修行與提升，提供幫助，或者提供良好的助緣。換句話說，行菩薩道跟修行的果位無關，是任何人都可以做的事。

正因為任何人都可以對他人的修行與提升提供助益，所以，哪怕是第一天發心的凡夫，也可以在度化眾生這件事上，貢獻自己的力量。

例如釋迦牟尼佛在苦修的過程中，曾經因為身體虛弱幾乎暈厥。還好，有位牧羊女拿羊奶給他喝，讓他恢復了體力。其實，這位牧羊女，就是在度佛陀啊！若有人說，這位牧羊女是某位古佛的化身，我也完全相信。因為，若沒有她的布施，佛陀很可能這輩子的身體就壞掉了，成不了道了，必須下輩子從頭再修。

又例如聖嚴法師，他的修行很高了，照理說，應該由他來度化眾生，但是，我們想想，他年紀大了，身邊需不需要有人服侍呢？需不需要秘書、司機，以及照顧他飲食起居的人呢？當然需要。這些照顧他的人，是不是度他的人呢？我們若問聖嚴法師，這些服侍他的人，對他是什麼意義？我想他一定會回答，他很感恩這些人，因為這些人都是他的菩薩，若沒有這些人護持，他的修行與弘法也不會有今天的成果。

所以，護持就是布施，而布施就是「六度」中，我們習慣放在第一序位的「度」。

一個修行人，從凡夫修成了大菩薩，這中間需要多少人提供幫助？這些幫助他的人，是不是都是他的菩薩與貴人呢？如果是，那麼，是誰在度誰呢？是菩薩在度眾生，還是眾生在度菩薩呢？這個問題，恐怕連菩薩也分不清是誰在度誰了。

大乘佛法的人間理想，就是希望我們這個世界，能夠是菩薩在度眾生，眾生也在度菩薩。每一個人都樂於貢獻自己的力量，度化身邊的人。最後，大家都能分不清誰是度者，誰是被度者；也分不清，誰是菩薩，誰是眾生。

於是，道理就很明白了。每一個人都可以是其它人的菩薩，也都有能力在他人生命提升的過程中，提供這樣或那樣的幫助，以及這樣或那樣的助緣。而每一個菩薩在自身生命提升的過程中，也需要別人提供這樣或那樣的幫助，以及這樣或那樣的助緣。如果這樣，那麼菩薩度人，不就變成一件很平常的事了嗎？這就是在真正的菩薩眼中，所有人都是菩薩的原因。

如果，任何人都可以是任何人的菩薩，不但菩薩是眾生的菩薩，眾生也是菩薩的菩薩，那麼這個菩薩之名，還有什麼好執著的呢？菩薩心與眾生心，還有什麼分別嗎？

任何發菩提心的人，無論是初入門者，或者修行甚高者，都可以對他人的修行，乃至於對一切眾生與菩薩的修行，貢獻出自己一分有益的力量。這一分有益的力量涓滴成河，就是菩薩道的根本。

於是，整體情況會變成，你一直幫助別人，別人也一直幫助你。你是別人的菩薩，別人也是你的菩薩。大家融成一體，互相當對方的菩薩，互相助益彼此的修行，互相度化對方，沒有高下的分別，直到所有人都成佛為止。

什麼是「人間佛教」？我認為「人間佛教」就是每一個人都是他人的菩薩，同時，每一個人也都在對他人產生某種度化的作用。

這樣來修行菩薩道，淡化了菩薩道的崇高性，同時提升了菩薩道的日常性。所以，行菩薩道不是什麼特別的事，度眾生也不是偉大修行者的專利，而是存在於我們日常生活之中，人人都可以做的事。

在這樣的理解下，「心如何住」與「心如何降伏」的問題，無形中都獲得了解答。原因有二：一是菩薩道很簡易，任何人在任何場合都可以做。這樣的善行善念，跟日常生活沒有兩樣，一點都不辛苦，自然沒有「如何安住」、「如何降伏」的問題。

二是，因為菩薩道容易入手，所以行菩薩道的人一定很多，我們隨時隨地都可以遇到同伴朋友。而且，當我們在為別人付出的同時，也能感受到別人對我們的付出。在眾生彼此利益的關係下，就會讓「如何安住」與「如何降伏」的門檻變得非常低，非常容易跨越。

如果修行是一種單方面無止境的付出，這種修行固然崇高，卻只適合少數人。就好比，當所有人都不排隊，只有一個人堅持排隊，或者所有人都闖紅燈，只有一個人堅持不闖紅燈，在這種情況下，這個人的堅持精神固然可佩，但真的是太難為了。可是，當所有人都願意排隊，願意遵守規則時，還有誰需要堅持什麼來讓人感佩呢？上面這兩種情況，你更願意生活在哪一種環境中呢？

當遵守秩序成為少數人的自律，成為少數人永無底線的付出時，任何人都會感到委屈、疲倦與無望。自然會產生「心如何住」、「如何降伏」的問題。但是，如果，排隊的人越來越多，你的付出就不再是付出了，而會覺得，這是理所當然的習慣，也是大家視為日常的生活方式。

如果菩薩道非常難行，要忍受極大的壓力與痛苦，那麼我們的「心」一定會「安不住」與「降伏不了」。但如果菩薩道非常自然、平凡、簡易，如同我們的日常生活，怎麼會有「住」或「降伏」的問題呢？

再舉個例子。我有一位中學同學，當了三十七年醫生，我曾簡單幫他計算過，假設他每周看診兩百次，每年大約看診八千次，那麼三十幾年來，大概看診二十五萬人次。我曾問他，記得幾個病人的容貌名字？記得幫助過多少人呢？他說，大概一百人吧！我告訴他，二十五萬人次與一百的比例相差上千倍。你行醫三十幾年，幫助過很多人，卻只記得極少數的患者。可能超過百分之九十九的人，你曾治療過他們，卻一點都沒放在心上。我說，你真是菩薩啊！因為這就是《金剛經》裡說的，度盡眾生，實無一眾生得度者。你雖然無法做到百分之百，但已經做到百分之九十九以上了。

我這位同學，行醫三十七年，他也沒有「如何住」或「如何降伏」的問題！他就是一日一日地看診，一日一日地幫病人解決問題，如此走過了三十七年。什麼是「平常心」？這就是「平常心」。

所以，行菩薩道也是「平常心」啊！

當然，真正的菩薩，也有他困難的地方。什麼地方困難呢？至少有兩個地方很困難。第一個是，我們發願度盡一切眾生，這個「盡」字，正是它的困難所在。因為眾生非常多，怎麼度得完呢？這輩子度不完，下輩子還要繼續度。這個願力非常艱鉅，必須累生累世一直發願做下去，永不懈怠才行。

第二個是，我們要把眾生度到「無餘涅槃」的地步，也非常困難。因為「無餘涅槃」就相當於是成佛了。不要說我們有沒有能力讓眾生都成佛，我們連讓自己成佛，都十分困難，如何讓一切眾生都成佛呢？

關於這兩個困難，我也想做些解釋。第一個困難，是累生累世都要發願度眾生。但這件事只要我們認了下來，也不是什麼難事。首先，這是好事，其次，這也是有意義的事。既然如此，累生累世做，一步一步地做，有什麼不好呢？如果真的做累了，休息一下也可以啊！

第二個困難，是關於「無餘涅槃」。當然，這個境界非常高，很難達成。不過，我們要理解，一個眾生要成就「無餘涅槃」，除了自己的努力，也要累積千千萬萬的善緣。所以，我們未必是某個眾生成就「無餘涅槃」的首要因緣，但是，我們一定可以是很多眾生成就「無餘涅槃」的助緣之一。在他們成就「無餘涅槃」的過程中，總有我們的一份力、一份幫助，一份護持。這樣也可以算是幫助眾生到達「無餘涅槃」了。

經過這樣的解說，我想大家可以鬆一口氣，不會覺得度眾生是件遙不可及的事了吧。

之前我們在課堂上講《心經》的時候，是用比較難、比較深的方式來講。我花了十個小時，用數不清的方法，來解釋《心經》的玄奧、《心經》的境界。我還向大家說，即使是一個阿羅漢，也要經歷三大阿僧祇劫的修行，才能完全進入這個究竟的境界。但是，現在講《金剛經》，我卻把修行這件事情講得很簡單、很平凡、很日常，毫無特殊之處。因為，成佛成菩薩，也如同成為一個平凡的、簡單的，毫無特殊之處的人，當所有人都成為平凡簡單的人，修行這件事也就變成日常了。

必須難的也講，容易的也講，兩邊都講，兩邊都強調，這才是佛法的真貌吧！最後，我們會感覺到，最深奧的，與最平凡的，這兩邊其實是一體。它們不是兩件事，而是同一件事。

我們今天有緣一起共修《金剛經》，很可能我們幾百年前曾一起讀過書，一起種過田，或者一起渡過河。一定有很多殊勝難得的因緣，讓我們此刻聚在這裡讀《金剛經》。所以它非常「希有」。

也許五百年後，我們在另一個地方，用另一種身分、另一種語言，重起爐灶，大家又聚在一起讀《金剛經》。那時，可能是你來講課，而我在下面聽。然而，講授的要旨，「空性」與「般若」智慧，卻仍是一模一樣。

第四堂課

第四分

不貪愛美好的事物，不憎惡不好的事情，
心就能安住在平靜中

妙行無住分第四

復次：「須菩提！菩薩於法，應無所住，行於布施。所謂不住色布施，不住聲、香、味、觸、法布施。須菩提！菩薩應如是布施，不住於相。何以故？若菩薩不住相布施，其福德不可思量。須菩提！於意云何？東方虛空可思量不？」

「不也，世尊！」

「須菩提！南、西、北方，四維上下虛空，可思量不？」

「不也，世尊！」

「須菩提！菩薩無住相布施，福德亦復如是，不可思量。須菩提！菩薩但應如所教住！」

《金剛經》的第二與第三分，包含了大乘佛法的四個特色與重點：

一是任何人只要發了菩提大願，發心累生累世地修行，並且永無停止地度眾生，那麼他就是受人尊敬的菩薩了，所有人都應該如同尊敬菩薩一樣尊敬他。

二是任何人都有能力在他人修行的過程中，提供助緣，幫助他們在修行路上不斷提升。提供這樣的幫助，就是菩薩道。任何人都可以在力所能及的情況下行菩薩道，這與智慧或果位的高低並無關係。

三是當人人都可以毫無困難地行菩薩道，日積月累之下，行菩薩道就成為一種日常狀態，跟我們每天要工作、休閒、睡覺是一樣的。所以，行菩薩道的人，最後會擁有一種品質，就是在修行中生活，也在生活中修行，兩者融為一體。他不會覺得自己行菩薩道有什麼特別之處，也不覺得這樣有什麼特殊功德。

四是我們所度的眾生，除了外在眾生，其實更多是內在眾生。所謂內在眾生，就是我們的念頭與意識。度內在眾生時，我們會多偏向智慧一些，而度外在眾生時，我們會多偏向慈悲一些。度到最後，我們會發覺，智慧與慈悲，合而為一，其實是同一件事。

前面是第二至第三分的簡單歸納，但我們讀經，最好不要有一種「標準答案」的理解方式，最好每次讀，都有不同的理解與心得。隨著生命的成長，我們若能不斷在經中某處，發現新的問題，產生新感悟，這就表示我們的心仍然保持覺知，不受習性制約，也表示我們的心依然保持修行的狀態，這是非常好的現象。

下面我們接著講第四分。此分的名稱是「妙行無住」。

所謂的「妙」，就是用頭腦想時，很難理解，覺得沒有道理。但是，當我們放下原有的思維習慣，換一種方式去感受它，卻又覺得深受啟發，獲益很多，這種東西就稱為「妙」。

「妙」給人的第一眼印象，常常並不合常理。但是，它卻能突破常理的侷限，顯現為更高的道理。

有一位朋友，跟鄰居吵架，結下惡緣。雙方互相檢舉對方各種不合規定的地方，搞到每天生氣，心情極為不好。他問我怎麼辦？我與他討論半天，發覺所有正規的方法他都試過了，而且完全無效。最後我建議他，每天念一遍《金剛經》迴向給對方。朋友剛開始無法接受，因為對方根本不值得獲得這樣的功德迴向。後來，不知道為什麼，他心中反覆出現這項建議，最後竟然開始執行，主動念經迴向給對方。慢慢地，他發覺對鄰居已經沒有之前那麼生氣了。即使對方講話還是很不禮貌，但是，這已經不會引起他太多的負面情緒。甚至，偶爾碰到鄰居，他也願意微笑點頭，打個招呼。

這個例子就是「妙行」。如果只用頭腦理解，「妙行」好像沒什麼道理。然而，「妙行」本來就不應該只用頭腦來理解。

因為「妙行」並不符合我們的習性，所以，我們會感到疑惑。但是，實踐之後，感受之後，我們心中原來幽暗不明的地方，竟然被照亮了。那道照亮心中幽暗的光，就是智慧之光。那道光讓我們從夢中醒來，豁然開朗。這就是「妙」之所以為「妙」的地方。

此處「妙行無住」的「妙行」是指菩薩行。為何菩薩行是「妙行」呢？因為菩薩既要發願度眾生，而在付出努力並圓滿大願之後，卻又要認為自己並未度任何眾生。這一道理，乍看令人感到疑惑，但思索其奧義，卻又能讓人的智慧提升，看透生命的真相，所以說是「妙行」。

那麼「妙行」是要如何行呢？經文說，「妙行」要依「無住」而行。所以此分稱為「妙行無住」。「無住」就是不要執著。

「住」有正面與反面兩種意思。反面來說，「住」是執著、停止的意思。正面來說，「住」是安定、安住的意思。須菩提問釋迦牟尼佛，已發菩提大願的善男子、善女人，「云何應住」？這裡的「住」，是從安定的角度來說，就是此心如何能長期安定在此大願中，同時，也是此心如何能因此大願而得到安定的意思。

我們的心能夠安定平靜，能夠波瀾不驚，能夠「八風吹不動，端坐紫金蓮」，這樣的「住」，當然是好事。不過，從另一面看，「住」也有執著、停止的意思。所以，如果我們的心，在一處停滯不動，安於現狀，養成習氣，不再提升，這樣的「住」就不是好事了。

這就好像，公司的業績蒸蒸日上，我們每年都獲得加薪，年終獎金也很豐厚，每個協力廠商都來奉承，導致我們養尊處優，傲慢自大，不想再有改變，也不再進步。可是，幾年之後，市場狀況大變，公司業績下滑，不但要減薪，還要四處拜託協力廠商幫忙。這時，我們心裡就會很不舒服，很難適應，還會經常感嘆人情冷暖。這就很像我們對習性的執著。只要是習性，都只能適用於一時，無法長久。當環境已經改變，而我們仍執著於舊有的習性不放，這樣必然會帶來痛苦，也帶來業力。

須菩提以「云何應住」發問，釋迦牟尼佛以「不住」回答。這其實也是「妙」。因為這兩個「住」的意義並不相同。「云何應住」的「住」是「安」或「定」的意思。而「不住」的「住」則是「停滯」、「執著」的意思。

菩薩的「不住」，如同「船過水無痕」。船不曾停住，但是，船所帶起的水波卻不會停留在水面上，終究會慢慢消失，最後彷彿不曾有船走過。

船行就代表菩薩行，水波則代表菩薩行留下來的痕跡。船永遠在動，菩薩行也永遠不會停止，而且水波一定會恢復平靜，不留痕跡。

對於因緣，能夠當下圓滿，隨後放下，沒有糾纏，歡喜自在，這就是「妙行無住」。

復次：「須菩提！菩薩於法，應無所住，行於布施。

「**復次**」是再次的意思，也可以解釋為「此外」。這一句經文是說，佛陀告訴須菩提，菩薩要以不執著的心來行布施。

「**菩薩於法**」的「法」，可以理解為菩薩的心，也有說是指意識所看到的世界。「**應無所住**」是指不應該被任何東西綁住，不應該被任何東西制約，也不應停滯、執著在任何事物上。

例如前面乞食的故事，須菩提只向富人化緣，不向窮人化緣，因為他覺得窮人已經很辛苦了，不應再增加他們的負擔。而迦葉則是只向窮人化緣，不向富人化緣，因為他覺得化緣可以增進福報，多給窮人供養的機會，可以早日讓他們脫離貧窮。這樣的起心動念，就是有所住，而不是「無所住」。

我們因某種理由去進行某件事時，一定要格外警覺。因為，沒有任何一個理由在任何情況下都是對的。當環境變化了，而我們仍堅持那個理由，這就是「有住」，就是被綁住、被制約。

很多事情，剛開始是在積德，但後來因緣變了，我們依然執著不改，那麼積德就變成造業了。這就是為什麼，很多事情以美善開始，最後卻走向敗壞的原因。

所以，釋迦牟尼佛教導須菩提與迦葉，化緣不應該先存著一個想法，覺得該向誰化緣，不該向誰化緣，因為這都是執著。化緣就是走到哪裡化到哪裡，無論對方是富人或窮人，都一視同仁。既不會在富人家門口停留時間較長，也不會在窮人家門口停留時間較短。當然，對於富人與窮人所供養的物品，也應一視同仁，不可有高下優劣的區別。這樣就是「應無所住，行於化緣」。

「**布施**」是「六度」之一，也是「六度」之首。所謂「六度」，又稱「六波羅蜜」，是指六種可以讓我們脫離生死苦惱，抵達智慧圓滿的彼岸的法門。這六項法門分別是：布施、持戒、忍辱、精進、禪定（靜慮）、智慧。因為實行六度的方法非常之多，所以又稱為「六度萬行」。經文中的「行於布施」，雖然只提「布施」，實則並不僅限「布施」，而應該包含全部的「六度」，乃至於包含了一切萬行。

六度中的任何一度，修持到一定程度之後，都會與其它五度相通，連結成為一體。例如我們修布施，修到一個程度之後，就會與智慧相通。所以，修布施亦可得智慧，修智慧也自然會行布施。

再進一步說，不但六度彼此互通，「六度萬行」中的任何一行，也都彼此相通。萬行可以通於一行，一行也可以通於萬行。這樣的相通無礙，也是「妙行無住」。

「**應無所住**」這句話，是《金剛經》法門的要義。我們的心若「住」在什麼地方，我們就會被卡在那個地方，陷入漩渦，不得自由。此心若能「無所住」，能放下自以為是的執著，那麼原來不通的地方，就都能通了，原來過不去的地方，也都能過去了。

其實事物之間原本沒有那麼多障礙，大部分的障礙，都是我們的心自己造成的。只要我們的心不要製造障礙，那麼人與人之間就會充滿和諧。就像三、四歲的小孩，即使語言不通，也能玩在一起，因為他們的心不製造障礙。

我們的心若不製造障礙，不把自己卡住，那麼內心世界就會一片通透，一片平和，沒有那麼多矛盾，也沒有那麼多想不開的事。

我們的心與萬事萬物互相融通，這就是圓通。圓通就是無礙。無礙就是廣大平等，沒有分別。這是最深的智慧，也是最深的覺悟。

「所謂不住色布施，不住聲、香、味、觸、法布施。須菩提！菩薩應如是布施，不住於相。何以故？若菩薩不住相布施，其福德不可思量。」

這一句經文大概的意思是說，菩薩在布施時，不要有分別心。若能放下分別心，福德會大到不可思議。

經文中還說，菩薩在布施的時候，不要執著於感官的感受。有哪些感受呢？就是「**色、聲、香、味、觸、法**」這六項。與這六項相對的，是我們身上的六種感官，也就是「眼、耳、鼻、舌、身、意」。前者稱為「六塵」，後者稱為「六根」，兩者彼此對應。

外在有「色」，我們的身體就有「眼」來接受「色」的訊息。同樣的，外在有「聲」，我們身體就有「耳」來接受「聲」的訊息。依此類推，最後，外在有「法」，我們身體就有「意識」來接受其訊息。這個「法」，可以理解為一切現象，它是綜合性的訊息，同時包含了色、聲、香、味、觸。不過，我們的「意」，也有統整能力，它也可以統整眼、耳、鼻、舌、身各方面的訊息，把它們整合成可理解的現象。

為什麼這裡佛陀要提到「色、聲、香、味、觸、法」這「六塵」呢？因為「色、聲、香、味、觸、法」是我們感受到的豐富訊息，讓我們對萬事萬物有不同的認識與理解。這種認識與理解，固然有其實用性的一面，例如我們能知道這種植物與那種植物不同，這種植物可以食用，對人體有好處；那種植物有毒，不可食用等等。可是，這種認識與理解也有另一個問題，就是讓我們產生價值上的好惡與分別心。例如這個植物長得好看，我們就喜歡它；那個植物長得不好看，我們就討厭它等等。

我們不需要一一去討論「不住色、聲、香、味、觸、法」是該如何「不住色」、「不住聲」、「不住香」等等，因為這不是關鍵所在。我們應該把「不住色、聲、香、味、觸、法」理解成，不要執著於現象，因而產生好惡高下等分別心。

我曾看過一支心理實驗的影片，實驗者找來一些年輕人，安排他們逐一出門進行某項活動，但事實上，所進行的活動與實驗的目的無關。實驗者安排了一個長相與穿著都很好看的異性，手抱十幾份檔案，在這些年輕人步出大門時假裝失手，檔案散落一地，再觀察這些年輕人是否會前往協助。結果，絕大部分的人都會伸出援手，前往協助。然後，實驗者又安排另一個長相普通，穿著平凡的異性，同樣散落檔案。結果，只有不到一半的人會前往協助，比例大幅下降。最後，實驗者讓那位長相穿著都很好看的異性，站在旁邊當路人，結果，當長相穿著很普通的人檔案散落一地時，大部分的人還是會伸出援手，給予協助。這個實驗似乎已經證明，人是否願意幫助他人，與對方的長相和穿著有密切的關係，也與旁觀者的長相和穿著有關。

這個實驗，提醒我們，我們的分別心無所不在。這種分別心，無時無刻不在影響著我們的行為，很難覺察。而佛陀要提醒我們的，就是行菩薩道的人，應該透過覺察，放下這樣的分別心。

經文下面接著講：「**菩薩應如是布施，不住於相**」，我們在這裡好好說一下「相」這個字。簡單說，「相」就是事物呈現出來的樣子。仔細一點說，「相」是指事物在我們心裡呈現出來的樣子。因為是呈現在心中，所以這個「相」不是純客觀的，而是帶有我們主觀的看法、理解與評價。而所謂主觀的看法、理解與評價，其實就是分別心。

以布施來說，會有哪些「相」，哪些分別心呢？最常見的分別心，就是認為布施的東西越值錢，功德就越大。例如有些人布施金條，布施幾百萬現金，大家就認為他功德非常大。而有些人只布施幾十元，大家就認為他的功德很小。

我想起我讀小學的時候，有一種捐獻項目是購買「愛盲鉛筆」或「愛盲原子筆」，所獲款項則捐給愛盲協會。我記得當時老師會採用一種競賽的方式，就是每天都會公布誰買幾枝筆，而且買很多的同學，會受到老師公開表揚。我當時因未受表揚，回家後就吵著跟媽媽要錢，想多買一些。我姊姊就罵我，要我省下自己的零用錢去買，別跟媽媽要。我當時年紀小，不懂用自己零用錢買和用媽媽的錢買兩者意義的不同。總之，媽媽還是拿錢給我，買了很多筆，也得到了老師的表揚。

分別心無處不在，而且很難放下。能放下分別心的人，或者願意在放下分別心這件事情上努力的人，都是大修行人。我們應該像對待菩薩一樣，尊敬這樣的大修行人。

廣欽老和尚曾講過一句話，大意是說，修行人對美好的事情不要貪愛，對不好的事情不要憎惡，對會刺激我們的事情，要保持穩定，情緒不去隨之劇烈起伏。這句話講的也是分別心的問題。

再回到「菩薩應如是布施，不住於相」這句經文。其實，「布施」這個字眼，本身就包含著放下的意思。我們不要只把「布施」理解成給予他人，還應該體會到，布施就是放下。所以，我們若能放下不安、放下貪愛、放下糾結煩惱，這都是對自己最好的布施。

大乘佛教中有一個「三輪體空」的說法，經常用在布施這件事上。所謂的「三輪」，是指布施者、受布施者，與所布施之物。布施的時候，心中若能放下這三者，就是「三輪體空」。

當然，同時放下這三樣東西很不容易，但是，我們只要試著放下其中一樣，也能產生「三輪體空」的效果。因為，「三輪」若缺了一輪，就會無法靈活轉動。例如，我們用報恩之心布施，這樣我們就會忘記自己是布施者。此時，「三輪」便缺了一輪。

「三輪」的關係可以成立，是因為有「我」、有「對方」，還有「我」與「對方」之間的得失關係。這三方面，不斷產生交互作用，不斷攀緣擴散，不斷製造「色、聲、香、味、觸、法」，這才使得布施這件事看起來好像非常真實，不可改變。但是，只要看淡「三輪」中的任何一輪，這個交互運作的因果鏈條就被切斷了。布施這件事情，自然變得平淡自然，有如日常。只要抽掉「三輪」中的任何一輪，整個「三輪」的運作，就不再那麼真實了。能感受到這件事，就是某種程度的「體空」了。

「三輪體空」不僅能用在布施，也能用在日常生活中讓我們產生負面情緒的事物上。《莊子》中有一個故事，說有個船夫把船停靠在岸邊，停好後卻看到有另一艘船緩緩向自己駛來。他呼叫對方，要對方注意，結果對方完全不理會，繼續駛來。船夫只好提高音量，大聲吼叫，最後，對方的船還是直直撞上來。船夫很生氣，手提棍棒跳上對方的船想理論。結果發現，對方船上沒人，這船是被風吹過來的。船夫站在空船上啞然失笑。

這就是一個「三輪」缺一輪的故事。船夫的生氣原本很真實，但是，當他發現他所認定的對方並不存在時，這個生氣就變得很不真實了。

如果我們能明白，我們心中的許多負面情緒其實並沒有想像中那麼真實時，那麼這個負面情緒就無法傷害我們，也無法牽引我們去做其它愚蠢的事情。

這個世界上最不真實的，就是被我們的頭腦加工製造出來的東西。

我們的頭腦喜歡製造，總是不回到事物原本的樣子，這就是執著。我們的頭腦裡，充滿了被我們製造出來，且被我們加油添醋的東西，而且我們還自以為是，執著不放，這就是愚痴。

當各種「色、聲、香、味、觸、法」的訊息源源不絕地進入我們的頭腦，我們的頭腦又把這些訊息當成原料，然後加工製造，添加一堆自以為是的東西，最後製造出來的，就稱為「相」。「相」不是事物真實的模樣，而是事物在我們心中呈現出來的樣子。

「相」並不完全真實，但也不好直接說它是假的。「相」的假，是指我們製造了許多自以為是的東西，並執著不放。最後，我們反而被自己製造出來的所控制，我們反而被自己所執著的牽著鼻子走。

如果我們執著不放，我們就失去了自主性與自由，也會被「相」牽著鼻子走。這時的「相」，就是假的了。我們之所以在貪、嗔、痴的路上拼命前進，無法停止，就是因為腦子裡執著太多假「相」了。

人生最沒有意義的事，就是製造一個假的東西，然後抓著這個東西不放，最後被這個東西控制，成為它的奴隸，被它牽著鼻子走。

人生最大的福報，就是不被假的東西控制，不被假的東西牽著鼻子走，用般若智慧做自己的主人，「不住於相」。

「須菩提！於意云何？東方虛空可思量不？」「不也，世尊！」「須菩提！南、西、北方，四維上下虛空，可思量不？」「不也，世尊！」「須菩提！菩薩無住相布施，福德亦復如是，不可思量。須菩提！菩薩但應如所教住！」

這一段是講，不執著於「相」而行布施，也就是「無住相布施」，所得福德將大到不可思議。「云何」即如何。「**於意云何**」即你的意思如何呢？這裡是佛陀詢問須菩提的想法。下面「**東方虛空可思量不**」一句中的「虛空」，是《金剛經》中第一次出現「空」字。不過，這個「虛空」並非指「空性」，而只是空間的意思而已。「不」念成「ㄈㄡˇ」，是疑問句的意思。

空間很奇妙，它包容所有事物，允許任何事物來占有，但是，卻不占有任何事物。而且，無論放入多少，空間的性質都不會改變，空間還是空間，不受任何影響。空間的這種性質，體現了「虛」的意義。

從我們的直觀感受來看，任何事物的具體存在，都發生於某個「空間」之中。而「空間」的存在，卻不需要其它事物來支持。這是「空間」與萬物最大的區別。萬物都有賴於「空間」而存在，而「空間」卻不依賴於萬物而存在。萬物無法獨立存在，而「空間」是圓滿自足的。

為什麼經文中說「虛空」不可思量呢？因為「虛空」的容量無限，可以放入無窮無盡的萬物，既不會被填滿，也不會被改變，所以它是不可思量的。

我們心中的般若智慧就像虛空一樣，可以放入萬事萬物，也可以從中拿走萬事萬物。但無論它怎麼放入或怎麼拿走，這個般若智慧依然不增不減，始終如一。

我們的心，像虛空一樣，擁有無限的容量，不會被填滿。我們的心，無論裝入多少，永遠有空白之處，永遠有清淨的場所。而且無論放入什麼，我們的心依然可以自主、擁有自由，不受這些事物控制、支配。

這種不會被填滿的心，不被控制、游刃有餘的心，無限廣大的心，自由的心，就是我們的般若智慧，也就是我們的「空性」。

「色」是有限的，有其限量，有其邊界。而「虛空」則可以跨越邊界，永無窮盡，所以不可思量。「**南、西、北方，四維上下虛空**」則是由一方之不可思量，推知四方亦不可思量，最後則以此比喻般若、空性之不可思量。

整部《金剛經》的主題，就是在告訴我們一個學習般若智慧的法門，一個體悟自性與空性的法門。《金剛經》想教我們的，就是「放下」，就是「不要執著」，就是「看破」，就是「不住」或「無住」。《金剛經》從頭到尾都是在講這件事。

「**無住相布施**」，就是放下對「布施」的種種既定印象，放下對布施的種種價值評斷，只是用一顆清淨的心去布施，不為了得到什麼，也不覺得失去什麼。

知道自己的心圓滿無缺，知道自己的心無所求也無所失，知道自己的心超越一切現象之上，這樣我們就能毫無阻礙地「放下」。當我們的心能如此「放下」，這就是般若智慧了。

「**菩薩無住相布施**」這句經文的意思，就是指菩薩是用般若智慧去行布施。其實，任何有福德的事，無論是布施，還是念經、念佛號，還是打坐，無論是什麼，只要我們帶有般若智慧的成分去做，這件事的福德都會變得很大。般若智慧的成分越多，這件事的福德就越大。如果純然出於般若智慧，那這件事的福德就如同虛空，大到不可思量。

不過，我們也可以反過來問，福德不也是一種「相」？既然要不住於相，為什麼佛陀又要告訴我們福德很大？

我跟大家說，是不是「相」，關鍵不在福德，而在我們的心。如果我們覺得自己福德不夠，想多得一些，想生活舒服一些，那麼福德就是「相」。如果我們把心收回來，感到自己圓滿自足，既不缺什麼，也不必再得到什麼。這時的福德，就不是「相」。

如果我們的福德是「相」，那麼我們得到的福德就是有限的，會慢慢耗損，最後消失。如果不是「相」，那麼這樣的福德是無限的，既不會耗損，也不會消失。故說：「**菩薩無住相布施，福德亦復如是，不可思量。**」

從般若智慧來說，福德並無大小多少之分，一即是一切，一切也是一。如果菩薩認為福德有大小多少的分別，那麼菩薩就從般若的維度，掉回世俗的維度了。

為何佛陀要說福德「不可思量」呢？因為，無論是什麼東西，只要大到無法想像的地步，我們自然就會放下計算，不再考慮得失，不再介意損益，自然地進入般若智慧的維度。

最後一句是：「**菩薩但應如所教住！**」

「菩薩無住相布施」的「住」是執著的意思。這裡「菩薩但應如所教住」的「住」不是執著的意思，而是「安定」的意思。這句話是說，菩薩應該安住在這個不執著的狀態。用文言文說，就是「住於不住」。

如果我們內心還覺得缺乏，不感覺圓滿自足，也做不到自主，我們要透過「住」，透過刻意練習，學會打開內心、提升思維、圓滿智慧。等到我們的內心能夠不假外求，隨時處在內心沒有缺乏，完全圓滿自足的狀態，這時「不住」、不執著，就會自己發生。

第五堂課——第五分

肉眼無法見到真佛，
我們只能在內心裡與他相遇

如理實見分第五

「須菩提！於意云何？可以身相見如來不？」

「不也，世尊！不可以身相得見如來。何以故？如來所說身相，即非身相。」

佛告須菩提：「凡所有相，皆是虛妄。若見諸相非相，即見如來。」

「如理實見分」的「如」是依照、順從的意思。「理」是「道」的意思，指究竟的佛法。「實見」就是真實、如實的看見。這句話是說，我們依最深的佛法，如實地看見，若不依此理，即流為虛妄。

「如理」的見，指的不是用眼睛看，而是用不執著的心看，用般若智慧看，用「空性」、「自性」、「本心」看。我們雖然使用這麼多字眼，但其實都是同一個意思。

大家有沒有覺得很奇怪，就是我們一般常用「佛法」這一詞彙，卻比較少用「佛理」這一字眼。是為什麼呢？

這要從「道」、「德」、「理」、「法」這四個字的發展過程梳理起。

在孔子的春秋時代，當時的人稱呼最高的、最普遍的真理為「道」，若是指人內在真實的東西，則稱為「德」。要注意的是，《論語》全書並未出現「理」這個字。所以，我們若遇見孔子，跟他說「真理」二字，他應該是聽不懂的。因為，在孔子的時代，「理」是「整治、治理」的意思，並沒有「真理」的意涵。

到了戰國時代，例如孟子，才開始少量使用「理」這個字。《孟子．告子篇》說：「故理義之悅我心，猶芻豢之悅我口。」在這裡，孟子開始把「理義」二字連在一起使用，但是，使用的次數還是比較少。

到了戰國時代的末期，荀子開始大量使用「理」字。例如，荀子有一句很有名的話：「持之有故，言之成理。」至於《老子》，全書不用「理」字。而《莊子》的內七篇裡，只有〈養生主〉中的「依乎天理」，出現一次「理」字。可見「理」字的普遍使用，恐怕是在戰國時代的中後期。

「理」字開始被當成「客觀且普遍的規則」的意思，且地位幾乎跟「道」一樣，此事應該在諸子百家繁榮興盛之後。原因在於，諸子百家都宣稱自己的主張是「道」，但彼此主張又差異極大，這導致「道」字逐漸失去原有最高普遍真理的意義。剛開始，學者會使用「大道」、「小道」來做為真理之客觀性與主觀性的區別。但是，久了之後，「道」字被濫用的情況越來越嚴重，只好改用「理」字來部分取代「道」字，表達客觀真理的意思。

「法」字在古代出現得比較早，通常是指正確的言行，或者應該遵守的規則、標準、制度等。例如《論語》裡有：「法語之言，能無從乎？」又有：「謹權量，審法度，修廢官，四方之政行焉。」《孟子》也有：「徒善不足以為政，徒法不能以自行。」總之，「法」字大多指我們的行為應該遵循的規則、標準。

佛教作為一種智慧與修行，它的道理與實修不可分離。或者說，佛教的道理，除了是一種理解世界的方式之外，更重要的是，這樣的道理必須落實為正確的修行，以及正確的人生實踐，不能只是一種高懸在上的「理」。為了強調修行、實踐的重要性，所以佛教多使用「佛法」而較少使用「佛理」。

佛經裡用「理」字的地方也是有的。例如《大般若經》裡常用「如理思惟」一詞。可是，思維可以如理，若是修行實踐，那還是要用「如法修行」，而不用「如理修行」。主要原因還是「法」字帶有正確的實踐的意思，而「理」字則偏向於「思」與「理解」。

「須菩提！於意云何？可以身相見如來不？」

佛陀問須菩提：「須菩提，你的看法如何呢？可以從身相見到如來嗎？」這裡的「**身相**」是指外觀外貌。

「**如來**」一詞，有三種解釋方法：一指釋迦牟尼佛。二泛指一切佛。三指佛性、自性。這三種解釋，一層一層深入，皆可通，也都值得玩味細思。

「**可以身相見如來不**」是問可以用佛陀的外觀外貌來認識佛嗎？或者，更廣義來說，可以透過我們所看到、所聽到、所感受到的這些「相」來認識「佛」嗎？「不」是疑問句的語尾詞。

這句話的重點是「見如來」這三個字。這裡的「見」，當然不是用眼睛看，而是指「照見」。「照見」是一種特別的境界，是指去除一切障礙，去除一切執著，去除一切成見之後，完整的，一覽無遺的，清楚明白的，多維度的，全體真實的知道。

如果我們是用眼睛看如來，或者用自己的知識、經驗、成見來看如來，那麼凡有所見，必有所蔽。我們固然會看到一些什麼，但是，我們的所知所見，也會成為一種障礙，以致看不到更多的東西。被遮蔽的部分，將遠遠大過於所看到的部分。

所謂的「照見」，是盡可能放下成見、定見、知見，放下我們思慮的心，放下我們有所欲的心，放下我們想凸顯自己、證明自己的心，放下我們不滿足的心，放下我們不安的心。在盡可能的放下之中，簡單、自足、光明、溫暖和圓滿就會在我們心中浮現。這能讓我們看到許多平常看不到的東西。能讓一切事情無比明亮，沒有陰影，完全顯露。它能讓「照見」發生，也能帶領我們去體會、感悟我們自身的空性。

進一步說，「見如來」並不是在我們身外看到一個如來，而是感悟到我們心中的簡單、自足、光明、溫暖和圓滿，「見」到我們心中的如來。「見如來」的「見」，其實是在內看，而不是向外看。因為是在內看，所以不是只用眼睛看。事實上，一切感官皆可以在內看，而且一切感官在內看時，都能彼此相通。眼睛可以與耳朵相通，耳朵也可與鼻子相通，感官與感官之間沒有界線。

外表的如來，並不是全部的如來。說得最表層，就像我們在學校，必然有考試，而考試之後必然會打分數。分數是很容易用眼睛看到的東西。可是，我們可以用某人的考試分數，來認識某人嗎？可以用考試分數來決定一個人的價值嗎？可以用考試分數來決定一個人一生的道路嗎？可以用考試分數來決定他未來的成就嗎？可以用考試分數來決定他未來對社會的貢獻嗎？當然不可以！

「身相」有如考試分數，看得到、摸得著，卻不能代表如來的全部。想要「以身相見如來」，就如同想要以一次考試的分數，看盡一個人的一生，一個人的全部。一個人的全部，當然不是這樣看的。

有一次，我夢見釋迦牟尼佛來到我們講課的教室，全身閃耀金光，坐在我的對面。在夢中，我期望得到釋迦牟尼佛的開示，但他只是淡淡微笑，並沒有說話。這個夢，也許有很殊勝的因緣，也許背後有重要的含意，但是，從《金剛經》的角度來看，這也只是一個「相」，不宜太過執著。

對於「相」，我們不要刻意誇大它所代表的意義，如果我們誇大了，那一樣是「以身相見如來」。最後見到的必然不是真正的如來。

「見如來」既不是用眼睛看，也不是在夢中相見，或用任何「相」來感受。「見如來」其中之一比較踏實的過程，是受到「法」的召喚引領，並在生活中實踐體會，日積月累之後，感覺如來就在我們身邊，或者，感覺如來就在我們心中。這樣才是「見如來」。

因為，如來不在外面，從外面「見如來」，最後見到的都只是「相」而已。只有透過實踐與修持，才能在內心與如來真實相遇。

在內心裡與如來真實相遇，就是沐浴在光明中的「照見」。這樣的「照見」，是修行到達一定深度與密度之時，自然轉化而至的能力與福報。

從來佛與菩薩都不是用眼睛看到的。

「不也，世尊！不可以身相得見如來。何以故？如來所說身相，即非身相。」

佛問須菩提，能以「身相」見到真正的佛嗎？須菩提回答：「不能，不能以身相見如來」。不僅是因為如來在我們的心裡，也因為即使是從外表來看，也沒有一種身相永遠不變。今日之身相，一定不同於二十年前的身相，也一定不同於二十年後之身相。這三種身相，哪一種才是真正的身相呢？其實，都不是真正的身相。於是，須菩提說：「**如來所說身相，即非身相**」。

如果有一個真正的身相，那麼身相就是身相，不必再說別的。正因為每一個身相都不是真正的身相，這才能說「身相即非身相」。

釋迦牟尼佛的外觀，並不等同於真正的佛。如果釋迦牟尼佛的外觀是一片葉子，那麼真正的佛就是一整座森林。一片葉子易知，整座森林則無法把握。

我跟大家說，我們不要把已知的看得比未知的還高。也不要想用已知的去支配、控制、主宰未知的。因為，這樣的意識活動，充滿自以為是的傲慢，不會有智慧，也無法與如來相遇。過度堅持我們已知的，會讓我們越來越自滿，也越來越狹隘。願意承認、接受並臣服於未知，才可能不斷領受智慧的禮物，也才能明白我們所已知的，真正的意義何在。

「何以故？」是佛陀問須菩提。「如來所說身相，即非身相」是須菩提的回答。也有人認為，這兩句是須菩提的自問自答。我認為也合理。還有一種意見，認為這兩句話皆佛陀所說，這一說法我們就不討論了。

佛法根本的道理之一，就是萬事萬物都隨因緣而生，也隨因緣而變化，沒有真實不變的本質，這稱之為「諸法無我」。這裡的「諸法」是指萬事萬物。「我」是指事物的本質、核心。

「相」是指萬事萬物在某一因緣下，暫時展現出來的模樣。這個暫時的「相」是不能執著的。想永遠留住這個暫時的「相」，不希望改變，就是執著。

人有肉眼，能看到「身相」。但若是能進一步知道，一切「相」皆不可執著，那麼就在肉眼之外，也擁有法眼了。人若有法眼，就不會被「身相」所迷惑，知道「身相」終究是要變的，終究要回到內心，從內心見佛，所以稱之為「非身相」。

我們看世間的事，不要只看到「身相」，也不要只看到「非身相」。若只看到「身相」，就太執著了。若只看到「非身相」，又太虛幻了。必須兩者都看到，又不執著於任何一個。當我們看到「身相」時，要知道還有「非身相」。而當我們體會到「非身相」時，也要知道目前仍有個「身相」。

對於「身相」，我們要有能力隨緣，也要有能力放下。對於「非身相」，我們要懂得嚮往，也要懂得感恩。能把「身相」與「非身相」當成一件事來看，就是如實法相。

佛的「法身」、「報身」、「化身」三者合在一起，才是佛的完整顯現。我們一般人用肉眼，只能看到佛接引眾生的「化身」，以及莊嚴好相的「報身」，卻看不到佛的「法身」。因為，佛的法身就是空性的體現，無法用肉眼看到，只能透過修行來領會體悟。

凡夫之人把「身相」當「色相」看，但是，修行的人不能這樣看。一個修行人應該在看到「身相」的同時，就意識到，尚有未看到的「非身相」。能夠真實感悟「身相」與「非身相」兩者同時存在，它們是同一件事，而不是互相排斥的兩樣東西，這樣的人都有極高的智慧。

這個智慧如果延伸到世俗世界，似乎也可以這樣運用。我們喜歡一個人時，剛開始可能只喜歡對方的某些部分，對另一些部分則不是很喜歡。但隨著交往與認識的逐漸加深，那些原先不是很喜歡的部分，後來也逐漸可以轉念，甚至逐漸可以欣賞了。似乎，真正的愛，也有一種智慧，讓我們從「相」，慢慢通往「非相」，並讓我們放下對「相」的執著。

所以，真正的愛，也具有般若智慧的特質。

佛告須菩提：「凡所有相，皆是虛妄。若見諸相非相，即見如來。」

最後，佛告訴須菩提，「**凡所有相，皆是虛妄**」。所謂的「虛妄」，意思就是「不真」。

之前曾說，這世界上最不真實的，就是我們頭腦裡，自以為是的執著。如果沒有人為的執著，「相」就是「相」，如同日出日落、月圓月缺、花開花謝一樣，不必刻意說它是真，也不必刻意說它是假。

可是，「相」一經過人心的執著，就不是真的了，它就變成虛妄的事物。所以，釋迦牟尼佛告訴我們：「凡所有相，皆是虛妄」這裡的「相」，是指經過人心執著後的「相」。也就等於說：「一切執著，皆是虛妄」。

「虛妄」是指，我們頭腦被某些訊息控制了、支配了，而且，我們還不斷地在訊息上加油添醋，並產生強烈的好惡情緒。最後，我們被這些東西牽著鼻子走，做出愚蠢的事，說出愚蠢的話，而我們卻毫無所知。

我想起曾經看過一則早期的ＤＤＴ殺蟲劑廣告，廣告詞的大意是：我們將創造一個沒有疾病的世界。

人類想創造一個沒有疾病的世界，這種想法本身就是一種虛妄。可是我們不但執著於一個錯誤的目標，而且還用許多趕盡殺絕的手段破壞人與萬物的平衡，堅持只有這樣對人類才好，完全不去看其它的可能。但幾十年後，連續不斷的悲劇，終於讓人類發現，ＤＤＴ不但不能消除疾病，它本身就是疾病的來源。

執著的結果，最後都是虛妄。我們所好或所惡的東西，執著到最後，只會有一個結果：就是我們所「好」的，最終還是離我們而去；而我們所「惡」的，最後會變成我們自己。

「凡所有相，皆是虛妄」的「相」，是指執著參與其中的「相」，而不是「相」的本來面貌。因為，真正虛妄的，並不是「相」本身，而是人心的「執著」。最具破壞性的不是命運的起伏無常，也不是地震、颱風或海嘯，而是我們內心的妄想與執念。

《呂氏春秋》裡有一個故事。說有個楚國人去打獵，遺失了一把弓，隨從要去尋找，他卻說：「楚人之弓，楚人得之，何必找呢？」此事之後便傳為美談。孔子聽到此事後說：「能把楚字拿掉，就好了。」老子聽到此事後說：「能把人字拿掉，就更好了。」

一個人如果認定這把弓屬於他，不屬於其它人，那麼他遺失這把弓之後，心情一定不好，一定急著想把弓找回來。這是「一相」。可是，如果他認為，這把弓並不專屬於自己，可以由他使用，也可以由其它楚國人使用，所以，這把弓並未遺失。這是另「一相」。孔子認為，不必限定楚國人，天下人的弓，天下人得之，豈不善哉！這又是「一相」。老子認為，弓未必要屬於人，弓也可以屬於天地，即使沒人撿到這把弓，它也並未遺失。這也是「一相」。

同一件事，可以有這麼多「相」，請問，哪一「相」是真的，哪一「相」是假的呢？

其實，沒有哪一「相」是真的，也沒有哪一「相」是假的。執著於任何一「相」，困在任何一「相」中，既無法離開，也逃脫不出來，這就是假的。不執著於任何一「相」，往來無礙，隨緣度人，就是真的。這就是「見諸相非相」，也就是般若智慧。

般若智慧就是，這個人遺失了弓，非常著急，我們就幫他尋找。這個人若覺得，弓被別人撿去用，這樣也很好，並不算遺失，我們就讚嘆他。這人若覺得，即使沒有人撿到弓，弓原本來自於天地，如今又回歸於天地，這樣也不算遺失，我們就向他行禮。

般若智慧，就是我們從「相」中覺察到自己某些執著，然後我們放下這些執著，通往其它的「相」。接著，我們再從其它的「相」中覺察到另一些執著，於是又放下這些執著，通往另一個層次的「相」。如此一層一層看、一層一層覺察與放下，也一步步走向圓滿的過程，就是般若智慧的展現。

當我們反覆實踐般若智慧後，會發覺，每一個「相」與另一個「相」，都有道路可通，都可以彼此理解。只要放下執著，「相」與「相」之間，並沒有那麼大的分別，也沒有阻隔的鴻溝，只要想跨越，很簡單就可以做到。

如果有般若智慧，一「相」可以通往一切「相」，一切「相」也可以通往一「相」。修行到了這一步，煩惱可以通往菩提，眾生也可以與佛相通。修行到了這一步，釋迦牟尼佛就會常住在我們心中，常常給我們加持與囑咐。這就是「見如來」了。

「見如來」不是看見一個金光閃閃的佛的形象，而是知道自己內心裡有佛，知道自己內心與佛相通。

第六堂課

第六分

一念向內凝聚，即可與佛相感應；
一念向外實踐，即可成就為菩薩。
佛與菩薩只在真實一念中

正信希有分第六

須菩提白佛言：「世尊！頗有眾生，得聞如是言說章句，生實信不？」

佛告須菩提：「莫作是說！如來滅後，後五百歲，有持戒修福者，於此章句，能生信心，以此為實。當知是人，不於一佛、二佛、三四五佛而種善根，已於無量千萬佛所種諸善根。聞是章句，乃至一念生淨信者；須菩提！如來悉知悉見，是諸眾生得如是無量福德。何以故？是諸眾生，無復我相、人相、眾生相、壽者相、無法相，亦無非法相。何以故？是諸眾生若心取相，即為著我、人、眾生、壽者。若取法相，即著我、人、眾生、壽者。何以故？若取非法

相，即著我、人、眾生、壽者。是故不應取法，不應取非法。以是義故，如來常說：汝等比丘！知我說法，如筏喻者；法尚應捨，何況非法？」

許多佛經都開始於一個發問。例如《心經》，始自舍利弗向觀自在菩薩提出「深般若波羅密」的問題。《法華經》起自於佛陀身上放出各種光芒，引起各種震動，並從天上飄下各種花朵，彌勒菩薩因而提問，是怎樣殊勝的因緣，才會有這樣的震動？《金剛經》則始自須菩提問，發菩提大願的人，如何「安住」於此菩提大願上，又如何「降伏」各自的妄心，使妄心回返於菩提心上。

《金剛經》的第二到第四分，就是在回答這個「如何安住」，以及「如何降伏」的問題。釋迦牟尼佛的回答，強調三個重點：一是幫助眾生，讓眾生離苦得樂。二是這件事情要累生累世地做下去，直到一切眾生都離苦得樂才停止。三是眾生離苦得樂之後，不要覺得自己有什麼功勞，也不覺得自己做了什麼特別的事情。

為什麼這三點，可以讓此心「安住」與「降伏」呢？

我有一個朋友，是虔誠的佛教徒，每天念誦《金剛經》。有一次，他問我晚上睡不著怎麼辦？我問他為什麼睡不著？他說為了小孩工作的事情而焦慮。我知道他小孩十分優秀，實在無需操心。於是告訴他，你會焦慮，就是心安不下來。你每日念的《金剛經》裡，就有「如何安住」，以及「如何降伏」的答案。

其實，我們的心無法「安住」下來，百分之九十的原因，是我們不知道眼前要做什麼，也不知道之後的目標，與長期的方向在哪裡，總而言之，就是不知道要走哪一條路。如果我們知道眼前要做什麼，以及長期的目標、方向與道路是什麼，那麼我們的心，自然可以「安住」，也可以「降伏」。

那麼朋友可以做什麼，讓自己不焦慮，也讓心安下來呢?我告訴他說，你的小孩很優秀，他有自己的想法，你要做的，就是煮一頓豐盛溫馨的晚餐，讓小孩回來吃飯，然後聊聊他小時候的美好回憶，最後抱抱他，說你愛他，說你知道他這一陣子很辛苦，若他需要父母怎樣的支援，都可以商量。我跟朋友說，這是你可以做，也應該做的事。至於找工作，那不是你的事，你也幫不上忙，別沒事找事，徒增煩惱。

如果能正確地知道自己眼前該做什麼，還知道長期的目標、方向與道路，這樣我們就不會焦慮，也自然可以「安住」下來。

釋迦牟尼佛的答案，就是用三個重點，告訴我們，眼前該做什麼，還告訴我們長期的目標、方向與道路。人若能找到自己的使命，找到自己生命應該走的道路，找到生活的長期目標與方向，也知道具體的實踐方法，那麼人生的煩惱，至少有一半以上會自然化解。

一個發菩提大願的人，每天該做的事，就是行菩薩道，盡可能幫助他人，利益眾生。在實踐菩薩道的過程中，我們會累積善緣，從中感受到成長的甘甜，那麼此心就能「安住」。而如此日復一日地修行，就能感覺身心安樂，不覺得自己作了什麼了不起的事，也不覺得自己有什麼特殊功德，這樣就能「降伏」此心。

這三個重點，前半部的功課是慈悲，後半部的功課是智慧。當我們完成所有功課之後自然就會明白，原來慈悲和智慧，是同一件事，並無先後之分。

接著，我們再來看「妄心」和「菩提心」的問題。

「妄心」的「妄」字，就是把假的當成真的，而且執迷不悟，困在其中無法自拔。所以，「妄心」就是執著的心。但發出「妄心」和「菩提心」的並不是兩個心，而是同一個心。我們不必用菩提心去打敗、擊垮、消除妄心，只要放下「妄心」，那麼「菩提心」自然就浮現出來了。「妄心」並不需要打敗，也不要與它糾纏，只要能夠放下，重新開始，「妄心」自然消失。

讓我們沉淪的是這顆心，讓我們見如來的也是這顆心。

有一年，元旦跨年的那一天晚上，我們有六位同學，連我七人，一起去農禪寺參加跨年活動。結束後，寺方送我們三份小禮物：一塊桂圓蛋糕，一張取自佛經的智慧語錄，還有一份桌曆。桌曆的標題是「不二法門」，裡面摘取了《維摩詰經》的十二段經文，很啟發人心。

後來，有同學問我，什麼是「不二法門」？我們剛好可以藉由這個「不二法門」，來解說《金剛經》想要告訴我們的道理。

《維摩詰經》是一本流傳很廣，也很重要的佛經，其中「文殊問疾」的故事，常被轉述，十分膾炙人口。唐朝詩人王維，字「摩詰」，就是以此經為典故。後來，北宋王安石寫了一首《讀維摩經有感》的詩，內容是：「身如泡沫亦如風，刀割香塗共一空。宴坐世間觀此理，維摩雖病有神通。」

如果我們反覆朗誦幾遍王安石這首詩，相信大家會有一個感覺，就是稱這首詩為《讀金剛經有感》，似乎也並無不可。

《維摩詰經》和《金剛經》都是禪宗的重要經典。在北宋以前，文人親近禪宗，經常會提起《維摩詰經》，但在北宋之後，大家對《金剛經》的熟悉程度，便慢慢超過《維摩詰經》了。

什麼是「不二法門」？這可以有很多種理解的方式，我從前對「不二法門」的理解是這樣的：修行的法門非常多，千千萬萬，所以有所謂的「六度萬行」。而我們每個人會因為不同的根器與因緣，各自走上相應的法門。不過，無論我們修過多少法門，等到累世修行快到圓滿之時，我們會發覺，這裡有一個必經之門，只能穿越，無法繞開，也無法行方便。這個門，是所有修行者一定要經過的地方，沒有方便，沒有替代。一切修行，若不經此門，就無法圓滿。所以稱為「不二法門」。

但現在如果問我什麼是「不二法門」，我會換一種方式回答，我會說，「不二法門」是超越二元對立，讓萬法消融為一的那道門。例如：煩惱與菩提，其實是同一件事，因為煩惱不一定是惡，菩提也不一定就要執著，執著菩提可能引來煩惱，而煩惱也可能帶來轉化，它們都是一個過程，也一定都會過去，無論是煩惱，或是菩提，本質上都是空性。

我想起廣欽老和尚晚年，有一次指著桌上的一杯果汁和開水，然後說：「你們一定覺得果汁比較有營養，開水沒有營養。但是，對我來說，都一樣。」我總感覺廣欽老和尚是用這件事開示什麼是「不二法門」。

如果萬法不歸於一，那麼法與法之間，就有無法逾越的差別。若是如此，那萬法就無法平等了，「無上正等正覺」中的「正等」就不存在了。如果不歸於一，那麼萬法裡的每一法，都要有一個「覺」與之對應，我們又怎麼「覺」得完呢？這樣的話，「正覺」也不存在了。所以，「不二法門」既是「正等」，也是「正覺」。

如果我們的心只看到「二」與「多」，沒有看到「一」與「平等」，那麼我們的心所打開的「門」，仍然是方便法門，不是不二法門。當然，方便門也非常好，菩薩就是要有無窮無盡的方便門，才能度無窮無盡的眾生。但是，眾生要成道成佛，一定要通過「不二法門」，才得圓滿。

佛陀在《金剛經》裡所開示的「心」，是通向「不二法門」的心，也是歸於一的心，以及正等與正覺的心。

釋迦牟尼佛以修持菩薩行，度盡一切眾生，示現了慈悲這條實踐之路。又以度盡一切眾生，卻不執著於功德，要像沒有做過一樣，示現了般若智慧這條精進之路。這兩條路，走到最後，匯合成為一條路。

修行是一個實踐的過程，也是一個成長的過程。雖然需要理解，但無法僅憑理解而完成。許多修行上的問題，答案更多是在實踐與成長中，而不在理解中。

如果缺乏實踐，或者在實踐中沒有得到心性與智慧的成長，那麼問題仍是問題，無論我們花費多少唇舌，都難以解答疑惑。但是，如果真的去實踐，而且得到了成長，那麼大部分的問題，都會自己消散、瓦解。

所以，不必太急於想得到問題的答案，因為，得到答案並不是最好的結果，說不定，反而是最壞的結果。最好的結果應該是隨著我們心性與智慧的成熟圓滿，發現當初那個問題，已經自己瓦解了。因為，問題原本就不是真實的存在，而是我們的心製造出來的。

當我們把問題視為問題來解決，那麼即使解決了，也還會從過程中引發出其它問題。問題會一個牽一個，層出不窮，永無止境。真正解決問題的方式，不是解決它，而是讓問題自己瓦解，失去意義，不復存在。

禪宗的師父在回答何謂佛性時，喜歡說「吃飯時好好吃飯，喝茶時好好喝茶」。為何吃飯喝茶就是佛性呢?因為放下執著，回到自然的真實狀態，回到身心同在的狀態，就是回歸佛性。該做什麼就做什麼，平平實實，自自然然，心收回來，不在外面攀緣、飄蕩，這樣就沒有不安了。

我小的時候，有一個暑假的下午，豔陽高照、熱氣蒸騰，街上一個小朋友都沒有，我很煩躁，一直向媽媽抱怨無聊。後來媽媽給我十元，要我去雜貨店秤半斤鹽回來，我就開開心心地出門了。後來路上遇到一個小朋友，他也很無聊，但看我那麼開心，就跟著我去買鹽，一路上有說有笑，兩人十分開心。買好鹽後，媽媽給我一元作獎勵，我揣著錢，跟那個小朋友在騎樓玩。沒過多久，其它小朋友也一個一個跑出來玩了。回想起這事，我覺得，幫媽媽買鹽也是一種菩薩行，只要去做，善緣就啟動了，所有煩躁不安之心，就煙消雲散了。

我們需要直接去降伏那個不安之心嗎？例如，我一直胡鬧，抱怨無聊，媽媽也可以打我一頓，降伏我這顆煩躁不安之心。但是，這顯然不是個好方法，而且有副作用。其實，這個煩躁之心並不那麼真實，只要找件有意義的事，愉快地去做，它就不見了。

可是，若繼續追問，什麼是有意義的事？是買鹽比較有意義，還是幫媽媽搥背比較有意義？若是如此追究，就麻煩了。因為這會讓我們陷入一個永遠也回答不完的問題。這件事情，就應該停止在無聊煩躁之心消失的當下。之後，回到真實而自然的生活，讓此心不再攀緣。

事情最好都能當下喜悅、當下圓滿、當下啟動善緣，當下兩不相欠，當下畫下句點，然後了無遺憾地放下，對一般人來說，這就相當於「不住於相」了。

上面是第二與第三分的整理。到了第四分，釋迦牟尼佛提出「不住相布施」則「福德不可思量」的結論。所謂「不住相」，並不僅限於布施上，而是遍及六度萬行，也包含千萬法門。我們在修行中，哪怕只有片刻處在「不住於相」的狀態，由此而生出的福德，都是不可思議的。

佛陀在描述福德之「多」與「大」時，用的比喻是「四維上下虛空」。大家注意到了嗎？這就是佛經精彩美妙的地方。哪怕只是一個文學的愛好者，都能感受到這個比喻的雙關之美。

「虛空」一方面是形容空間的廣大，另一方面也是什麼都沒有的意思。佛陀告訴我們，有一種福德非常大，大到什麼地步？大到像什麼都沒有的「虛空」那麼大。我想，任何人聽了都會莞爾一笑。

福德很大！但為什麼跟「沒有」一樣大呢？因為任何「有」都是有限的，必然能找到另一個「有」比它更大。但「沒有」卻是無法超越的。「沒有」最大。我們找不到任何比「沒有」還大的東西。「沒有」的數倍，還是「沒有」，並沒有變得更大。虛空之所以不可思議，就是因為它「沒有」。

那麼，這個福德雖然很大，但到底是有，還是沒有呢？這個世界究竟有沒有福德呢？

我還是用那句話回答：這個世界上最不真實的東西就是我們心裡、腦子裡所執著的東西。

如果我們認為，必須這樣才有福德，那樣就沒有福德，這就是執著。這種帶有執著心的福德，就是假的福德，長遠來說等於沒有福德。如果放下這層執著，那麼一切都是福德，也是福報。

最大的福報，就是我們生命中的一點一滴，每一個片刻都是福報。最大的福報不是因為某件事的結果十分美好，而是來自於我們覺得自己的生命有了方向、有了著落、有了歸處，感覺自足且圓滿，沒有缺憾。

因為我們知道自己要去哪裡，也知道自己要做什麼，所以會覺得每件事情都隱隱然得到佛菩薩的加持與祝福，常常覺得輕安、放鬆、自在。我跟大家說，世上沒有比這個福報更大的了！

例如，我看到大家來上課，同學彼此感情很好，讓我覺得這個緣分非常難得，這對我來說，就是福報了。甚至，我晚上寫講義寫到半夜十二點多，也覺得很歡喜，這也是福報了。

當我們放下執著時，一切都是福報。還有什麼福報比一切都是福報還大呢？

第五分的重點就是一句話：「凡所有相，皆是虛妄。若見諸相非相，即見如來。」

什麼是「相」？所謂的「相」，就是在無限的因緣變化之流中，一個個被我們擷取，進而執著的片面。因為，任何「相」都在因緣變化中，展現成住壞空的規律。但是，我們卻只擷取非常片面的一小部分，以為這就是全部了。這種以片面代替整體的想法，就是執著。我們執著於一小部分的「相」，卻遺漏了全部的「相」，這怎麼能說是有智慧呢？

我們若有執著，就會有個「相」出現，以與此執著對應。而我們不執著的部分，或者本來有執著，後來放下執著的部分，與此對應的，就是「非相」了。當我們的心，不被綁死在執著的「相」中，那麼我們就可以看到「非相」的廣大世界。我們可以在「非相」中看到生命的自由無礙，也看到生命的不可思議，以及永恆的平靜與和諧。

如果能放下執著，那麼每一個「相」都會與其它的「相」相通，「相」與「非相」就能合為一體，於是，我們可以在「一相」中看到整個世界，乃至於看到全部的宇宙。所謂「一花一世界，一葉一如來」，或者「青青翠竹盡是法身，鬱鬱黃花無非般若」，表達的都是同樣的意思。當我們放下執著的時候，我們所見到的一切，不但都是福報，也都是佛的法身。

下面來講第六分。這一分的名稱是「正信希有」。

「正信」就是真實的相信，而且所相信的也是真實的。「希有」就是「稀有」，表示非常少有，非常難得。不過，此「希有」是須菩提的感受，而不是佛陀的感受。因為，佛陀並不覺得正信者稀有。

因為，真理永恆不變，並且對所有人開放，那麼真實感應到此理，並相信此理的人，一定不在少數，怎麼會稀有呢？

須菩提白佛言：「世尊！頗有眾生，得聞如是言說章句，生實信不？」

這一句是須菩提問釋迦牟尼佛：「很多今日不在現場的眾生，將來透過他人轉述或文字紀錄得聞世尊的開示，請問他們能真實明白，並真實相信世尊所開示的真理嗎？」

「**頗有**」即不少。雖然不是全部，但數量也不少了。這裡的「**眾生**」，不是指現場聽法的眾生，而是指今日不在現場的其它眾生。「**聞**」是聞知的意思。

玄奘翻譯此句時，在眾生之前，有「於當來世」四字。這樣翻譯，意思就更清晰了。這是指未來的眾生，因為無緣聽聞佛陀當面開示，只能透過他人轉述，或者文字紀錄，間接地理解佛陀今日所說的甚深微妙法。

「**言說章句**」四字，是指佛陀說法的內容。佛的「言說」固然無法重來一遍，但仍能透過他人言說轉述，或者文字紀錄而再現。當然，這個再現已是間接，無法等同於佛陀現場的說法。因為無法等同，所以須菩提才擔心，這麼深奧的佛法，我們在現場聆聽，都覺得困難，何況那些不在場的眾生，乃至於未來世的眾生。會不會他們根本無法理解佛陀的真義呢？會不會他們根本無法生起「實信」呢？

「**實信**」就是真實的相信，真實的理解，並且真實的修行。也就是說，「實信」包含了「信」、「解」與「行」三方面。不能缺少任何一個。

三十年前我讀奧修解說的《金剛經》，對他解釋的「實信」，留下深刻的印象。他說，「實信」不是相信一個外在的東西，而是相信自己。所謂的相信自己，我認為就是在自己的內心中，看到真實可信的東西。這個內心裡真實可信的東西，從佛教角度來說，當然就是指心性、自性、佛性，甚至空性了。

佛告須菩提：「莫作是說！如來滅後，後五百歲，有持戒修福者，於此章句，能生信心，以此為實。當知是人，不於一佛、二佛、三四五佛而種善根，已於無量千萬佛所種諸善根。

對於須菩提「正信希有」的想法，佛陀當場制止了，並指出他的錯誤。「**莫作是說**」就是不要這樣說，也不要這樣想。為什麼呢？因為生實信者並不稀有。將來一定會有生實信者。

「**如來滅後**」就是釋迦牟尼佛圓寂之後。「**後五百歲**」這四個字，並無統一的解釋。簡單歸納，至少有四說。

一說認為，「後五百歲」是五百年之後再加五百年，等於一千年後。另一說認為，五百只是虛托之數，泛指很久之後。

還有一說認為，佛陀圓寂之後，有正法、像法、末法三期。末法之後，佛法就毀滅了，稱為滅法。一般相信，正法、像法共有一千五百年，而末法則很長，沒有明確時間（有人說是一萬年）。若依此說，則「後五百歲」可以指即將進入末法時代的最後五百年。

第四說認為佛陀圓寂後有五個佛法段落，每個段落五百年，所謂「後五百歲」就是第五個五百年。

我遇到難解的問題，就會拿玄奘的譯本來對照。在玄奘的翻譯中，須菩提說：「後時、後分、後五百歲，正法將滅時分轉時，聞說如是色經典句，生實想不？」意思是說，在佛圓寂之後的各個時期，乃至於正法即將毀滅之前的時期，能否有人透過經文之「相」，來認識佛陀的甚深道理呢？

因為須菩提對後世眾生能否真的理解佛陀此次開示的道理，並無信心。所以他一直舉到佛法毀滅之前五百年，意思是說，等到佛法毀滅之後，那當然就無人能懂了，但在這之前，難道就有人能懂嗎？

根據玄奘的翻譯，我比較傾向於把「後五百歲」解釋為佛法毀滅之前的五百年。也就是佛法存在於人世的最後一個五百年。

如此則「如來滅後，後五百歲」的意思就是，從如來過世之後，一直到整個佛法即將毀滅的最後五百年，這麼長的時間中。

「**持戒修福者**」是指願意持戒，並期望修得福德的人。其實，「持戒修福」並不是很困難的修行目標。例如很多人持五戒，做善事，修福德，這就是「持戒修福者」了。

佛陀認為，未來之世，一定有修行者讀到此經文字，立刻受到觸動、啟發，升起真實的信心、解悟與修行。有沒有這樣的人呢？有啊！六祖慧能就是。大約佛陀圓寂後的一千年，一個不識字的慧能，毫無修行基礎，只是聽人念誦《金剛經》，就開悟了，升起實信，開啟了真實的信心、解悟與修行。

為什麼一個普通人能聽聞《金剛經》而生起實信呢？佛陀回答，因為這個人早在過去世中，透過不斷的輪迴，在不同的佛前，聽聞過佛法，因而種下善根。他不是只在一位佛前聽聞佛法，種下善根，而是在幾千幾萬個佛面前，聽聞佛法，種下善根。

佛陀說，未來的眾生，即使不曾親聞我的說法，也能透過他人轉述，或文字紀錄，產生真實的信念、解悟與修行。因為，這個宇宙並非只有我釋迦牟尼一個人成佛。在無量無盡的時間與輪迴中，曾有無量無盡的佛，講過無量無盡相同的甚深佛法，而聽眾也是無量無盡的。所以，在未來世中，一定有許多前世聽聞過佛法的眾生，能與此甚深佛法相互感應，產生實信。這件事絲毫不必懷疑。

我們對真理要有信心，因為，真理是永恆的。因為，真理在永恆的時間之流中，被無數個成道者說過了無數次，也被無數人反覆聽聞過。

在無量古佛、無量眾生，以及無量因緣與無量輪迴的積澱下，最後顯示出來的真理就是，人人皆具足佛性。因為人人皆具足佛性，所以無量佛、無量眾生、無量因緣、無量開悟，會反覆出現，直到所有人都成佛為止。

「聞是章句，乃至一念生淨信者；須菩提！如來悉知悉見，是諸眾生得如是無量福德。」

「**淨信**」就是實信。「淨」是完全的、沒有雜染的意思。「**一念**」有兩種解釋：有人認為是剎那間升起的實信念頭。這一念過了，實信也可能不存在了、隱沒了。另一種解釋認為，這是生起實信的起念，起念之後，只會逐步精進，不會退轉。我傾向於採用前一種解釋。

因為「**乃至**」有一種極端的意思。意思就是甚至只是剎那有這麼一念實信，相信佛陀宣說之法，相信諸相非相，之後隨即隱沒，連這麼極端的剎那一念，佛陀都可以知道，也可以與其相應。那就表示，即使只是剎那一念，也非常可貴、非常難得，力量也非同凡響，足以與佛產生連結，也讓佛感知其存在。

「**悉知悉見**」就是完全知道，完全看見。也就是說只需「一念淨信」，佛就可完全知道，完全看見，與之產生連結。為什麼呢？因為，只要我們向佛性接近，向般若智慧接近，我們就能與佛產生感應。哪怕只是一剎那的接近，佛也會有所感應，完全知道、完全看見，沒有遺漏。

這就好像，兩種同頻率的東西，即使互相不接觸，也會產生「共振」一樣。或者，我們也可以用這幾年很流行的「量子糾纏」的概念來解釋。只要一方訊息發生變化，另一方也會同時產生變化。

「**是諸眾生得如是無量福德**」是說，這一念親近佛性，不但馬上與佛有感應，還可以得到無量福德。

前面我們已經知道，佛陀曾用「虛空」比喻無量福德。所以，我相信大家不會把這裡的無量福德，想像成是家財萬貫、子孫滿堂、位居要津、名聲遠播了吧！

從究竟的意義來說，無量福德，指的就是佛性本身，也就是佛的法身，或者說，就是般若智慧本身。

我跟大家說，我們不要輕忽自己。因為我們每一個人都有佛的法身。我們的心只要安靜下來，向內凝聚，放下貪執，放下攀緣，就能隱約感受到心中的圓滿、自足、溫暖，無所缺，也無所求。這個感受，就是我們法身的顯現。

我們的心，一念向內凝聚，可以感應法身；一念向外實踐，也可以成為菩薩。只要有這樣真實的一念，佛與菩薩就都出現在我們的心中了。

「何以故？是諸眾生，無復我相、人相、眾生相、壽者相、無法相，亦無非法相。何以故？是諸眾生若心取相，即為著我、人、眾生、壽者。若取法相，即著我、人、眾生、壽者。何以故？若取非法相，即著我、人、眾生、壽者。是故不應取法，不應取非法。」

為什麼一念淨信會獲得如此不可思議的福德呢？這一段就是來解說這件事。因為，升起淨信的眾生，哪怕只是一念淨信的眾生，他們當下就沒有了「**我相、人相、眾生相、壽者相、無法相，亦無非法相**」，所以能獲得無盡的福德。這裡總共說了六種相。

前面的四相，「我相、人相、眾生相、壽者相」，都是先執著於一個「主體」，再以此「主體」為中心，進一步執著建構出來的相。例如我們以自己為「主體」，為「中心」，然後建構一套親疏遠近、利害得失、是非對錯、價值高低的人生觀與世界觀，這就是「我相」。其它三相亦是如此。

只要我們放下「主體」，放下「中心」，那麼這「四相」就都可以放下了。無論是人我的分別相，或者時空的分別相，都可以放下。

後面還有兩相，也就是「法相」與「非法相」。我跟大家說，「法」這個字的意思包羅萬象，幾乎任何事物都可以囊括在內。粗略來說，「法相」可以有四種解釋：一是五蘊十八界所呈現之相。二是最高、究竟的真理，這也是「法相」。三是依循正法教導，明白一切相皆不可執著的教誨，這個教誨也是「法相」。四是實踐「正法」所呈現出來之相。例如我們布施他人，因為布施是正法，所以我們這個作為的呈現就是「法相」。所以我們會稱人「法相莊嚴」。但是，從經文的脈絡來說，此處的「法相」，比較是第一與第二種解釋。

所以，所謂的「取法相」，若採用第一種解釋，就是認取、執著於，肯定五蘊十八界之現象為真。「取非法相」就是認取、執著於否定五蘊十八界為真，乃至認為五蘊十八界之外，還有另一個真實的相。

若採用第二種解釋，「取法相」就是認取、執著於有一個最高、究竟的真理，等待我們去獲得。「取非法相」就是認取、執著於沒有一個最高、究竟的真理，甚至堅持一切都是空。

無論主張五蘊十八界所呈現的相是真實的，或否定它是真實的，這都是「取」，都是執著。大家注意，這裡的重點不在「法相」與「非法相」，而在於「取」或「不取」。

「取」是選擇、分別、評價、執著的意思。只要我們有選擇、有分別、有評價、有執著，那就凸顯了主體的作用。既有主體在指導一切，那麼「我執」就不可能放下來。所以，不能有「取」，一「取」就「著相」了，也離開般若智慧了。

其實，五蘊的真實或虛假，一點都不重要。我們有沒有般若智慧，有沒有放下執著，有沒有修習正法，這才是關鍵。

因為，外界的真假，隨我們心的真假而轉變。我們的心若有真實的智慧，外界就是真實的。我們的心若沒有智慧，執著不放，那麼五蘊所見全是虛妄。關鍵在我，不在外界。

眾生「若心取相」，那就弄錯問題的關鍵了。問題的關鍵在我們內心，不在外面。弄錯這件事，就是顛倒。人一顛到，就變成以色身見如來，執著於「相」了。如此則前面所說的如來悉知悉見，以及無量福德就消失了，不存在了。

我從前聽母親講過親戚中有一位長輩，年輕喪夫，獨力養大兩個小孩。兩個小孩長大後，未婚生子，把孫子送回來給阿嬤帶。孫子長大後，又有一人離婚，又把曾孫送回來給阿祖帶。這位七十幾歲的長輩，一人扶養了三代人。我母親去看她時，她剛從山上採竹筍回來，手上提著一籃竹筍，曾孫揹在背上，滿臉笑容，身體十分健康。我母親本來以為這位長輩過得很苦，見過她後，反而覺得她很快樂，連我母親的心情都被她的快樂所感染。

為什麼這位長輩這麼快樂呢？幾乎所有人都以為這位長輩活得很辛苦，以為她會滿臉愁容，抱怨兒孫不孝，但是，她並沒有這樣。一般人都以為人年紀大了，要有足夠的錢財，要兒孫孝順才是幸福。但是，一定要這樣才幸福嗎？不這樣就一定不幸嗎？這恐怕是我們心中的執著吧！

這位長輩之所以快樂，純粹只是她接受目前的生活，沒有東想西想，也不抱怨。她覺得跟小孩一起生活也很好，彼此陪伴，生活反而很充實。因為她生活充實而快樂，所以身體健朗，七十幾歲還能揹著小孩上山採竹筍。如果她東想西想，對這個不滿意，對那個不滿意，那麼身體恐怕無法這麼健康了。

別人都帶著某種「相」來看這位長輩的境遇，唯有這位長輩用真實的智慧對應外在世界，不著於相。

「以是義故，如來常說：汝等比丘！知我說法，如筏喻者；法尚應捨，何況非法？」

因為不要執著於法，也不要執著於非法，所以如來接著說：「諸位比丘，你們要知道，我說的法就像渡船一樣，最終都要捨棄，何況是非法呢？」

我和大家說，修行就像渡河，「法」就像船。在修行的過程中，需要「法」的幫助，不然這條河是過不去的。但是，所有的「法」，都有其適用性與侷限性，當我們的智慧提升之後，我們就不需要繼續執著這個「法」了。

這時，不是「法」不存在了，而是因為若執著於法，那又是把另一種執著揹上身。

「**筏喻**」就是坐船渡河的比喻。這個比喻告訴我們，渡了河之後，就必須把船放下，不可把船揹在身上，一起前行。

若還執著於這個是「法」，那個不是「法」，或堅持某個法不放，那就是把「法」的時空性與侷限性綁在身上，這樣的智慧並非般若智慧。

渡了河，我們會很自然地捨舟。得道之後，我們也會很自然的捨法。「捨」了之後，才是真正的得到。

佛法與其它事物的最大差異在於，別的事物都以握取為得到，而佛法則以放下為得到。放下就是「捨」。誰能夠真正地放下，就是得到最多的人，也是最有福德的人。

第七堂課——第七分

沒有人能透過語言學會騎自行車，
也沒有人能只靠語言領悟究竟的佛法

無得無說分第七

「須菩提！於意云何？如來得阿耨多羅三藐三菩提耶？如來有所說法耶？」

須菩提言：「如我解佛所說義，無有定法，名阿耨多羅三藐三菩提；亦無有定法如來可說。何以故？如來所說法，皆不可取、不可說；非法、非非法。所以者何？一切賢聖，皆以無為法，而有差別。」

這一分是「無得無說分」。「無得」是指我們學習佛法，一路精進前行，學到最後，會發現其實並沒有一個最高的智慧放在終點等待我們去得到，也沒有一個最高的真理作為成果等待我們去收穫。《心經》裡說「無所得」，也是這個意思。

「無說」是指最高的智慧與最高的佛法並非語言文字所能表達，甚至，它也沒有實質的內容可說。

最高的智慧與最高的真理，並不是某樣外在的東西，也不是一套邏輯概念，而是指我們的內心原本就有的圓滿狀態。是我們的心，能感覺自足且無所缺憾，既無所求，又能隨緣接受的狀態。

雖然我用了圓滿、自足、無所缺憾、無所求、隨緣、接受等這麼多字眼，來描述最高智慧與真理的狀態，但是，這些字眼表達的其實是同一個意思。因為圓滿必然自足，自足必然無缺，無缺即不必再有所得，不必有所得自然能隨緣，隨緣自然能接受。

所有的「說」，所有的語言文字，只是為了幫助我們返回內心那個圓滿無缺的狀態。但是，幫助終究只是幫助，語言文字並不能把我們送入那個圓滿無缺的狀態。我們最後能否回到那個圓滿無缺的狀態，主要還是要靠我們的「悟」，而不是外在的「說」。

例如一個人要教另一個人騎自行車。教的人一定會說很多自身的經驗，說很多注意事項，提醒這個，提醒那個，但是，最終對方能不能學會騎車，其實重點不在「說」，而在對方的「悟」。

等對方學會騎自行車了，「悟」到騎車原來就是這麼一回事，原先所「說」的一切，其實通通不重要了，也通通放下了。

「悟」不同於理解。「悟」既是身心靈的整合，也是認知、情感、意志的整合。「悟」一定包含理解，包含信念，也包含行動與力量。「悟」一定會帶來整體的改變，也一定會提升我們的智慧與能力。

「須菩提！於意云何？如來得阿耨多羅三藐三菩提耶？如來有所說法耶？」

這一段是說，釋迦牟尼佛問須菩提：「你覺得我有沒有得到最高的真理（無上正等正覺）呢？你覺得我有沒有講述這個最高真理呢？」這裡「有所說法」的「法」，指的不是一般的法，而是最高、最究竟的法，也就是無上正等正覺。

釋迦牟尼佛明明已經成道成佛了，卻問別人他有沒有得到無上正等正覺。他明明講了這麼多的「經」，卻問別人他有沒有講述「法」？我們若是那位被問的人，一定滿頭霧水，不知道釋迦牟尼佛是什麼意思，也不知如何回答這個問題。

如果我們回答，佛陀當然有得到無上正等正覺啊！佛陀當然也有說法啊！那我們就顯然還不明白，佛陀為何要有此一問，也不知道佛陀要藉此一問教我們什麼？

佛陀問的這兩個問題，其實非常簡單。但是，越是簡單的問題，越是難以回答。

我曾讀過一篇文章，內容是一個精神科醫生，實習幾年後，決定到國外念哲學。別人問他，為什麼要做這個決定？他知道自己無論怎麼回答，對方都會站在自己的立場，表現出無法接受，或者假裝理解的樣子。所以，他每次都依據對方的狀態，然後給出一個讓對方覺得合理的假答案，以此打發對方。不過，有一次，有個朋友非常認真地問他這個問題。他思考了一下，問對方真的想知道答案嗎？對方堅定地說是！於是，他告訴對方，他是對於「我如何知道我現在使用的這隻手，是真的屬於自己的手」感到很困惑，所以想去學哲學，弄清楚類似這樣的問題，應該如何理解。

我的右手真的是我的嗎？這是一個非常簡單的問題，但是，因為它太簡單了，以至於變成一個很困難的問題。這叫做根本性的疑惑。

只要我們開始懷疑，眾人皆信以為真的事情，會不會是假的？只要我們開始懷疑我們所見所聞、所思所想，是否真實？當我們開始有這樣的根本性疑惑時，就代表我們的生命即將發生一場革命，即將帶來巨大的改變。

例如，我怎麼知道我是真實的存在？我怎麼知道你也是真實的存在？我怎麼知道我現在不是在夢中？我又怎麼確定我的感覺是真的呢？有沒有可能，我只是實驗室裡，裝在塑膠桶裡的一顆大腦，透過各種電流傳輸，讓我以為我所感覺到的一切都是真的？有沒有可能，我們像電影《駭客任務》一樣，只是活在一個矩陣的程式之中？

一個人對複雜的事情產生疑惑，是理所當然的事，沒什麼好奇怪的。但是，如果在很簡單的事情上也產生很深的疑惑，甚至這個疑惑讓他感到無法形容的痛苦，那麼，這就代表他懷著一顆追根究底的心，熱切地想把背後最究竟的東西找出來。也可以說，他的內在智慧準備要爆發了。

當一個人的內在智慧準備要爆發時，就會在一個很簡單的問題上，產生很深的困惑，然後獨自踏上一段很長的黑暗之路。沒有答案，一片虛無，沒有人理會，只能靠自己。在這樣的黑暗、孤獨、虛無、痛苦中，經歷各種煎熬，最後，有一天，出自生命自我解脫的本能，我們內心的智慧之燈，突然點亮了，我們突然看清了四周景物，看到道路，也找到方向了。

我們會驚覺，這一切的困惑，其實並不是真的有什麼東西把我們困住，而是我們的心自己把自己綁住，自己把自己遮蔽，也自己把自己囚禁起來。

當我們心中的智慧之燈點亮後，我們就知道，不是外面太黑暗，而是我們內心的光明還沒打開。我們也會明白，越是根本的事，外面越找不到答案。答案不假外求，早已藏在我們的心中。

如來有沒有得到最高的真理？如來有沒有說最高的法？這是非常簡單，卻也非常根本的問題。這一問，分量十足。如果是問我們，我們一定接不住。最後，我們無論答有或沒有，都不對。

為何答有也不對，答沒有也不對呢？因為我們的心，尚未準備好進行一場真正的改變。因為我們的心還在人情世故、利害得失間打轉。因為我們還停留在方便法的階段，尚未走向究竟的法。

答案一點也不重要。重要的是，我們內心的智慧打開了沒有？其實，所有答案都是假的，只有我們內心所處的狀態是真的。

我們只有體會到，我們內心原本就存在真實圓滿的法身，才能知道，一切法都內在具足，無需外求。所以一切外在的法皆可放下。如果還沒體會到這一點，那麼一切外在的法就都放不下。

如果一切法都在內心本自具足，那麼，釋迦牟尼佛有得到最高的法嗎？有得到無上正等正覺嗎？我會這樣回答：釋迦牟尼佛並沒有從外在得到任何法。如果有得到，也是從內在獲得的自悟，回歸內在的自性。

為人說無上正等正覺之法，就像教人如何學騎自行車。我們不會騎車時，如果有人用各種語言教我們怎麼騎，那麼，這些語言對我們有幫助嗎？好像有幫助，但也不是非常有幫助。為什麼？因為，騎自行車最關鍵的地方，是無法用語言表達的。騎自行車最關鍵的地方，我們只能自己體悟，並無法透過語言得知。

最高的法是無法說的，但又非說不可。但在我們會騎自行車後，那些說法就不再需要了，通通可以放下。

最究竟的佛法，會帶我們回到自己的內心，並看到自己的內心原來已經圓滿無缺，所以不假外求。

所以，究竟的佛法，一定是「捨」，而不是「得」。或者說，一定是「以捨為得」，絕不會是「有得」。因為，當真實感受到內心的圓滿時，我們已無需再「得」，而我們所「捨」的一切，皆是出自圓滿內心的分享。

佛法說到最究竟處，一定是讓我們放下什麼，而不是讓我們得到什麼。一定是讓我們減少牽掛，而不是更加勞神費心。一定是讓我們走向減法，而不是走向加法。一定是讓我們的心開闊敞亮，虛室生白，而不是讓我們的心偪促狹隘，精打細算。

所以，真正的佛法智慧，是一種放下的能力，而不是一套言說或邏輯。

電影《一代宗師》裡有一句台詞：「別跟我說你功夫有多深，師傅有多厲害，門派有多深奧。功夫，兩個字，一橫一豎。錯的，躺下囉！站著的才有資格講話。」其實，真正的佛法智慧，也是兩個字，能放下與不能放下。不能放下的人，怎麼講都不對。

放下是將遮蔽自心的障礙一層一層剝除，當我們需要放下又無法放下，甚至不知該放下什麼時，佛法可以提供很多具體的方法，幫助我們學習放下。佛陀的各種法門在這裡是真實、具體且有效的。然而，等我們已經有能力放下這些掛礙與煩惱了，語言對我們就不是必要的了。河都過了，船就不必揹在身上了，已經學會騎自行車了，當初別人教你的要領，自然不必繼續放在心上了。

當我們放下各種方便法門，就會看到最高、最究竟的真理，也就是「空性」。什麼是「空性」？任何事物，追根究底，考察到最後，都沒有不變的本質，這就是「空性」。事物之所以成為它們現在的樣子，不是因為它的本質，而是因為外在的因緣和合。一切都是因緣所成，而不是本質所成。本質就是「性」。因為沒有自足且不變的本質，所以稱為「空性」。「空性」不是一個實質的東西，甚至不是一個概念，所以無法用言說去理解。「空性」是我們的心，站在因緣變化之上，平靜地看待一切。它是一種狀態，不是一個概念，所以只能透過放下去體悟，無法透過語言去了解。

佛法的智慧是這樣的，得到外在的東西不會讓我們感覺圓滿充實，相反的，我們是因為感受到內心的圓滿充實，因而能夠放下。

那麼最能讓我們感到內心圓滿，最無缺憾，最自足的是什麼呢？除了「空性」之外，還能是別的嗎？

須菩提言：「如我解佛所說義，無有定法，名阿耨多羅三藐三菩提；亦無有定法如來可說。

這一段是須菩提說：「以我對佛陀所說法的理解，並沒有一個固定不變，有邊有形，只能這樣說，不能那樣說的定法，稱為阿耨多羅三藐三菩提。也沒有一個固定不變，有邊有形，只能這樣說，不能那樣說的法，可以讓佛陀重複地演說。」

這一句經文的重點，在於「**無有定法**」這四個字。不是沒有「法」，而是沒有「定法」。這個「定」字，可以理解成固定不變。也隱然帶有執著的意思。

釋迦牟尼佛說法，不就是希望眾生都可以離苦得樂，成道成佛嗎？而眾生要成道成佛，不就是要修得「阿耨多羅三藐三菩提」，也就是修得「無上正等正覺」嗎？可是，須菩提卻說，不是這樣的，依我的理解，既沒有「無上正等正覺」這個法，佛也沒說「無上正等正覺」這個法。那麼，須菩提為什麼要這樣說呢？這不是邏輯錯亂了嗎？

《金剛經》最難理解的地方，就是處處出現這種不合邏輯的話。而《金剛經》之所以能開人智慧，也讓人充滿興味的地方，一樣是這些貌似不合邏輯的話。

先講一個《法華經》的故事吧！有一位大師，帶領眾人前往一處寶地，可是山高水長，路途遙遠，眾人走得十分疲倦，慢慢都有了放棄的念頭。這位大師知道大家的狀況，便運用法術，幻化出一座城市，讓眾人在裡面休息飲食，放鬆身心。眾人進入幻城，非常開心，讚不絕口。後來，大師看大家體力恢復，精神飽滿，便收回法術，引領大家繼續前行。這個故事出自《法華經》的〈化城喻品〉。

在故事中，幻化出來的城市，就是方便法。而最終的寶地，才是究竟法。所謂的「定法」，就是某種方便法。

當然，方便法也很重要，若沒有方便法，就無法帶領眾生前往寶地。身為菩薩，一定要有很多方便法，若沒有足夠多的方便法，就無法度盡眾生。所以，菩薩以方便法為神通。

可是，經文這一段不是要講方便法，而是要講究竟法。究竟法不在外在，究竟法就是我們真實的本心。當然，要稱它為自性、佛性、空性，或法身，也是可以的。這個真實本心，嚴格來說，它不是法，因為它在一切法之上，且可以生出一切法。一切法都從此真實本心生出。阿耨多羅三藐三菩提就是我們的自性本心，它當然不是「定法」。反過來說，我們也沒有辦法用「定法」來解說自性本心。

「何以故？如來所說法，皆不可取、不可說；非法、非非法。」

接著，須菩提一語道破，他說，釋迦牟尼佛所說的法，無一法可取，也無一法可說。這裡的「**所說法**」，承接上面經文，是指最高的佛法，也就是無上正等正覺。

這個最高的法，無論怎麼說，都只能方便說，只能近似說，只能譬喻說，而無法直接準確地描述。既然是方便說，那就要配合因緣，也要隨因緣而變。而所有須隨因緣而變的東西，皆不可執著。這裡的「**不可取**」是不可執著的意思。

而「**不可說**」，承接前面經文，有兩層意思：一是指不可用「定法」的方式說，也就是不可以用標準答案的方式說；二是指「法」的本意在讓人學會放下，學會見到自性本心，而不是讓人得到一套描述真理的語言。

既然，說的人不可以把最高的真理說成「定法」，當然，聽的人也不可以把最高的真理當成「定法」來理解。若是把它當成「定法」，那就窄化了如來的智慧。

接著，須菩提又說了釋迦牟尼佛說法的另一個特質，就是「非法」與「非非法」。這裡很難懂，很容易讓人失去耐心。我先暫時給大家一個有趣又容易懂的白話解釋，大家先這樣理解就可以了。

「**非法**」與「**非非法**」可以先這樣解釋：如來講的最高佛法，既不是你所以為的樣子，也不是你所不以為的樣子。換句話說，當你聽完如來的說法後，你若以為最高佛法是什麼，那麼對不起，你誤解了，最高的佛法並不是這樣。而你若以為最高的佛法不是什麼，那麼抱歉，你又誤解了，最高的佛法也不是這樣。它不是法，也不是不是法，所以是最高的佛法。

最高的佛法是一切創造的根源，它的量體無限、形式無限，無論用幾千幾萬種方式，也無論說上幾千幾萬年，都不可能說得完。

對於這樣一個用無量語言都說不完的最高佛法，請問，可以用「它是什麼」簡單把握它嗎？可以用「它不是什麼」簡單把握它嗎？當然都不可以。只要我們用有限的語言去說，必然說不對。這就是「不可說」的意思，也是「非法」與「非非法」的意思。

大乘佛法有一個名詞叫「雙照雙遮」。所謂「雙照」，就是正反兩面都肯定。所謂「雙遮」，就是正反兩面都否定。此處的「非法、非非法」就是「雙遮」。兩邊都否定，兩邊都不沾。

當我們以為最高佛法就是這樣時，錯了！當我們以為最高佛法不是這樣時，又錯了！正反兩邊都錯，這就是「雙遮」。而當我們以為最高佛法是這樣時，對了！當我們以為最高佛法並不是這樣時，又對了！正反兩邊都對，這就是「雙照」。

「雙遮」與「雙照」的目的，不在肯定或否定兩邊，而是為了站到更高的地方，肯定一切。換句話說，正反兩邊，並非矛盾，也不必取一捨一，因為它們可以在更高的地方，平等成立。這樣就叫做「中道」。

其實，這種玄理玄義，用頭腦理解很困難，用實踐的反而容易。

例如，你在打坐，師父卻叫你去砍柴，說打坐沒有用，何必花時間打坐？而你在砍柴時，師父又叫你去打坐，說砍柴沒有用，何必花時間砍柴？請問，你該怎麼辦？這就是「雙遮」，兩邊都被否定。面對此境，如何脫困？

真正的實踐，並沒有想像中那麼困難。到最後，我們會找到一種方式，就是該砍柴的時候，精神向內凝聚，仍有打坐的品質。而該打坐的時候，不拘泥於身體的形式，也可以砍柴。這樣就能不執著在打坐上，也不執著在砍柴上了。

「所以者何？一切賢聖，皆以無為法，而有差別。」

「**一切賢聖**」的「賢」是指菩薩，「聖」則是指佛。「以無為法，而有差別」這句話非常重要，也非常有能量。每次我誦《金剛經》時，讀到這八個字，全身就像觸電一樣。所以我知道這八個字很有能量，非常殊勝。

我之前常說，佛家與道家，在最深的地方一定是相通的。可是，我從前沒有提出經文的證據。現在，經文的證據就在這裡：「**一切賢聖，皆以無為法，而有差別**」。差別就是顯示的方法不一樣，表現出來的「相」不一樣，但是其根本則都是「無為法」。無為法就是不受任何因緣條件影響、不因時間改變而消失、不是由誰創造出來的法，是我們的自性、佛性，也就是「空性」。也就是說，雖然體會「空性」的方法不一樣，但「空性」都是一樣的。

我們平凡人，一輩子追求的只有三件事情：一是很好地開展自己各方面的能力；二是把自己開展出來的能力，用於既能成就自己，也能成就他人的事情上；三是相信一切事物之上，一定還有更高的東西，讓萬事萬物關聯在一起，也引導著萬事萬物。而我們的生命修行，就是逐步靠向這更高的東西。

這個更高的東西會教導我們，一切事物的起伏順逆，與一切現象的分合變化，都只是一個過程、一段教育、一種考驗、一項激勵，並不是最終的目的。一切變化與經歷的最後目的，是剝除遮蔽內心的障礙，藉此讓個別事物逐步提升，並靠向那個最高。

佛法對我們的最大教育，在於它反覆提醒我們，一切變化的過程，無論是富貴貧賤、生離死別、順境逆境，都不是目的。如果我們誤以為這是目的，那麼就會卡在某個地方，繞著一個小漩渦反覆打轉，越陷越深，最後招來一身煩惱，脫離不開。

賺幾十億家產，固然讓人羨慕不已，但是，這並不是我們生命的目的；得到一個美好的情感寄託，也不是我們生命的目的；打敗競爭對手，得到崇高的地位，也不是我們生命的目的；美麗長壽、聰明善巧、名聲遠播等等，通通不是我們生命的目的。它們只是過程中的現象，我們只能把它們當成教育、考驗與激勵。唯有這樣，我們才不會被卡住，停在某個地方，一直繞圈子，困在漩渦中出不來。

我們停在一個地方打轉，沒有繼續往更高的地方走，這就是執著。我們必須這樣來理解執著，而不要只把執著理解成一種思考的方式。

我們應該把執著理解成我們對待自己生命的方式，是我們決定生命應該往上走，還是往下走的選擇。

不要執著於過程中的任何一個美好據點。也不要在過程中，情緒特別強的地方，製造小漩渦，然後跳進去，跟著反覆打轉。要知道，一切都只是過程，不要在過程中讓自己卡住，無法前進，這就是「無」與「空」的智慧。

第八堂課

心臟如果知道自己在跳動，一定覺得很累，
修行的人如果無法忘記修行，也很難恆久修行

第八、九分

依法出生分第八

「須菩提！於意云何？若人滿三千大千世界七寶，以用布施，是人所得福德，寧為多不？」

須菩提言：「甚多。世尊！何以故？是福德，即非福德性，是故如來說福德多。」

「若復有人，於此經中，受持乃至四句偈等，為他人說，其福勝彼。何以故？須菩提！一切諸佛，及諸佛阿耨多羅三藐三菩提法，皆從此經出。須菩提！所謂佛法者，即非佛法。」

「依法出生」這一分的名字，是對應下面經文中的：「一切諸佛，及諸佛阿耨多羅三藐三菩提法，皆從此經出」。意思是此經之法，可以讓眾生成就佛道，而一切諸佛的成佛之道，也都蘊含

於此經中。這是非常強大，也非常殊勝的一句經文。

「須菩提！於意云何？若人滿三千大千世界七寶，以用布施，是人所得福德，寧為多不？」

釋迦牟尼佛問須菩提：如果有人用三千大千世界裡最珍貴的七種寶物，全部拿來布施，這個人所得到的福德，多不多呢？

這裡提到「三千大千世界」這個名詞。「**三千大千世界**」是佛經對無量無邊世界的一種描述方式。大致分法是這樣的：我們眼前所見的山河大地、日月星辰，乃至靈界、天界等等，構成了一個「小世界」。一千個「小世界」構成一個「小千世界」；一千個「小千世界」構成一個「中千世界」；一千個「中千世界」構成一個「大千世界」。所謂「三千大千世界」，並不是指三千個大千世界，而是指一個大千世界。前面的「三千」，是三個千倍遞進的意思。所以，換算下來，一個大千世界就相當於十億個小世界。這樣一個「大千世界」，也是一個佛的教化區域。

所以，釋迦牟尼佛一定非常忙碌，因為他要教化管轄的地方多達十億顆地球，他一定需要非常多個化身、分身才行。所以《法華經》才說，當釋迦牟尼佛所有化身都前來參與法華大會時，竟是千千萬萬個佛啊！

「**七寶**」就是七種寶物，各別佛經所說的七寶並不相同，但基本上就是金、銀、寶石、珊瑚、琉璃等珍稀貴重的物品。

這一分要討論的是財物布施與受持金剛經之福德多寡的問題。釋迦牟尼佛問須菩提，假如有人把十億個世界的一切珍寶，拿來布施，請問這樣得到的福德算不算多呢？

「寧為多不」的「寧」字，很難直接翻譯。例如，我們常說「寧缺勿濫」、「寧死不屈」。這個「寧」是「寧可」的意思。所以「寧缺勿濫」就是「可缺勿濫」。如果這樣，經文的「寧為多不」，是不是該翻譯成「可為多不」呢？這好像並不是很恰當。

「寧」字另有一個用法，就是「毋寧」。我們常說，與其這樣，毋寧那樣。這個「毋寧」就是「不如」的意思。所以，「寧」有「如」的意思。我們又常「如此」二字連用，所以，「如」也有「此」的意思。前後連貫，則「寧」也有「此」的意思。這樣就通了，「寧為多不」其實就是「如此為多不」的意思。

須菩提言：「甚多。世尊！何以故？是福德，即非福德性，是故如來說福德多。」

須菩提回答，布施七寶的福德非常多。為什麼非常多呢？因為福德只是「相」，它會隨因緣而改變，多可以變少，少可以變多，所以佛陀說福德很多。言下之意，佛陀可不可以說福德不多呢？其實也是可以的。

例如梁武帝問達摩祖師，齋僧建寺有多少功德？達摩祖師說沒有功德。這樣回答固然讓人感到挫折，但卻也是實情。因為這些功德皆隨因緣而改變。

但是，福德和「福德性」不同。加了一個「性」字，就是不同的了。「性」有本質、不變的意思。我們知道，只要是「相」，那就必然沒有本質，因為它一定會改變。「福德性」就是不會改變的福德。那麼請問，這世上有沒有不受因緣影響，永遠不變的福德呢？

我跟大家說，如果我們認為，一定要怎樣才算福德，若不符期望，就不是福德，那麼世界上並無永遠不變的福德。但是，如果我們認為，身邊的一切都是福德，無論是看到一朵花，吸了一口清新的空氣，或吃了一口飯，喝了一口茶，都覺得是福德，那麼世界上就有永遠不變的福德。

這一段的經文，使用的句型非常特別：「是福德，即非福德性，是故如來說福德多」它的句型是：「是什麼，即非什麼，是故是什麼」。我們要知道，這樣的句型，在《金剛經》裡共出現十三次之多。例如：「如來說具足色身，即非具足色身，是名具足色身」，或者「所言一切法者，即非一切法，是故名一切法」，又或者「第一波羅蜜，即非第一波羅蜜，是名第一波羅蜜」等等。而此處，是第一次出現這樣的句型。

如果句型要完全一致，照道理，此處的經文應該寫成：「是福德多，即非福德多，是故如來說福德多」但是，鳩摩羅什大師卻不這樣，而是寫成：「是福德，即非福德性，是故如來說福德多」在十三次相同的句型中，這裡是第一次出現，而且用語獨一無二，最為特殊。大家覺得，其中有沒有什麼深意呢？

我覺得應該是有深意的。因為此處是全經唯一使用「性」這個字的地方。因為從佛法來說，任何事物都沒有本質，也就是沒有「性」。唯一有「性」的東西，只有一個，就是「空性」。當然，佛性、自性跟空性都是同一回事。但是，這裡卻用了「福德性」。為什麼要這樣呢？

我相信，此處應該是鳩摩羅什大師故意這樣翻譯的。他的用意，或許就是希望我們以「性」的角度，去理解之後十二處相同句型的經文。

如果這樣，那我們就進一步來看「是福德，即非福德性，是故如來說福德多」這句話。「**福德**」意指善業的積聚。既然是「業」，那自然有因有果，生滅無常。「**是福德，即非福德性**」是說，福德必然在因緣中生滅變化，無法長存。而「福德性」雖可永恆長存，可惜，福德不是「福德性」。

固然，福德本身沒有「性」，可是，我們的內心有「性」啊！固然，再大的福德，隨時都可能消失，可是，我們領悟「空性」的心，並不會消失啊！固然，一般人對福德會有執著，可是，領悟了「空性」的心對福德不會有執著。

所以，我們若放下對「福德多」的執著，而以空性的心來看待「福德多」，那麼「福德多」就有「性」了，它就是真正的「福德多」了，也是不生不滅的「福德多」了。這就是「是故如來說福德多」的意思。

簡單一句話：如來所謂真正的「福德多」，關鍵不在福德大小，而在我們的心。如果我們的心有執著，那麼這個福德就會隨無常而生滅。如果我們的心不執著，如果我們的心有智慧，如果我們的心領悟了空性，那麼福德就會像空氣一樣，無處不在，遍地皆是，取之不盡，用之不竭。

空性就好像存放在天上的寶藏，無窮無盡，什麼都能容納。可是，假如我們已經生活在天上，一切圓滿，安詳自在，什麼都不缺，那麼這份寶藏對我們來說，有跟沒有是一樣的。然而，這寶藏只要有一點點流到人間，哪怕只是一粒微塵，在人間世界，這就是滔天的富貴福報，累生累世都用不完。

「若復有人，於此經中，受持乃至四句偈等，為他人說，其福勝彼。何以故？須菩提！一切諸佛，及諸佛阿耨多羅三藐三菩提法，皆從此經出。須菩提！所謂佛法者，即非佛法。」

接下來，佛陀說了一句非常震撼人的話！大意是說，如果有人對《金剛經》中的經文有體會、有感受，哪怕只是被經文中的四句話所觸動，願意在生活中實踐這四句，並與他人分享，那麼這個人的福德，會大於那個把一切世界裡的珍寶通通拿出來布施的人。

在這句話裡，佛陀提到「**受持**」這兩字。「受」是指接受《金剛經》的道理，「持」是指依《金剛經》之法而修持。

佛陀又進一步說，甚至不必整部《金剛經》都「受持」，只要「受持」其中的四句偈就可以了。「受持」之後，若還願意與他人分享，那麼此人的福德會比布施三千大千世界一切寶物的人，還要更大！

因為，此人與他人分享的，不是在無常中生滅變化的世間財物，而是不生不滅，永恆存在的空性之寶。

好，問題來了，什麼是「四句偈」呢？

關於「**四句偈**」的說法，有好幾種。最簡單的說法，就是《金剛經》中任意四個句子組成的經文，例如：「無我相、無人相、無眾生相、無壽者相」，這就是「四句偈」了。其次，也有人認為，「四句偈」是特指《金剛經》中的偈子：「一切有為法，如夢幻泡影，如露亦如電，應作如是觀」。還有人認為，讀完佛經，若有感悟，通常會寫一首四句偈，表達自己的心得，所以四句偈指的是讀後心得。甚至，還有人講得很深，說四句偈是指空身、空心、空性、空法這四階段。究竟哪一個說法比較對呢？我想，我們就不必深究了，因為大家說的都有道理。

真正的重點在後面。佛陀接著說出《金剛經》最令人震撼的一句話：一切諸佛，與一切成就無上正等正覺的法，都從此經中誕生！

這句話真是份量十足啊！這等於說，一切諸佛都是感應《金剛經》之奧義而得成就的，一切諸法也都是從《金剛經》的奧義中孕育出來的。如果不懂《金剛經》，就不可能懂真正的佛法，如果不懂《金剛經》，也不可能成佛。因為，《金剛經》蘊藏最深的佛法智慧，足以開悟一切眾生，成就一切菩薩。

你有被這一句話震撼到嗎？

《金剛經》為我們開示的就是「不二法門」。一切佛，與一切佛智慧皆從此經出，就是皆從「不二法門」出。

再來說一說「不二」。莊子的寓言裡，有一個「朝三暮四」的故事。大意是說，有一個養猴子的老人，他早上餵猴子四個果子，晚上餵三個果子，猴子知道後很生氣，大聲喧嘩，要求改成早上餵三個，晚上餵四個。老人順從猴子的意思後，猴子就變得很快樂。

從老人的角度看，「朝三暮四」和「朝四暮三」並沒有分別。但是，從猴子的角度看，卻覺得分別很大。「不二」的意思是說，從究竟的佛法來看，萬事萬物在根源處是相同的，也是平等的，並沒有分別。但是，如果智慧到達不了這個高度，那麼就會覺得有分別，而且分別很大，甚至會因分別而產生許多煩惱。

我建議大家，不要用哲學的角度，去理解什麼是空性，反而要用感性直覺體會什麼是空性，才能對空性有真實的感悟。

就像早上的菜市場，人聲鼎沸，非常熱鬧。可是，晚上的菜市場卻一片昏暗，非常冷清。又或者某人前兩年事業順利，意氣風發，今年卻一敗塗地，到處躲債。當這種截然相反的場景，出現在同一人或事物身上，我相信任何人看到，都會有所感觸吧！

在這一份傷感的背後，應該會隱約感受到，似乎熱鬧不是真的，冷清也不是真的吧！似乎意氣風發是一個表象，一敗塗地也只是一個表象，這些都不是真的。但是，什麼是真的呢？

如果我們經歷過人生極大的快樂，也經歷過人生極深的痛苦。那麼，你覺得快樂是真的？還是痛苦是真的？當我們看到光明，也看到黑暗，體驗過溫暖，也經歷風霜，請告訴我，哪一邊是真的？

在變化的背後，有真實存在嗎？還是沒有任何的真實呢？順著這份不真實感，慢慢往深處體會，最後我們對空性會有一份真實的體悟。原來，在一切變化之上，還有一個無窮無盡的包容，還有一份永恆不變的護持，還有一個至高無上的觀照。

講完一切諸佛，及一切成佛成道之法都從《金剛經》中孕育而出之後，釋迦牟尼佛最後又補了一句：「所謂佛法者，即非佛法」。

「所謂佛法者，即非佛法」是一種句型的省略，它的完整表達應該是：「所謂佛法者，即非佛法，是故名佛法。」當然，它也省略了：「所謂一切諸佛，即非一切諸佛，是故名一切諸佛。」我們前面說過，類似「所謂什麼，即非什麼，是故名什麼」的句型，在《金剛經》中共有十三個。而如果把省略的句型也算進去，那麼這類句型就超過二十個了。

「**所謂佛法者，即非佛法，是故名佛法**」意思是說，在因緣中起作用的佛法，我們可善用，但不能執著。因為，因緣變了，佛法也要隨之調整，不然就無法順利接引眾生了。無論因緣怎麼變化，若佛法皆可善加調整，接引眾生，這就是「方便善巧、神通變化」。若我們只執著於某一法門，就無法「方便善巧、神通變化」了。領悟到空性，就能真正做到「方便善巧、神通變化」。

這裡的「非佛法」，並不是要否定佛法，而是要放下對佛法的執著，並從空性的高度體現一切佛法。但是，什麼是從空性的高度體現一切佛法呢？其實，無一法不是佛法，就是從空性的高度體現一切佛法。

如果執著於「佛法」，那就會把一切法分為「佛法」與「非佛法」，兩邊互不相容。如果不執著於「佛法」，站在空性的角度，那麼一切法皆可以是「佛法」。如同一切煩惱皆是菩提，一切眾生皆是佛。

心要常常學習放下。要像半畝方塘，上游有水流進來，我們全部接受，下游有水流出去，我們也全不阻攔。這時，水面清澈，雲影徘徊，每一刻都明明白白，每一刻都真真切切，也每一刻都有佛法可說。

心量一旦像個水塘，進來的水就讓它進來，出去的水就讓它出去，不將不迎，心安自在，那就用不上執著與分別了。如同登泰山而小天下，對人對事都不急迫，充滿餘裕，也看得明白。此時，隨緣隨力而行菩薩道，佛法自然出現在我們的面前。

一相無相分第九

「須菩提！於意云何？須陀洹能作是念，我得須陀洹果不？」

須菩提言：「不也。世尊！何以故？須陀洹名為入流，而無所入；不入色、聲、香、味、

觸、法。是名須陀洹。」

「須菩提！於意云何？斯陀含能作是念，我得斯陀含果不？」

須菩提言：「不也。世尊！何以故？斯陀含名一往來，而實無往來，是名斯陀含。」

「須菩提，於意云何？阿那含能作是念，我得阿那含果不？」

須菩提言：「不也。世尊！何以故？阿那含名為不來，而實無不來，是故名阿那含。」

「須菩提！於意云何？阿羅漢能作是念，我得阿羅漢道不？」

須菩提言：「不也。世尊！何以故？實無有法名阿羅漢。世尊！若阿羅漢作是念，我得阿羅漢道，即為著我、人、眾生、壽者。世尊！佛說我得無諍三昧，人中最為第一，是第一離欲阿羅漢。世尊！我不作是念：『我是離欲阿羅漢。』世尊！我若作是念，我得阿羅漢道，世尊則不說須菩提是樂阿蘭那行者，以須菩提實無所行，而名須菩提是樂阿蘭那行。」

第九分是「一相無相分」。「一相」就是這個相與那個相之間已無分別，可以平等看待，故稱「一相」。

不過，大家要注意，所謂的相與相之間沒有分別，並不是說相跟相之間變成一致。例如一般人看顏色，有七彩的分別，那麼「一相」是指這七種顏色變成一種顏色嗎？當然不是。

「一相」指的沒有分別，並不是指紅色、黃色、黑色通通變成白色，而是指沒有紅色吉祥、黃色富貴、黑色晦氣這種價值上的分別。也沒有什麼顏色會招財，什麼顏色會破財這種利害角度上的分別。

我們的心在感受不同顏色時，沒有好壞高低的評價，平等看待、一視同仁，這樣就是沒有分別的「一相」。若有價值利害上的分別，那就是有執著、有分裂、有取捨，各種事物無法平等，自然也不是「一」了。

萬事萬物並不會永恆不變，必然隨因緣變化而展現不同的姿態。唯一不變的，就是「空」。因為，「空」沒有「相」，所以能不變。於是，真正的「一相」，其實是「無相」。「無相」即不執著於「相」。

我想起中學的時候，剛學會使用「不要執著」這個字眼。有一次，跟同學在公園玩，同學隨地吐痰，我跟他說，隨地吐痰不好。同學卻回答，吐痰是自然生理反應，認為我會介意，是因為執著，若能放下執著，吐痰並無不妥。

大家覺得，這個說法是否正確？是否符合佛法的智慧？

我跟大家說，以價值批判的角度，指責別人吐痰不對，或者認為吐痰的人水準很差，人品低劣等等，這的確是「執著」。但是，從「自律」與克服習性的角度，勸戒別人不要隨地吐痰，應該把痰吐在適當的地方，甚至，掏出自己的面紙給對方使用，這樣並不是「執著」。不但不是「執著」，而且還是菩薩行。因為，你正在助益他人的修行。

關鍵在於，吐痰只是一種相。我們不必把這一相，直接跟人品低劣這一評價畫上等號。如果我們堅持畫上等號，那就是執著了。但是，反過來說，把隨地吐痰變成一種習慣，堅持不改，其實這是更大的執著。

從佛法來說，克服習性，就是修行。能幫助自己或他人，放下執著，不被相困住，從相中走出來，這都是菩薩行。

對「無相」的概念，初學者很容易產生誤會。有些人會以為，「無相」就是心中沒有「相」，一片空寂，其它什麼都看不到。其實不是這樣。「無相」是指無執著地、平等地看待一切「相」，而不是什麼都沒看到。

「一相」就是「無相」，兩者並無差別。再過幾堂課，我們會講到《金剛經》的「一合相」，其意義也與「一相」是相同的。

「須菩提！於意云何？須陀洹能作是念，我得須陀洹果不？」須菩提言：「不也。世尊！何以故？須陀洹名為入流，而無所入；不入色、聲、香、味、觸、法。是名須陀洹。」

一相無相分，主要是談「沙門四果」（簡稱四果）是否「有所得」的問題。內容大意是說：佛陀問須菩提，如果有人修行到了某種「果位」，他會不會認為自己已證得了這個「果位」呢？須菩提回答說，不會。因為「果位」仍然只是某種「相」的呈現方式。只要是「相」，那就不可執著，不可當真，不可以此為有得。

「沙門四果」，就是經文中所說的「須陀洹」、「斯陀含」、「阿那含」、「阿羅漢」四種佛教修行的位階，也稱為初果、二果、三果、四果。這四種果位，雖有高下之分，但也有一種共同的特性，那就是「不退轉」。意思就是，提升了就提升了，不會再退步，也不會再沉淪。

為什麼不會再退步呢？因為修行已經成為他們的日常生活。無論是一思一念，或是一言一行，隨時隨地都處在不自覺的、下意識的，平實且自然的修行狀態，完全不覺得自己在修行。正因為如此，所以不會退步。

之前我曾向大家介紹過一個哲學觀念，意思是「強調即缺乏」。如果某國政府一直強調清廉的重要性，那就表示這裡貪官汙吏很多；如果某國政府一直強調族群平等，那就表示這裡的族群並不平等。

由此可知，如果我們一再強調修行的重要性，那就表示我們距離真正的修行還有一段路要走。反過來說，如果修行已經跟生活融合在一起，而且融合得很自然，水乳交融，那麼我們就會忘記自己在修行這件事。就好像我們會忘記自己在呼吸、心臟在跳動，也會忘記我們走路時，雙手會自然擺動一樣。

修到四果的人，會覺得自己已經得到某種果位了嗎？大家想想看，一個不退轉的人，連自己在修行都會忘記，怎麼會意識到自己得到了某種果位呢？

現在我們來簡單介紹一下這四果。首先是須陀洹果。

證得「**須陀洹**」果位的聖者，必須已經斷除三種煩惱，也就是所謂的「斷三結」。「三結」指的是「身見」、「戒禁取見」、「疑」，這三種糾結都要斷掉。

「身見」就是對身體的執著。擴大來說，包括對「我」的執著，也是「身見」。「戒禁取見」的「取」也是執著的意思。「戒禁」是指修行的方法。合在一起，「戒禁取見」就是對修行方法上的執著。例如覺得這個法門好，那個法門不好，認為只要堅持什麼法門就能解脫等等。「疑」就是因為理解不夠通透，所以產生種種懷疑。這三件事情如果都過關了，都克服了，那就證得「須陀洹」果位了。

我想起夢參老和尚說過一個故事。他說他年輕時，待過福州西湖邊的一所寺院。當時，住持師父禁止年輕和尚出門，可是，夏天很熱，大家工作後流了一身汗，到了晚上，都想去附近的溫泉洗澡，可是師父禁止，於是大家忍了三天。到了第四天，大家都受不了了，一群和尚半夜從小門溜出去。師父看見，在後面罵，小和尚也不理會。最後，師父搖頭嘆息說：「身見太重！身見太重！」這個「身見」，就在這個故事裡，就是講小和尚執著於身體要清涼乾淨，不能忍受流汗汙垢。執著身體五蘊的真實存在，執著於「我」。

關於「戒禁取見」，有一個出自佛經的故事。佛陀時代相當盛行修苦行。有兩位著名的苦修者，他們相信模仿動物的行為可以淨化罪業，得到解脫。這兩位一個模仿狗的行為，像狗一樣爬行，睡在地板上，吃地上的食物，所以被稱為「狗行者」；另一個則模仿牛，像牛一樣行走、吃草、四腳著地，人稱「牛行者」。他們非常虔誠地修持這些苦行，深信這些行為能消業障、得解脫。有一天，這兩人來求見佛陀，請教佛陀這樣的苦行是否能讓他們解脫生死。佛陀告訴他們，堅持模仿狗、牛的行為，只可能在來世成為狗或牛，不可能解脫。兩位苦修者非常驚訝，問佛陀，自己這麼堅持修行，為什麼不能解脫，反而會變成狗、牛呢？佛陀說，修行的目的在於斷除執念，若仍執著某種形式，模仿動物行為，不開展內心的智慧，這是戒禁取見，不會得到解脫。

最後說「疑」。《法華經》中有一段故事，當釋迦牟尼佛要開始演說一佛乘的大法時，法會中有五千人站起身，禮佛後離去，此稱「五千起去」。當然，經文說他們是「增上慢」，就是自己覺得自己已經很厲害了，因而有傲慢之心。不過，我總感覺，指責這五千人有傲慢之心，似乎太過了。因為，他們若有傲慢之心，就不會等到最後一刻才走，臨走前也不需要「禮佛而退」。我自己的體會是，這五千人是對最高的佛法沒有足夠的信心，因而產生疑惑，進而感到不安。他們的問題主要在於「疑」，而不在於「慢」。即使有「慢」的成分，也是「因疑而生慢」。

接下來，經文說：「**須陀洹名為入流，而無所入**」。這個「入流」，一般解釋為「入聖者之流」。也就是把「流」，解釋成「流品」、「品位」。這樣解釋，雖然十分正確，但是，請允許我做一點創造性的曲解。我更願意把「流」理解成一種流動的狀態。

例如乘船，順流而下，自自然然，不知不覺，就抵達目的地了。但如果不在「流」中，而是在一片大海中，那就很辛苦了。既要靠力氣划船，又要避免迷路。此處的「入流」，相當於順流而下，自自然然，不知不覺，在日常中完成所有的修行。這個解釋，可以呼應我們對不退轉果位的看法。

一個人若處在「流」中，日子就沒有好壞之分，高下之別了。日日皆是好日，生活就是修行，隨時隨地都具足智慧與慈悲，這就是真正的「入流」。

再回到經文。「名為入流，而無所入」，其實就等於「所謂入流者，即無所入，是名為入流」。說出這個句型，大家就明白了。能入流而又無所入，其中必有空性的智慧。在空性的智慧下，入流才是真正的入流。

例如，我們的心臟若是健康的，那麼當我們用心感受時，我們會知道自己的心臟在跳動，但是，我們又可以隨時放下這樣的用心，忘記心臟會跳動這件事。因為心臟會跳動這件事，對我們而言極其自然，一點都不重要。

當我們知道佛就在我們內心之後，很多事情自己會發生改變，也會自己找到正確的道路。我們若需要睡覺，就會好好睡覺；若需要營養，就會好好吃飯；若需要找人指導，也會遇到最適合我們的善知識。隨著我們對自心體悟的逐步加深，火候到位，「果」就自然成就了。

經文說「**不入色、聲、香、味、觸、法**」。這是指不為六根六塵所染，不執著於色、聲、香、味、觸、法。換句話說，就是不執著於「相」。或者，借用之前的經文：「若見諸相非相，即見如來。」

「須菩提！於意云何？斯陀含能作是念，我得斯陀含果不？」須菩提言：「不也。世尊！何以故？斯陀含名一往來，而實無往來，是名斯陀含。」

前面講初果，現在講二果「**斯陀含**」。一般認為，初、二兩果，偏向於「戒」上圓滿。三果偏向於「定」上圓滿。四果則是「慧」上圓滿。這只是一種說法，提供大家參考。

在我看來，這些分別，都是火候的問題。例如初果，就是菜熟了，雖然可以吃，卻不是最好吃的時候。二果就是香味出來了，但口感還不是最好的時候。三果就是口感也好了，但整體的滋味搭配，還不是最好的時候。四果就是整體的搭配也達到完美了。雖然可以分這麼多階段，但是別忘了，這還是同一鍋菜。

佛陀問須菩提，你認為如何？得到斯陀含果的人，會認為自己已得到斯陀含果了嗎？須菩提回答說，不會，為什麼呢？斯陀含的意思是一往來，但實際上沒有往來，所以才叫做一往來。

「**一往來**」是說，修到這個果位後，只需再來人間輪迴一次，修行一次，就可以成就三果了。而修到初果的人，則還需要再來七次，才能再提高一階，修得二果。這裡的七次或一次，我感覺也是火候的分別。

修得須陀洹果的人，雖已斷除了三結，但仍有貪、嗔。修得斯陀含果的人，雖然尚未完全斷除貪、瞋，但對世間的執著已經大幅減少，只要再來一次，就能證得更高的果位。

「**一往來，而實無往來**」有點像一句很有名的詩：「兩岸猿聲啼不住，輕舟已過萬重山」。修行就像是坐船欣賞三峽風景，我們感受到的，是整體的景觀，是天地的絕美風光，而不是計算走過了幾座山，航行了幾公里，經過了幾小時。除非，我們覺得旅途很無聊，否則我們不會去計數這些。

這個一往來，或者七次往來，就是去計數走過幾個山頭，花了多少時間，走了幾公里。人的修行也是這樣，最重要的事情是，我們在不在修行的路上，以及我們的心在不在覺知的狀態中，而不是計算我們積了多少德，做了多少好事，參加了幾次法會。若有往來，那就是在計算。若無往來，那就是淡定地讓火候自然完成。

「須菩提，於意云何？阿那含能作是念，我得阿那含果不？」須菩提言：「不也。世尊！何以故？阿那含名為不來，而實無不來，是故名阿那含。」

「**阿那含**」是三果，名為「不來」，意思就是說，不必再來輪迴了。修到阿那含果的人，已經沒有貪欲執著，達到寂靜、清淨的境地，因此可以「不來」，在該處證得涅槃。

之前曾說，心中的念頭就是眾生，度自己的念頭，就等於度眾生。現在講到這一段，可以再更進一步說一下，心中一個念頭，就等於一個輪迴的概念。

修行的人，可以把一個念頭當作一生；不修行的人，是把一生當作一個念頭，一瞬即過。一個念頭的生死，就是一個輪迴。把握好這點，認真度我們的念頭，就可以少輪迴很多次，得到同樣的成就。

所以，來與不來，應該也不是最重要的事。來了，一個輪迴也可以當一萬個輪迴用，等於其它九千九百九十九次不必來。不來，若還有念頭要度，那也等於來了。

「須菩提！於意云何？阿羅漢能作是念，我得阿羅漢道不？」須菩提言：「不也。世尊！何以故？實無有法名阿羅漢。世尊！若阿羅漢作是念，我得阿羅漢道，即為著我、人、眾生、壽者。世尊！佛說我得無諍三昧，人中最為第一，是第一離欲阿羅漢。世尊！我不作是念：『我是離欲阿羅漢。』世尊！我若作是念，我得阿羅漢道，世尊則不說須菩提是樂阿蘭那行者，以須菩提實無所行，而名須菩提是樂阿蘭那行。」

「**阿羅漢**」是沙門四果的第四果。在小乘佛教裡，修到這個地步，就代表解脫一切煩惱痛苦，超越生死輪迴了。

佛問須菩提，修得阿羅漢果位的人，會不會覺得自己修得了一個阿羅漢果位呢？須菩提回答，不會。為什麼呢？因為任何果位，都是一「相」，都不應執著。只要我們在心裡，在腦子裡，執著於任何果位，覺得某個果位很高，某個果位比較低，那麼，這個果位就不是真實達到的果位。

一切修行的最終目的地，只有一個，就是達到「空性」的境界。沒有第二個目的地。如果還有第二個，例如往生西方極樂世界，或者成就什麼果位等等，那都是暫時的、權宜的、方便的、鼓勵性的境界，目的只為了幫助我們保有信心，得到力量，並繼續修行。

如果我們誤把休息站當成終點站，那麼這個休息站也不是休息站了。為什麼？因為休息站的目的是為了讓我們繼續前行，結果我們長久停留在此處，這樣的休息站，反而成為前行的絆腳石，不再是休息站了。

「佛說我得無諍三昧」的「諍」字，有人念「ㄓㄥ」，也有人念「ㄓㄥˋ」。「諍」是「勸止」的意思，也有爭執的意思。別人將要犯錯時，你去阻止他，勸說他，這就是「勸止」的意思。對方若接受，這當然是一件好事。但對方若不接受，還跟你爭辯起來，那麼這時的「諍」，就變成爭論與紛爭的意思了。

由此可知，「**無諍**」的本義就是不再有爭論，也無需任何勸戒，因為一切都已平靜，沒有高低，沒有分別，一切平等。

「**三昧**」原指禪定，也可以指達到最深的境界。「無諍三昧」就是很深地住於平靜、平等，沒有分別的狀態中。這其實是體悟「空性」後所呈現出來的一種境界。

「**離欲**」即離開欲望。欲望即我執，所以，「離欲」也等於無我執。「**樂**」念「ㄧㄠˋ」，是嚮往、追求的意思。「**阿蘭那**」是寂靜的意思。

這段經文的意思，是須菩提回答佛陀：「世尊，若你說我獲得了無諍三昧，人中第一，成為離欲第一的阿羅漢。但我並不這麼想。如果我認為自己是離欲阿羅漢，那麼我就有執著之心了，世尊也就不會說我是離欲第一的阿羅漢，也不會說我是嚮往寂靜的修行者了。」

我想起有一首老歌，叫〈阿蘭娜〉。它開頭的歌詞是，春風吹醒大地，然後春光照耀，春雨滋潤，萬物一片生機，處處充滿了愛。歌曲〈阿蘭娜〉是講生機與愛，這裡的「阿蘭那」不是講生機與愛，而是講存在於生機與愛的背後，還有著寂靜與不動。

一般人追求的是生機與愛，但是佛教的修行者，是追求生機與愛背後的寂靜。這份寂靜，與任何個別的生機與愛都沒有關係，卻包含了一切的生機與愛。

如果需要，這份寂靜也可以展現生機，以菩薩行的方式呈現。若無需要，它就一直寂靜著，一直蘊藏著一切。

「**行者**」是修行者的意思。「**樂阿蘭那行者**」就是樂於處在寂靜中的修行者。

這讓我想起孔子的學生顏回。當別的同學都在煩惱去哪裡當官才能飛黃騰達時，顏回卻安於粗茶淡飯，住別人都不願住的貧民區，依然不改其樂。北宋理學家的鼻祖周敦頤，常提醒學生，要好好參一參顏回之樂，究竟樂在什麼地方？這個問題，我留給大家，當作功課，讓大家自己想一想。你們也可以想一想，「阿蘭那行者」之樂，是怎樣的一種樂？

如果有一個修行人，像顏回一樣，吃穿條件很差，住得很簡陋，雖然通曉佛法，卻無人理會，也無人供養，這個修行人會快樂嗎？

如果你覺得，他仍然可以很快樂，並且可以回答，為什麼仍然可以很快樂，那就一定能了解，為何此處的「阿蘭那行者」，前面要加一個「樂」字。

「**以須菩提實無所行，而名須菩提是樂阿蘭那行**」。「實無所行」不是指沒有修行，而是指像菩薩一樣，度盡眾生之後，卻彷彿無事，絲毫不覺得自己在度眾生。這是修行與日常生活水乳交融的結果。

如果心臟常常意識到自己在跳動，二十四小時跳個不停，心臟一定覺得自己很累、很辛苦，一定很想休息，很想放幾天假。當然，這是開玩笑的話。還好，我們的心臟雖然在跳，卻不覺得自己在跳，所以可以跳一輩子都不覺得累。同樣的，我們若覺得自己在做菩薩行，在度眾生，久了之後，一定也會覺得很累。

任何修行，我們剛開始修時，固然有精進成長之樂，但是，等到更成熟後，修行就應該日常化，融入生活，恍若無事，不必再覺得自己在修什麼特別的法，否則一定會覺得累。這就是放下。

有一個人去西藏修行，跟師父修了三年，過程非常辛苦。三年期滿，完成功課，他鬆了一口氣說，我終於修完了。這句話一說出口，他修行的功德頓時少了一半。為什麼呢？因為他對修行這件事，仍然太有意識，尚未成為日常，也完全沒有放下。

修行的人，即使達到某個果位，達到之時一定也是平靜的，就像日常生活一樣。這才是修行的工夫與生活水乳交融。

所以，我想把「樂阿蘭那行」的「樂」字，解釋為生活與修行合一之樂。如果兩者沒有合一，那麼快樂只是一時的，也可能是不真實的。只有合一，才能時時感到圓滿，輕鬆自在，內心也才能平靜與穩定。

第九堂課

第十分

菩薩行如同喝一杯茶，
是人與茶的互相成就，互相感激，
這即是日日是好日的最高佛法

莊嚴淨土分第十

佛告須菩提：「於意云何？如來昔在然燈佛所，於法有所得不？」

「不也，世尊！如來在然燈佛所，於法實無所得。」

「須菩提！於意云何？菩薩莊嚴佛土不？」

「不也。世尊！何以故？莊嚴佛土者，即非莊嚴，是名莊嚴。」

「是故，須菩提！諸菩薩摩訶薩，應如是生清淨心，不應住色生心，不應住聲、香、味、觸、法生心，應無所住，而生其心。須菩提！譬如有人，身如須彌山王，於意云何？是身為大不？」

須菩提言：「甚大。世尊！何以故？佛說非身，是名大身。」

這一分的名稱是「莊嚴淨土」，這四個字我們先不解釋，因為在講解經文時，會詳細說明。

在這一分裡，釋迦牟尼佛提到了他與「燃燈佛」在很久以前的一段「授記」因緣。我先向大家解釋什麼是「授記」。關於「授記」的詳細背景，在《過去現在因果經》中有詳細的記載，我們此處只簡略的提一下梗概。

釋迦牟尼佛在許多世以前，是婆羅門教的修行者，名為善慧。他聽說燃燈佛要來此處弘法，便決定把身上所有的錢通通拿去買鮮花來供養燃燈佛。想不到，當地的國王早他一步，已把所有鮮花都買走了，目的也是供養燃燈佛。於是善慧空有錢財，卻買不到半朵鮮花。

這時，他遇到一位少女，手上拿著七朵青蓮。他遂詢問對方，可否用身上這些錢買對方五朵青蓮？少女問明緣由後，決定不收分文，但要善慧答應一個條件，就是在他修行成道之前，必須生生世世娶她為妻。善慧一方面答應，另一方面也提出一個條件，就是少女必須接受自己為了修行而離開家庭，不可以障礙他的修行。少女也接受了。於是，善慧拿了七朵青蓮，五朵由自己供養給燃燈佛，另外兩朵則以少女之名供養燃燈佛。這就是成語「借花獻佛」的典故。

見到燃燈佛之後，善慧把七朵花拋到空中，其中五朵青蓮化為華蓋為燃燈佛遮陽，而另外兩朵青蓮則化為燃燈佛的披肩。這時，路上出現一片泥濘濕地，於是善慧脫下自己婆羅門的衣服蓋在泥地上，還有部分蓋不滿的地方，就用自己的頭髮，蓋在上面，讓燃燈佛走過。

大家要知道，婆羅門與佛教的衣著不同。善慧這兩個行為，都有離開婆羅門皈依佛門的意思。燃燈佛走過善慧的頭髮後，告訴善慧，他將在九十一劫之後，成為釋迦牟尼佛，教化眾生。這樣的預言，同時包含著認可與印證的意思，就稱為「授記」。

這裡提到「九十一劫」。所謂的「劫」，有大、中、小劫之分。一小劫是一千六百八十萬年。一中劫是二十小劫。一大劫是四中劫。這裡的九十一劫，一般是指大劫，意即世界一次完整的成住壞空，若這樣，善慧還要經歷一千二百二十三億年，才能修成釋迦牟尼佛。

大家聽了可能覺得很荒謬，因為地球的年齡，也才四十幾億年，而人類出現在地球上，即使採用最寬泛的標準，也才六、七百萬年，為何一個婆羅門青年修行成佛，需要跨越一千多億年呢？

其實，從佛教的角度來看，時間並不是真的，它的長短並不重要。整個宇宙也許已經生滅過幾千幾萬次了。何況，時間也未必是單一方向直線前進，也可能是多次元的存在，相差幾億年的時空，可能一個維度就跨越過去了。所以，此處的一千多億年，我們不必過度執著。

我有一位學長，念數學系，禪修十幾年。有一次，我跟他聊到佛教的時間觀，我問他，佛教的時間，是不是線性的呢？如果不是線性的，那應該是怎樣的形式？是多元時空並存嗎？還是輪迴就等於跨維度？有沒有可能，我們下一個輪迴，不一定是在未來，而是回到過去等等。他聽完我的問題，沉思許久，我以為他要仔細回答我的問題，沒想到他卻淡淡地說，這個問題很有意思，下次我來問我師父。可惜，後來我們再碰面，並沒有繼續討論這個問題。

當下我們所認識的時空，只是一種相，並非時空的本來面貌。所以，我們不必認定人類誕生至今多少年，從而論斷佛陀從授記到成佛的時間是否合理。因為，經文所說的時空，未必是我們所執著的時空。

佛告須菩提：「於意云何？如來昔在然燈佛所，於法有所得不？」「不也，世尊！如來在然燈佛所，於法實無所得。」

這一段是說，釋迦牟尼佛問須菩提，燃燈佛是否教了自己什麼最高的佛法？佛陀是否有得到這個最高的佛法？須菩提回答，沒有，佛陀在與燃燈佛見面時，並未得到任何法。

我們可以把自己換到須菩提的位置，想一想，如果釋迦牟尼佛問我們，他是否有得到佛法？我們會怎麼回答？我想所有人都會回答：「是的，世尊，你就是佛法，你與佛法合而為一。你所擁有的佛法，真真實實，恆久常在。」

但是，同樣的問題，拿來問須菩提，他卻回答「沒有」。隨後又補一句：「**如來在然燈佛所，於法實無所得**」。這裡的「實無所得」，就是《心經》裡的「以無所得故」。

請問，為什麼須菩提敢直接否定佛法的存在？而我們不敢呢？這個問題很重要，大家一定要親自認真想一想。不要去網路找答案，因為這種問題沒有標準答案！

我的回答是，須菩提在可表達、可言說、可感受、可理解、可擁有的佛法之上，還看到一個無法表達，也無法擁有，又超越一切的東西。而且，這個東西不是外在的，而是內在於我們心中的。它是我們內在最真實的東西，也是眾生與萬物內在最真實的東西。萬法基於此花開花落，生滅不息，但它依然湛然不動，永恆寂靜。

當我們真正體悟空性的時候，事情對我們都不再有阻力，不再有界線，不再彼此衝突，不再互相切割，也不再糾纏羈絆。因為，我們的心不會藉這些事建構我們的意義。

如果佛法對佛陀還有特殊的意義，還有不可放下，不可割捨的意義，還有得到與失去的差別，那麼佛陀就還沒真正體悟空性。佛陀有得到最深奧的佛法，與佛陀沒有得到最深奧的佛法，在空性裡其實無差無別。

空性或佛性，內在於每個人的心中，所以也可說是自性，是我們的本心所覺照到的。所以不假外知外求，也不必透過語言得到。它本來就在心中，只要去覺知它，我們就會知道它一直在那裡，不曾離去。

佛法的表達、言說、感受、解釋，目的只在幫助我們找到自己的內在本心，並學會使用這個本心的能力。真正的佛法在內而不在外，在實踐而不在言說。

如果最高的佛法可被言說，那麼它就外在於我們的心，變成一種客觀的認知對象。如果最高的佛法被外在化，那它就不是真實無虛的智慧，也不是真實無虛的佛性或空性。

佛性與空性無法拿給你看，甚至也無法說給你聽。它只能透過語言，引導你放下這個、放下那個，感受此心放下之前，與放下之後的不同。它只能以這樣的方法，讓你自己體會內在的佛性與空性。而無法用「擁有」與「得到」什麼，讓你明白什麼是佛性與空性。

我們若用「擁有」與「得到」的角度，來理解佛法，就不可能理解最高的佛法。例如菩薩行，這是很重要的佛法，但是，擁有菩薩行，還不是最高的佛法。最高的佛法是，擁有之後，就要放下，內心寬廣清淨，自自在在。

平實自然的菩薩行，成就萬事萬物的美好，也讓萬事萬物成就自己的美好，彼此因著每一次的因緣交會，彼此感激。

哪怕只是喝一杯茶，也是人與茶互相成就，互相感激。這樣的菩薩行，就能成就日日是好日的最高佛法。

如果只是擁有而沒有放下，或者只是放下而沒有擁有，這都不是最高的佛法。必須也擁有，也放下，可以有，也可以沒有。與萬物一起成就，也一起歸於本然的清淨自在，這才是最高的佛法。

重點還是那句話，佛法的最高智慧，是「捨」與「得」不再是兩件事，「放下」與「擁有」不再是兩件事，「菩提」與「煩惱」也不再是兩件事。

所以，當須菩提說「如來在然燈佛所，於法實無所得」時，他知道「捨」與「得」是同一件事，而不是相互對立的兩件事。因為，如果不放下，就會有新的執著，無法達到圓滿，放下才是真的擁有。而且從空性的角度來看，所有法都是佛法，也所有法都不是佛法，所以說，「於法實無所得」。

須菩提說「如來在然燈佛所，於法實無所得」，其實是對佛陀的最高讚嘆，也是因為佛與法本來的圓滿自足。

「須菩提！於意云何？菩薩莊嚴佛土不？」「不也。世尊！何以故？莊嚴佛土者，即非莊嚴，是名莊嚴。」

接下來，釋迦牟尼佛又問須菩提關於「莊嚴佛土」的問題。所謂的「**佛土**」，其實就是淨土。一般人以為，「佛土」是佛菩薩居住的地方，這固然沒錯，但是，「佛土」更是佛菩薩與眾生一同居住，一起修行，藉由因緣來接引眾生，度化眾生的地方。

宇宙中並不存在只允許佛菩薩進入，而把善男子、善女人排除在外的「佛土」。因為，這種「佛土」違背菩薩度化無量無邊眾生的菩提宏願。所以，只要修到一定等級的菩薩，就會有自己的「佛土」，而這位菩薩就在這片「佛土」上，教化與他有緣的眾生。

什麼是「**莊嚴**」?我記得,淨空老和尚說,「莊嚴」就是美好的意思。我很喜歡這個解釋,用美好來裝飾佛土。此外,如果從字面上理解,「莊」是「敬」的意思,「嚴」是「尊」的意思。「莊嚴佛土」也是讓人興起尊敬之心的佛土。

那麼,菩薩如何「莊嚴佛土」呢?這包括兩部分:一是以菩薩的教化與願力來莊嚴佛土。眾生看到菩薩的教化法門,與慈悲願力,自然會升起嚮往崇敬之心,前來皈依,蒙受加持,這樣就「莊嚴佛土」了。二是以菩薩的神通法力,創造出種種不可思議的美好境界,這也會讓人升起嚮往崇敬之心。例如在「佛土」上,無時不開放著芬芳的花朵,無時不有悅耳的蟲鳴鳥叫,各種仙樂,以及各種飛翔的天女等等。眾生在此沒有病痛,不畏寒冷,無勞苦煩惱,每天愉快修行。這就是神通的顯現。眾生看到如此不可思議的神通,也會升起恭敬修行之心。

為何要問菩薩有沒有莊嚴佛土呢?這就等於問菩薩有沒有建立自己的淨土?有沒有教化眾生?有沒有度化眾生?

佛經明明記載了許多佛土,此處為何還要問菩薩有沒有建立自己的佛土呢?這是《金剛經》一再反覆重申的要義。我們講解時,也盡量從不同角度,不斷變換方式,讓大家多層次地理解,為何明明存在的東西,必須說它不存在,才能成就它最究竟的存在。

這一次,我們從這個角度來解釋:最高與最真實的東西,不會因為被否定,而損傷其真實性。甚至,最高與最真實的東西,是在反覆否定的考驗中,才更彰顯其至高的特性。

很多東西是經不起否定的。好比我們相信某個宗教，但卻有學者提出考證，認為這個宗教的經典都是偽造的，甚至創教的教主也不存在。如果學者的論據鐵證如山，我相信，信眾一定會受到打擊，甚至失去信仰。若是這樣，這就是經不起否定。

我們要知道，佛教之所以可貴，並不是因為某一個人，或某幾個人的存在而可貴。佛教的可貴，是因為有佛法的存在。釋迦牟尼佛的可貴，是因為他發現了佛法。而佛法之可貴，也不在於佛法本身，而是佛法讓我們看到自己的本心與自性。

所以，無論釋迦牟尼佛這個人存不存在，哪怕他只是一個假託人物、一個故事、一首詩、一個傳奇，那又如何呢?本心自性依然是本心自性，佛法依然不會改變。而且，任何證悟本心自性的人，依然可以成道成佛。而成道成佛之後，依然可以講出與釋迦牟尼佛一模一樣的佛法。一切如如不動，自本自根，絲毫不受影響。

所以，任何經得起否定的東西，最後都會成就更高的肯定。

例如登山，每走一步，都是因為前一步尚未圓滿，尚有不足，也等於是對前一步的否定。如此一步否定一步，不斷向前，最後登上頂峰，達到圓滿，也完成最高的肯定。

當我們站在山頭頂峰，回望走過的每一步，這時，否定通通不重要了，每一步的尚未圓滿都是對的，每一步都應該讚嘆與感恩。

所以，究竟的佛法，從過程來看，充滿否定，但是，從最高的終點來看，每一個否定與肯定都是交融合一的，彼此成就，互相感恩，一切平等。

究竟的佛法絕對不會是二元對立的，絕對不會贊成一邊而否定另一邊。最高的佛法一定是超越兩邊，同時肯定兩邊，並站到更高的位置。

我們的心，能夠超越對立，站到更高的位置，這就是般若智慧。只有站在更高的地方，超越兩端，並讓矛盾的兩端彼此成就，這樣才是「中道」。

所以，當你肯定「莊嚴佛土」時，不要停在肯定上，你應該在更高的位置否定它。但是，當你否定它後，也不要停在否定上，你還必須在更高的位置再次肯定它。「莊嚴佛土者」是肯定的說法。「即非莊嚴」是否定的說法。「是名莊嚴」就是同時肯定也同時否定之下的不執著狀態，也即是不斷向上提升的真實狀態。

我想起星雲大師曾號召信眾，以「一人一月一百」的願力，創辦了南華大學。我們若問，星雲大師有創辦南華大學嗎？純就事實來說，當然他有創辦此大學。但是，創辦南華大學，足以代表星雲大師一生的全部修行與成就嗎？當然沒有辦法。我相信星雲大師更願意說，他並沒有創辦南華大學，而是信眾創辦了南華大學。當星雲大師這樣說時，他就是真正的星雲大師了。

曾經有位法師說過一個真實的故事。他說，一位台大哲學博士生問他：「如來藏存在於何處？」法師說，存在於心中。博士生又問：「為何我感覺不到？」法師說，因為你多了一個「我」，所以感覺不到。博士生問：「你可以感覺到嗎？」法師說，你又多了一個「你」。博士生說：「沒有我，沒有你，這就能感覺到如來藏嗎？」法師說，沒有我，沒有你，那麼誰來感覺如來藏呢？

這個對話很精采，一邊否定，一邊肯定。所有否定的都被肯定，所有肯定的也都被否定。一路推進，沒有停歇，也沒有喘息的機會。無論你怎麼問，都不對。因為如來藏是真如本性，也是佛性法身，它就是我們的本心，不是外在的事物。這個本心只是「覺」，只是反觀自照，並沒有內容。我們無法用感覺外在事物的方式去感覺它的存在。若是覺出一個有內容的東西，它當然就不會是如來藏了。

「是故，須菩提！諸菩薩摩訶薩，應如是生清淨心，不應住色生心，不應住聲、香、味、觸、法生心，應無所住，而生其心。」

所以佛對須菩提說，大菩薩們應該要這樣生清淨心。對色、聲、香、味、觸、法不要執著，無所執著，才能有清淨心。

「**應無所住，而生其心**」這一句，指的心，就是觀照心、般若心，超然於一切之上的清淨心。因為，人心只有在反觀自照的情況下，能放下執著，不帶好惡得失，純然靜觀。這句話與「應生無所住心」一樣，都是提起般若智慧的意思。

「**應如是生清淨心**」這句話，讓我突然明白，佛法常用的「清淨」二字，無論是用來形容心境，或者形容環境，或者形容任何對象，它真正的意思，就是「無所住」，也就是放下執著。所以，「清淨心」就是「無所住心」。而「無所住心」就是般若智慧。

「清淨」不是指外在的清潔，也不是空空如也，什麼都沒有。「清淨」是放下得失，放下好惡，不被任何事物綁住，超然於一切之上，默然靜觀。

由此再引申，我們也能體會到，「無所住」也等於「無所得」。因為，「有得」就必然「有住」。只有「無得」，才能真正「無住」。

同樣的，佛法常常說「一念不生即名為佛」。這個「一念不生」也不是追求一切死寂，什麼都沒有，而是什麼都不執著的意思。事實上，當一切都不執著時，「念」也就自然不生了。所以，「一念不生」不宜直接從斷念下手，而應該從不執著下手。

我跟大家說，一切執著，有一個核心，那就是「我執」。「我」若放不下，那自然會產生「他者」來與「我」相對立。「我」與「他者」彼此對立，相互執著之後，延展開來，馬上落入各種時空條件的執著。於是，執著成為一張大網，涵蓋一切起心動念，讓我們無所逃於天地之間。

所以，學習放下「我執」，是修行的核心功課，當然，也是非常困難的功課。我們一般人，不必做到沒有「我執」，但是可以學習降低「我執」的強度。練習的方法，我建議可以常念這四句：隨緣、放下、接受、感恩。或者走路的時候，隨著步伐念。或者打坐的時候，每次呼吸，專注於其中一句，四次呼吸，形成循環。

若作此練習，我們就會知道，當他人為我付出時，我們要感恩對方，我們為他人付出，我們也要感恩對方。因為我們接受一切因緣，也感恩一切因緣，也在一切因緣中，彼此利益，互相度化。這樣是減輕「我執」最好的方法。

有一本暢銷書名叫《零極限》，裡面教人一個消除業力，增長能量的方法，就是反覆唸這四句：「謝謝你、對不起、我愛你、請原諒我。」

這個方法我自己沒有認真試驗過，但是，有一點很有意思，就是這四句話所表達的意思，其實是對一切眾生，表達愛、感激，以及懺悔。而當我們願意常常對一切眾生表達愛、感激，以及懺悔時，「我執」自然會減輕。而只要「我執」減輕，一切業力都會比較容易消除。

另外，我也很鼓勵大家用懺悔法，來減少「我執」。方法是在拜拜時，對每一尊佛菩薩，每一尊神明護法，一一表達懺悔，並祈求原諒。懺悔時，不必針對特定對象，也不必針對特定事件，只是相信自己累生累世一定造了很多業，讓很多眾生受苦，所以抱持懺悔之心，真誠祈求佛菩薩原諒，也真誠祈求眾生原諒。

如果我們願意真誠地感恩，真誠地懺悔，這就等於放下一半的我執了。我執放下一半，再大的惡緣惡業，也變得容易化解了。

那個懺悔之心、感恩之心，即是我們內在的光明之燈。因為有它，我們才更容易放下執著。

接受變化，接受美善事物的流逝，不執著於「相」，但亦不失去創造美善的能力，這是般若智慧。能夠如是看待萬事萬物，站在我們內心的執著之上，一樣是般若智慧。

「須菩提！譬如有人，身如須彌山王，於意云何？是身為大不？」須菩提言：「甚大。世尊！何以故？佛說非身，是名大身。」

接下來，談到「大身」的問題。我們先說什麼是「須彌山」，再來說什麼是「**身如須彌山王**」。

須彌山起源於印度教的神話，是世界的中央之山，此觀念後來被佛教吸收，並加以擴大。佛教認為，世界以須彌山為中心，向外有八座山、八片海，最外一層的山叫做鐵圍山，是世界的邊界。鐵圍山內的大海中，有四大部洲。這樣一個空間，加上諸天所居住的天界，稱為一個須彌世界。然後，一千個須彌世界，就稱為小千世界，一千個小千世界成為一個中千世界，一千個中千世界，成為一個大千世界，也稱三千大千世界。這個大千世界就是一個佛的教化範圍。而宇宙之中，又有千千萬萬的佛，所以也有千千萬萬個大千世界。

那麼須彌山有多高呢？傳說此山入水八萬由旬，出水八萬由旬。由旬是古印度的長度單位，指公牛在負重的狀態下，一天能行走的距離。前人估算，大約定為二十公里。那麼須彌山水上加水下，就有三百二十萬公里高了。這大約是地球到月球平均距離的八倍多。可見須彌山非常之大。

為什麼經文要說有人的身體跟須彌山一樣高呢？這可能也跟印度教的神明傳說有關。在印度教的神明中，若擁有很多個頭，通常就代表這個神明擁有極高的智慧。若擁有很多隻手，就代表擁有各種能力。而身體巨大，尤其是大到像山一樣，這就象徵擁有極高的神通法力。

還有一種講法，認為這樣的大身，其實是象徵「法身」。因為，擁有「法身」的佛菩薩，可以有大神通，隨緣應化，顯現為各種「身」，來度化眾生，解救眾生苦難。

一個人若擁有跟須彌山一樣大的身體？他的修行高不高呢？神通大不大呢？法力強不強呢？想來，如此大身，必然修行很高，神通廣大，法力特強。但是，釋迦牟尼佛說，無論多高的修行，如果放不下這個「大身」，修行仍是有限的。

「**佛說非身，是名大身**」，這句話其實是「佛說所謂大身，即非大身，是名大身」的省略。我跟大家說，任何事物，想要成為真正的自己，只有一個方法，那就是超越自己。只有超越自己，才能把內在更高的可能性實現出來，這樣才能成為真正的自己。必須放下這個「大身」，修行才能超越「大身」，得到真正的「大身」。這就是所謂的，透過否定，以達到更高的肯定。這是《金剛經》很特別的智慧。《金剛經》的否定不是為了否定，而是為了得到更高的肯定而否定。

我們可以這樣來想想看：二十歲的你是真實的你？還是三十歲、四十歲、五十歲的你是真實的你？請問，哪一年的你，才是真實的你？我相信，你一定覺得這些都不是真實的你。真實的你在具體年齡的你之上，也比任何具體年齡的你更高。如果你同意這一說法，那麼我們就可以說：

「所謂的你，並不是任何具體年齡的你，超越任何具體年齡的你，才是真正的你」。

因為，任何年齡的你，都會改變，也會消失，所以都不能代表真正的你。真正的你，應該是某種不會改變，也不會消失的東西。請問，這個不會改變也不會消失的東西是什麼呢？就是我們的佛性與法身啊！

我們的自性、法身，就是世間萬法的依歸，大家想想，這個「大身」大不大呢？只有超越過去種種，放下我們對外在事物的執念，不被制約，如是地觀照本心，才可能達到真正的「大身」。

曾有學員找我卜卦，因為公司有一個工程案，頻頻出狀況，等於燙手山芋，沒有人願意負責。之前兩位承辦人，做沒多久，吃到苦頭，就找理由推掉此案，最後案子落到他的身上。他想知道，自己能不能也找個理由推掉此案？我告訴他，這事不必卜卦，立刻有答案。他問是推不掉嗎？我說當然不是，而是要大方積極地把它接下來，因為接下來有很大的好處。他大惑不解。

我告訴他，一個案子的好壞，完全因人而異。對別人來說是爛案子，對你卻未必。別人在公司已有出色的代表作，所以他們覺得這是爛案子。你在公司還沒有出色的作品，這個案子又是公認的爛案子，所以你不必做到一百分，只需做到七十分，你的能力就可以獲得大家的認同。若把案子推掉，以後就不會有獨當一面的機會了。所以，別人可以嫌棄此案，你卻應該拿它來當成翻身的機會。我又建議他，虛心向前面兩位負責人請益，請他們教導如何把這個案子做好。果然，一年之後，他的表現就獲得公司各方的肯定。

大家都認為是燙手山芋的工程案，其實反而可能是一次轉機。事情的凶，有百分之七十，是由人心的執著招來的。若不能跳脫執著，原來是吉的事情，也會被你當成凶看待，而原來是凶的事情，也有可能變成吉。

若能跳脫吉凶的執著，則吉有吉的好，凶也有凶的好，兩者都是我們的老師，都是我們學習求法的善知識。

心若有執著，這個心就不是原本真實的樣子了。當心開始執著，這個心就離開了自性本心，成為意識之心、欲望之心、五蘊之心、無明之心。

「執」，就是抓取。心有執著，表面的意思是我們的心抓住了某樣東西，實質上，是我們的心被某樣東西抓住了。心被抓住，就是心被意識的繩索綁住，失去了自由，因而也失去了自性的智慧。

這位學員放下了原本固定的看法，超越了自己，達到了當下的「大身」。

第十堂課

第十一、十二分

當別人都已經放下，只有你還沒有放下，
那你必然是那個最痛苦的人

無為福勝分第十一

「須菩提！如恆河中所有沙數，如是沙等恆河，於意云何？是諸恆河沙，寧為多不？」

須菩提言：「甚多。世尊！但諸恆河，尚多無數，何況其沙？」

「須菩提！我今實言告汝，若有善男子、善女人，以七寶滿爾所恆河沙數三千大千世界，以用布施，得福多不？」

須菩提言：「甚多。世尊！」

佛告須菩提：「若善男子、善女人，於此經中，乃至受持四句偈等，為他人說，而此福德，勝前福德。」

這一分名為「無為福勝」，意思是「無為法」之福，勝過「有為法」之福。所謂「無為法」就是不生不滅、不增不減的法。也就是回歸空性，不隨因緣時空而變化的法。「有為法」指的就是隨因緣與時空而產生變化的法。

例如布施七寶，就偏向於有為法。而修持佛法，提升智慧，乃至證得空性，這就是無為法了。修無為法所得的福德，遠勝修有為法所得的福德。

「須菩提！如恆河中所有沙數，如是沙等恆河，於意云何？是諸恆河沙，寧為多不？」須菩提言：「甚多。世尊！但諸恆河，尚多無數，何況其沙？」

這一段的大意是說，恆河裡有很多沙，如果每一粒沙都代表一條恆河，那麼請問，如此無量沙數所代表的無量恆河裡面的每一粒沙全部加總在一起，這樣的沙數多嗎？當然！這樣的沙數非常、非常、非常之多！因為，連一條恆河的總沙數尚且大到無法數了，何況全部恆河的總沙數。

我有一次突發奇想，想估算一下，一條恆河大約有多少顆沙子。我大概是這樣估算的，首先，河沙大約在〇．〇一公分上下。假設每粒沙子都是球體，直徑為〇．〇一公分，那麼一立方公尺的體積，大約是十的十二次方顆沙子。我們知道恆河長度約二千五百公里，假設恆河每公尺的長度有二百立方公尺的沙子，那麼一條恆河的沙子總體積，大約是五乘十的二十次方顆沙子。這真是一個難以想像的天文數字啊！對古代人來說，一條恆河的總沙數，已經大到無法估量了，若再把其中每一粒沙都當成一條恆河，那麼最後的總沙數，只能用不可思議來形容了。

「寧為多不」的「寧」，我們之前講過，是「如此」的意思。

「須菩提！我今實言告汝，若有善男子、善女人，以七寶滿爾所恆河沙數三千大千世界，以用布施，得福多不？」須菩提言：「甚多。世尊！」佛告須菩提：「若善男子、善女人，於此經中，乃至受持四句偈等，為他人說，而此福德，勝前福德。」

這段是佛再次告訴須菩提，如果每一粒沙都代表一個大千世界，而有人把遍滿恆河沙數那麼多的大千世界裡的珍貴寶物通通拿來布施，這樣的福德，即使非常大，還是比不上受持並分享《金剛經》，甚至只受持經裡的四句偈並與他人分享所得的福德。

「**七寶**」就是玉石、珠寶、黃金、珊瑚等七種珍稀值錢的寶物。布施七寶當然很有功德，何況是布施五乘以十的二十次方個世界的所有七寶，這個布施已經巨大到超乎想像的程度了。

布施這麼多，有沒有福德呢？須菩提說，有，而且很多。可是，雖然很多，卻仍不如以《金剛經》裡的四句偈，來與他人分享所得的福德多。可見，在生活中實踐《金剛經》的義理，以及向他人分享《金剛經》的內容，乃至勸他人持誦《金剛經》，皆有無比廣大，難以估量，且不可思議的福德。

二〇二五年《富比士》雜誌公布的世界首富是伊隆．馬斯克，他的個人資產曾經達到三千四百多億美元。假設全世界的八十億人口，每個人都跟馬斯克一樣有錢，且每個人都捐出三千四百億美元，布施給眾生，按照《金剛經》的說法，這八十億人的福德，仍不如一位在生活中實踐《金剛經》義理，向他人分享《金剛經》的內容，並勸他人念誦《金剛經》的人福德大。

為什麼布施不可思議巨量財富的功德，不如實際修持《金剛經》法門，向他人分享《金剛經》的道理，並勸他人念誦《金剛經》的功德呢？我早期讀《金剛經》，遇到這一問題時，有過一個很樸素的想法。就是財富在巨量累積的過程中，本身就帶有業力。而在巨量財富的布施過程中，如果方法不對，舉措失當，一樣會製造大量業力。所以，巨量財富在一聚一散之間的因緣，極為複雜且糾纏，福德與業力，更是難以理清。

後來，有一段時間，我覺得我這個說法缺點很多，所以不再向人提起。不過，現在我又改變想法了，我覺得這個想法也沒什麼不好，作為一種理解的角度，這樣解說也並無不可。

但若遵循《金剛經》經義的脈絡來解釋，布施財富的福德，不如布施《金剛經》中的法，其根本原因是具體財富的布施是「有為法」，而《金剛經》中的法，可讓人獲得究竟智慧，斷除煩惱執著，則是「無為法」。前者的功德，無論多大，皆屬有限，又受制於無常變化，而後者的福德則不受制於無常變化。

例如對中國佛教貢獻極大的梁武帝，一生建塔寺無數，齋僧無數，請問福德大不大？當然很大！但是，晚年一場政治叛變，無常說來就來，梁武帝只能選擇絕食而亡。請問，此時他的福德哪裡去了?他的福報哪裡去了?當然，福德還在，只是此生無緣享受，只好等來生再說了!我們至今仍聽得到梁武帝的故事，這也是一種福報。這就是「有為法」的福報。

任何隨因緣而變化的事物，終究要面臨無常的考驗，也終究難以永恆。

我前一陣子去日月潭玩，在湖邊散步時，看到許多地方，都刻了與愛情有關的詩。我一時興起，也寫了一首小詩：「愛情是山邊的雲，它用彩虹歡笑，與風一起唱歌。它想來就來，想走就走。情濃時飽含淚水，情淡時無影無蹤。」

愛情也是隨因緣而變化的「有為法」，出現的時候我們應該珍惜，消散時卻不必太難過。因為，我們人生需要前行，雲也不會永遠停留在同一個地方。

那麼什麼是真的呢?體會無常、放下執著、接受變化、感恩因緣，體悟任何事物的背後都是圓滿，也都是空。

我聽人講過一位長輩的故事。他壯年時做過一番事業，幫過許多人，也解決過幾件關乎業界利益的大事。當時在他所從事的那一行，算是叱吒風雲的人物了，非常風光。可是，退休之後，他的影響力就淡了，既沒有人前呼後擁，他講的話也沒有人重視了。剛開始，他很不適應，心情非常低落，經常酸言酸語，脾氣也變壞了，整個人變得很負面。後來，他知道不能繼續這樣下去，就開始修持佛法，花了一年的時間，才慢慢調整回來。

我想說的是，這位長輩在壯年時的成就與貢獻，在當時都是真的。但是，二、三十年過去之後，那些豐功偉績，已經被新一代的人遺忘，而即使同是老一輩的人，也已不放在心上了。這就是會隨因緣變化的「有為法」。

當別人都已經放下，只有你還沒有放下，那你必然是那個最痛苦的人。時間會證明，放下執著這件事，是最真實且對我們最好的禮物。這就是「無為法」。

所以，經文會說「乃至受持四句偈等，為他人說」，比千千萬萬的布施更真實，且更有福德。因為，無論我們布施什麼，物換星移之後，大家都會忘記。但是，我們受持《金剛經》所得的智慧，會在我們的生命深處，種下善根，生生世世都不會消失。

如果我們接受並實踐《金剛經》的道理，甚至只是「受持」了例如「一切有為法，如夢幻泡影」這麼簡單的一句話，但是，我們心中的觸動與感悟是真真切切的，並且不斷與人分享，如果我們持續這樣做，就是種下善根。我們不單單在這一世種下善根，而且是在千百萬次的輪迴中，不停地種下善根。

甚至，我們只是受到觸動，也談不上心得，只是轉述並讚嘆經中的智慧，當然，這樣隨口而出的讚嘆，我們並不覺得有什麼了不起，也不覺得自己有何福德可言。但是，這素樸的真誠，正是我們最接近佛法，也最親近佛心的一刻。這時，我們的心，比任何自以為有福德的布施者，更接近菩薩，更接近釋迦牟尼佛，更接近「無為法」，也更有智慧，更不會毀壞。

尊重正教分第十二

復次：「須菩提！隨說是經，乃至四句偈等，當知此處，一切世間天、人、阿修羅，皆應供養，如佛塔廟。何況有人，盡能受持、讀誦。須菩提！當知是人，成就最上第一希有之法；若是經典所在之處，即為有佛，若尊重弟子。」

「尊重正教」的「正教」，指的是佛陀正確、真實的教法。在這裡也指《金剛經》的核心教導內容，也就是佛陀最高的般若智慧。「尊重正教」是指一切眾生皆應恭敬尊重《金剛經》所教導的智慧。此分的內容是進一步讚嘆受持、讀誦《金剛經》的福德。

上一分，佛陀告訴須菩提，與人分享《金剛經》內容的人，福德比布施無量寶物的人還要大。這一分，佛陀告訴須菩提，只要是有人宣講《金剛經》的地方，即使是只講四句偈，一切天、人、阿修羅都應該要來這裡供養、護持，就如同供養佛的塔廟一樣。這部經典所在的地方，就是佛所在的地方，也是有佛弟子的地方，都應尊重。

復次：「須菩提！隨說是經，乃至四句偈等，

「**復次**」是「再次」或「其次」的意思。「**隨說是經，仍至四句偈等**」的「隨」，不是隨便的意思，而是「隨時隨地」，或者「隨順因緣」的意思。只要有機會，就把《金剛經》的內容告訴他人，與人分享，這才是「隨說是經」。

玄奘大師的譯本中，對與人分享此經的標準非常高，且是高到一般人不易達到的地步。

鳩摩羅什大師的翻譯，我們讀起來，感覺很樸實，好像只要很真誠地把自己讀《金剛經》的心得與人分享，就可以獲得極大功德。至於所分享的內容是否是最深的智慧，見地是否夠高，或者是否能讓對方完全明白經中的道理，都沒有關係。不過，玄奘大師的譯本並非如此，他要求的標準非常之高。

例如對上一分，玄奘大師是這樣翻譯的：「若善男子或善女人，於此法門乃至四句伽陀（偈），受持、讀誦、究竟通利，及廣為他宣說、開示、如理作意，由是因緣所生福聚，甚多於前無量無數。」

首先請注意，在這段翻譯裡，不稱「經」，而稱「法門」，其中的含意需要好好體會。因為，每一部佛經，通常都包含了一個或多個法門。因為，佛經的真正意義，既不在唸誦的功德，也不在經文中的知識與見聞。佛經的根本意義，在於修行。「經」的主要目的，在於指示「法門」，引導修行。所以此處稱「經」為「法門」。

其次，與人分享四句偈，這當然是一件好事，值得鼓勵。但是，在鳩摩羅什的翻譯中，分享只是分享，並沒有細分其中所包含的層次。可是，在玄奘的譯文中，他把分享分為：「受持、讀誦、究竟通利，及廣為他宣說、開示、如理作意」這六種層次。下面我們簡單說明：

第一種是「受持」，就是接受經中的道理，並默記在心，努力實踐。

第二種是「讀誦」，就是讀經加誦經，而誦經指的是背誦。

我曾經持續四個月的時間，每天花四十分鐘，背誦過《金剛經》。我當時是利用早上運動跑步的時間，先用三、五分鐘，背誦一百多字，然後開始跑步，配合步伐，反覆背誦。我通常會跑二十幾分鐘，然後走路十幾分鐘。走路時，我也配合步伐，複習之前背過的經文。可是，我背到第十八分，就背不下去了。因為經文出現許多重複的地方，而且每處的重複，又有一兩個字的細微差異。我每一次都在這些小差異上出錯，所以很生自己的氣。我要求自己一字不差的背誦，卻不斷出錯，這不但讓我感到挫折，也把我搞得疲累不堪。所以，背誦《金剛經》真的不是一件容易的事。

第三種是「究竟利通」。「究竟」是終極、徹底的意思，也可以解釋為圓滿。「利通」的意思是完全暢通，沒有任何障礙。所以，「究竟利通」就是擁有圓滿的智慧，徹底明白經中道理，不再有任何疑惑與阻礙。

第四種是「廣為他宣說」，即徹底明白經中道理之後，廣為他人說明、宣講，讓別人也能徹底明白。這是非常高的標準了。

接下來，第五種是「開示」。「開示」這兩個字，我們現在常常使用，一般請有學問、有智慧的人跟大家講幾句話，都可以稱為「開示」。不過，嚴格來說，這兩字並不能這樣使用。

「開示」的說法，出自《法華經》第二品：「諸佛世尊，欲令眾生開佛知見，使得清淨故，出現於世；欲示眾生佛之知見故，出現於世；欲令眾生悟佛知見故，出現於世；欲令眾生入佛知見道故，出現於世。舍利弗！是為諸佛以一大事因緣故，出現於世。」

在這句經文裡，有「開」、「示」、「悟」、「入」四個次第。「開」是打破一切阻礙，讓眾生可以親近佛的解脫之道。「示」是讓眾生明白什麼是佛的解脫之道。「悟」就是深入的理解、感受此道，並努力實踐此道。「入」則是與此解脫之道合而為一。所以，「開示」的意思，絕對不是隨便講幾句話，而是用很高的智慧開導他人。

最後是「如理作意」。「作意」就是起心動念。「如理」就是跟佛陀的道理一致。所以，「如理作意」等於任何一個念頭，都在實踐佛的智慧與道理。這就等於「開」、「示」、「悟」、「入」中的「入」了。

玄奘大師認為，分享要包含這六種層次。從前，我讀玄奘大師的譯本，心中常出現一個疑惑：我們是只需做到這六個層次中的某一個層次，福德就比布施一切七寶的人大呢？還是必須六種層次全部完成，福德才比布施一切七寶的人大呢？

從玄奘大師的譯文來看，因為他用了一個「及」字，讓我感覺，玄奘大師似乎認為要六種要全部做到，福德才能超越布施一切七寶者。玄奘大師對此事的嚴肅態度，由此已躍然紙上了。

玄奘與鳩摩羅什兩位大師的翻譯，我不知道誰比較接近佛經的原貌，也不知道他們翻譯的印度佛經版本是否相同。無論如何，鳩摩羅什的翻譯比較平易近人，所以受到後人的喜愛。但是，我們在讀誦鳩摩羅什版本之餘，也要知道，不能自滿於簡單樸實的分享而不求精進。必須知道，在四句偈的簡單分享之上，還有玄奘所揭示的六個次第。

在這一分，玄奘的完整翻譯是這樣的：「復次，善現！若地方所，於此法門乃至為他宣說，開示四句伽陀，此地方所尚為世間諸天及人、阿素洛等之所供養如佛靈廟，何況有能於此法門具足究竟、書寫、受持、讀誦、究竟通利，及廣為他宣說、開示、如理作意！如是有情成就最勝希有功德。此地方所，大師所住，或隨一一尊重處所，若諸有智、同梵行者。」

這一段翻譯，有「開示四句伽陀」這一句。所謂的「伽陀」，就是「偈頌」的意思。這裡既用了「開示」，那就不是普通的分享，而是開示佛陀的甚深微妙法了。

所以，玄奘的意思是，此人必須把《金剛經》的核心義趣，還有四句偈頌，如理思維，做出清楚的表達，並讓其它人完全理解明白。這不是人人都做得來的事，甚至對出家人來說，也有一定的難度！

不僅如此，這還只是起步的工作，接下去，一切受持讀誦，都要「法門具足究竟」。換句話說，就是在圓滿具足、究竟通達此法門的情形下，來「書寫、受持、讀誦、究竟通利，及廣為他宣說、開示、如理作意」。

從玄奘的翻譯來看，我們知道，誦讀、分享《金剛經》的內容，固然福德非常大，但是，那是指在圓滿具足、究竟通達前提下的誦讀與分享，而不是單純樸素的誦讀與分享。如果理解得不夠透徹，那麼誦讀、分享再多遍，似乎福德也是有限的。

不過，在讀鳩摩羅什大師翻譯的經文時，我們並不會有這種「高標準」的感覺，反而覺得，只要無私地真心分享、真心讚嘆，即使沒有圓滿徹底揭示出佛陀的法義，也是福德無量。這就是這兩種翻譯的最大差異所在。

對照兩位大師的翻譯，我只能說，玄奘的智慧非常深入，而鳩摩羅什的慈悲則極為廣大。

「當知此處，一切世間天、人、阿修羅，皆應供養，如佛塔廟。」

「**此處**」就是與人分享《金剛經》心得，或讀誦《金剛經》的地方。「世間」這個字眼，先秦時代沒有，是到漢朝才出現的。莊子有「人間世」，但並未成為普遍使用的詞彙。把「世間」作為世界的意思，則要晚至東漢時代才有。至於這個字眼，是東漢人先使用，再拿來作為翻譯佛經的詞彙，還是因為佛經的使用，才把這個詞彙普及開來，這就很難考證了。但可能，後者的可能性要更大一些。

「**天、人、阿修羅**」是六道輪迴中的「三善道」。相對於「三善道」，自然另外有「三惡道」，也就是畜生道、餓鬼道、地獄道。此處只提「三善道」應該供養，卻不提「三惡道」應該供養。其中隱含著一種意思，就是「三惡道」的眾生，連供養《金剛經》的機會與福報都沒有。

「天」是指「天人」。天人有神通，可以飛翔，壽命很長，但仍會死亡，最終還是要進入輪迴。例如「天人」中，神通最為廣大的就是帝釋天。佛教為了把道教包容進來，於是稱道教的玉皇大帝就是帝釋天。如果有機會去東京旅行，有個叫「柴又」的地方，那裡有個題經寺，就是供奉帝釋天的寺廟。裡面有許多精緻的雕刻，足以讓人徘徊良久。它有一條迴廊，擺置十幅木彫，雕的內容是《法華經》的場景，每一幅都是關東著名彫刻師的作品，非常精美，值得一遊。

「阿修羅」有時譯為「非天」，意思是他的福報類似天人，卻無天人的德行。天人的德行是什麼呢？就是他們雖有欲望，但欲望卻非常微小，小到只有凡人的萬分之一。所以，他們的壽命與能力，也是凡人的一萬倍。阿修羅雖然沒有這種德行，但福報與能力卻不比天人小。阿修羅易怒好鬥，驍勇善戰，欲望熾盛，所以常表現為大力神的形象。還好，他們願意聽聞佛法，所以成為佛教護法神「天龍八部」之一。

「**供養**」的一般意義就是供給所需。例如，我們常說「供養佛法僧三寶」。供養「僧」的所需，比較容易想像，但是，供養「佛」與「法」的所需是指什麼呢？其實，「佛」與「法」需要莊嚴，也需要流布。所以，例如建塔、建寺，莊嚴法壇，舉辦法會等，都是供養。不過，最重要的供養，仍然還是修行，以及提升智慧。換句話說，實踐佛陀的教誨，就是最大的供養。

「**塔廟**」是「塔」和「寺廟」。最早的佛教，並不供奉佛陀的塑像，只以菩提樹、佛的腳印，或者佛去世後所建的墓塔之類象徵物，作為參拜懷念釋迦牟尼佛的對境。不過，大約在佛過世後五百年左右，大家還是覺得供奉佛像有許多方便，於是佛像就慢慢普及了。

「塔」是安放佛的真身、法身等的地方。「寺」是安放佛像的地方。而「經」則是安置佛心與佛法的地方。

釋迦牟尼佛告訴須菩提，只要有人分享《金剛經》，那麼這個地方就和佛塔和寺廟一樣莊嚴清淨。一切天、人、阿修羅都應供養。

「何況有人，盡能受持、讀誦。須菩提！當知是人，成就最上第一希有之法；若是經典所在之處，即為有佛，若尊重弟子。」

只要有人分享《金剛經》，那麼這個地方就和佛塔和寺廟一樣莊嚴清淨，一切天、人、阿修羅都會前來供養，何況是盡能受持、讀誦《金剛經》，所得到的供養自然更大了。

這句話的關鍵在「盡能」二字。一般解經，都沒特別提到這兩個字。「**盡能**」是盡其所能、竭盡所能，毫無保留地用上全部力氣的意思。「**受持**」在這裡可以理解為修行。「**讀誦**」就是讀經與背經，也是修行的一個重要部分。

後面說「**成就最上第一希有之法**」，這是指全心全力的修持《金剛經》，就能成就最高、最難得、最罕見的法門。這個「稀有之法」指的就是《金剛經》所揭示的法門。

那麼《金剛經》揭示了什麼法門呢？我會說《金剛經》的法門就是發菩提願、行菩薩道、修無上智。

這裡的無上智，就是般若智慧，一切智慧背後的智慧，也是空性的智慧，超越一切之上的智慧，也可以說就是「覺」。而發菩提願、行菩薩道、修無上智，表面上看好像是三件事情，但是，持續修行，我們就會知道，這些其實是同一件事情。

經文接著說「**若是經典所在之處，即為有佛**」。意思是指，《金剛經》所在之處，即是佛所在之處。為什麼這麼說呢？因為一切佛都從此經出。為什麼說一切佛都從此經出呢？因為所有佛都要藉由《金剛經》的法門才能成佛，所以知道一切佛都從此經出。

下面還有一句「**若尊重弟子**」。「若」是如的意思。「若尊重弟子」可以有兩種解釋：一是《金剛經》所在之處，即是佛所在之處，而我們一看到此經，就應該把經當成佛，而把自己想像成恭敬聆聽佛陀教誨的弟子。

另一種解釋是，《金剛經》所在之處，即是佛所在之處，而那位誦讀與分享《金剛經》的人，就好像佛身邊的大弟子一樣，我們應該像尊敬佛的大弟子一樣，尊重這個誦經的人。兩個解釋都有人說，我都很喜歡。

第十一堂課——第十三分

我們的心與佛之間只有一個障礙，
《金剛經》的法門帶我們跨過障礙，
直接與佛相通！

如法受持分第十三

爾時，須菩提白佛言：「世尊！當何名此經？我等云何奉持？」

佛告須菩提：「是經名為金剛般若波羅蜜，以是名字，汝當奉持。所以者何？須菩提！佛說般若波羅蜜，即非般若波羅蜜，是名般若波羅蜜。須菩提！於意云何？如來有所說法不？」

須菩提白佛言：「世尊！如來無所說。」

「須菩提！於意云何？三千大千世界所有微塵，是為多不？」

須菩提言：「甚多。世尊！」

「須菩提！諸微塵，如來說非微塵，是名微塵。如來說世界非世界，是名世界。」

「須菩提，於意云何？可以三十二相見如來不？」

「不也。世尊！不可以三十二相得見如來。何以故？如來說三十二相，即是非相，是名三十二相。」

「須菩提！若有善男子、善女人，以恆河沙等身命布施，若復有人，於此經中，乃至受持四句偈等，為他人說，其福甚多！」

這一分的名稱是「如法受持」，就是「依法受持」的意思。既然有「如法」，自然有與之相反的「不如法」。一般所謂的「不如法」，是指違反「三法印」，也就是違反「諸行無常、諸法無我、涅槃寂靜」的基本要義。不過，從《金剛經》的角度來說，把方便法當成究竟法，也是一種「不如法」。

這一分的內容，主要是為此經，與此法門命名。提出經名後，再重複一次佛陀於法無所說，以及不可以「相」見如來，這兩個核心重點。

爾時，須菩提白佛言：「世尊！當何名此經？我等云何奉持？」佛告須菩提：「是經名為金剛般若波羅蜜，以是名字，汝當奉持。所以者何？須菩提！佛說般若波羅蜜，即非般若波羅

蜜，是名般若波羅蜜。

講完前十二分，《金剛經》的法門、主旨，與修行途徑，都已經確立了。於是，須菩提便接著請示釋迦牟尼佛，「**當何名此經？**」以及「**我等云何奉持？**」

不要忘了，經的名稱就是法門的名稱。所以「當何名此經」，就等於如何為此法門定位，以及如何確立此法門的核心要旨。

按照其它佛經的例子，當經文進行到一半左右，這部經的主旨與修行方法，差不多已經講完整了，這時，佛陀會用各種方式讚嘆此法門的功德與利益，然後弟子就來問「當何名此經？」講出經名後，佛陀還會反覆開示此法門的要旨，與各種殊勝功德。

我們舉《地藏菩薩本願經》作為例子。《地藏經》有十三品，在第六品的末尾，普廣菩薩問佛陀：「當何名此經，使我云何流布？」然後釋迦牟尼佛道出此經名稱。此處可以留意的地方是，普廣菩薩問的是如何流布，而須菩提問的是如何奉持。大家知道這兩者有何差別嗎？

原來《地藏經》的法門在於稱頌地藏菩薩的名號與願力，這對普廣菩薩來說，毫無困難，所以，重點不在實踐，而在傳法流布，讓凡夫眾生都能稱頌地藏菩薩的名號與願力，得其利益。而《金剛經》的法門是最高的般若智慧，是最究竟的「不二法門」，難度甚大，所以重點首在實踐與悟入，之後才是流布，所以須菩提才用「奉持」二字。

在《地藏經》中，佛陀回答普廣菩薩：「此經有三名：一名地藏本願，亦名地藏本行，亦名地藏本誓力經。緣此菩薩，久遠劫來，發大重願，利益眾生，是故汝等，依願流布。普廣聞已，合掌恭敬作禮而退。」然後這一品就結束了。大家注意這一段的節奏，先說經名，然後說明此經名的緣由，最後是聽者默記在心，恭敬作禮而退。

《金剛經》的節奏，與《地藏經》略有不同。當佛陀說完經名後，接下來應該說明為何如此命名，可是，佛陀卻說，如此命名，即非如此命名，是如此命名。這就回到《金剛經》的智慧模式，不執著於相，也不執著於名。有相就破相，有名就破名。

再往下，照理，菩薩就應該合掌退下了，但是，釋迦牟尼佛似乎還沒有想下課的意思，他仍然繼續開示。有一些解經的人認為，昭明太子不懂佛經，他應該在釋迦牟尼佛說完經名後，就切開，另起一分。這個說法，有其道理。但是，經文至此，菩薩明明沒有恭敬而退，佛陀也還想繼續開示，你叫昭明太子這一分如何切得下去呢？

關於經名「金剛般若波羅蜜」，我們不再重述了。我就分享一個「金剛就是般若，般若就是金剛」的感想吧！

金剛可以破壞任何東西，自己卻不為任何東西所壞。這讓我想到《莊子》〈庖丁解牛〉的那把金剛不壞的牛刀。

庖丁的牛刀，十九年間，處理了數千頭牛，其它廚師的刀不知已壞掉多少把了，而庖丁的刀依然如新，毫無損傷，跟剛磨好的沒有兩樣。

能破任何東西，自己卻毫無損傷，做得到這一點，絕對不是因為這個東西無比堅硬。因為，無論多堅硬的東西，反覆使用都會受到損傷。即使是金剛石，破壞一件物品或十件物品，也許看不出損傷。但是，若用它破壞千件、萬件物品，終究還是會出現損傷。若要毫髮無損，只有一個辦法，那就是「破」的過程與方法，不是依靠有形有相的力氣與硬度，而是依靠無形無相的智慧與正法。

因為，智慧與正法不是從外面擊倒對手，而是進入對方內心，軟化對方的堅持，瓦解對方的執著，使雙方不再對立，並進一步促進雙方的融合。

我常認為道家強調的「法自然」，就帶有佛家「不住」、「不執著」的意思。因為，道家的順從「自然」，首先就是要人「破」去成見，要人放下自以為是的執著。人願意放下成見、執著，就是實踐「虛」的修行。這樣的修行，跟佛法藉般若智慧來「破」人的執著是一樣的。

這種「破」，不是力量強勢的一方，把力量弱勢的一方破壞掉。而是雙方一起領悟智慧，一起放下執著，一起化解各種阻礙。這不是誰破誰的問題，而是只要內心有放不下的地方，有過不去的地方，有受傷受挫折的地方，就應該學習「破」的智慧，讓自己放鬆心結，療癒傷痛，站到更高的地方，看到更開闊的世界。

如果想靠「執著」來「破」對方，這就是硬碰硬、強對強，石頭與石頭對撞，結果必然兩敗俱傷。即使堅硬如金剛石，終究還是會毀壞，不可能不壞。

如果我們把「庖丁解牛」的「刀」比喻成般若智慧，那麼用此最高智慧，破眾生的執著成見，一定也是「手之所觸，肩之所倚，足之所履，膝之所踦（ㄧˇ），砉（ㄏㄨㄛˋ）然嚮然，奏刀騞（ㄏㄨㄛ）然，莫不中音，合於桑林之舞，乃中經首之會。」

用智慧之刀，斬斷貪執的煩惱，如同隨音樂跳出輕盈的舞步一樣，行雲流水，輕鬆自在，舉手投足間，煩惱就像黑暗遇到陽光，消失得無影無蹤。然後還要「以無厚入有間」，游刃有餘。因為，般若智慧沒有厚度，能夠穿行於任何煩惱的內部，毫無阻礙地化解其間虛假的連結。等到煩惱的內部連結被破壞了，這個執著煩惱就「如土委地」，完全崩塌了。

庖丁說，剛開始，他也跟別人一樣，眼中看到的是全牛。久了之後，他看到的，慢慢就不是全牛了。如果還覺得牛是完整的牛，非常強壯，那就是執著於牛的「相」。如果覺得，牛不是牛，只是許多因緣湊合在一起的結構，那就是看到了牛的「非相」了。

所以，不是庖丁的那把刀厲害，而是庖丁心中的智慧厲害。人有智慧，就能不執著於眼見，同時看到眼所不能見的種種因緣糾葛。

靠鋒利的刀來「破牛」，固然一時可以成功，但是，長久以往，必定兩敗俱傷。因為，這是用「刀的執著」來破「牛的執著」。執著於手上這把刀，就如同執著聰明與辯才一樣。「破」到最後，不但你的刀受損，牛也受損，連同用刀的人也會受傷，這叫做「三輪」。

佛法也是如此，如果我們執著佛法，執著自己的般若波羅蜜，並用此執著來破眾生的執著，一樣會得到「三輪」的結果。

我們一定要放下對這把刀的執著，自己才不會受傷，眾生也不會受傷，佛法更是因此而得以圓滿。所以，放下般若波羅蜜，就是「非般若波羅蜜」。

講到這裡，我聯想到「放下屠刀，立地成佛」這句話。因為，一切執著，皆是某種形式的屠刀。

放下任何形式的執著，哪怕是很有道理，很有智慧的執著，也要試著一起放下。佛陀要我們放下對法的執著，不是因為它是錯的，而是因為它根本不會離開我們，也不曾離開我們，所以不需要用執著來證明我們跟佛法的關係。

因為，法就是我們的本心，我們的本心就是在一切之上的「覺」。我們執著於任何事物，我們便落在這一事物之下，受制於此事物，也失去了「覺」之心。

我們的心，有真實的本心，也有因對外在執著產生的扭曲的心，只有去覺知，才能回到我們本初具有的那顆心。覺知無所不在，覺知就在我們心裡。覺知就像天空，是可以容納一切的虛空，所以它是空性的。在覺知中，我們的智慧會自然開展，所以它也帶有明瞭、明白的特質。執著於般若波羅蜜，並不是擁有般若波羅蜜，反而是失去了「覺」之心，失去了般若波羅蜜。「非般若波羅蜜」並不是失去般若波羅蜜，而是放下般若波羅蜜，這樣才能回到「覺」的本心，贏得真正的般若波羅蜜。

不執著於這把刀，也不執著於眼前的牛。刀與牛，都放下。這樣刀就不是刀，牛也不是牛了。只要刀還有一分執著，牛也必然如影隨形地保持一分執著，結果就是，以相破相，以執著破執著，最後兩敗俱傷。

所以，不單單是眼前之境不可執著，心中之念亦不可執著；也不單單心中之念不可執著，連般若智慧亦不可執著；不單單般若智慧不可執著，一切佛法皆不可、不必執著，無需執著，也無所謂執著。

「須菩提！於意云何？如來有所說法不？」須菩提白佛言：「世尊！如來無所說。」

說了經名，釋迦牟尼佛又怕弟子執著於經名，於是再次詢問，如來有沒有說法？這一問，就是要須菩提「放下執著，立地成佛」。

我再說一個《莊子》的故事。有一次，顏淵告訴孔子，他要去衛國。孔子問他去做什麼？顏淵說，衛君把國家治理得亂七八糟，人民水深火熱，所以他想去勸衛君施行仁政。孔子說，你姿態這樣高，這一去，恐怕要被衛君殺掉了。顏淵說，那我身段放柔軟一點如何？孔子說，這樣沒有用。顏淵又說，那我恭敬對方，並以對方先祖的治績，引導對方改善施政如何？孔子說，這樣也沒用。顏淵江郎才盡，就問孔子如何是好？最後，孔子建議他要「心齋」。

如何「心齋」？孔子說，不要用嘴巴溝通，而是要用心來溝通。也不要只是用心來溝通，而要進一步用「氣」來溝通。什麼是「氣」？孔子說，「氣」就是「虛而待物」。那什麼是「虛」？「虛」就是「心齋」。

我用佛教的語言來翻譯一下什麼是「心齋」。「心齋」就是用不執著的心，與眾生一起隨緣修行，一起成為菩薩。

人心有執著，所見所知都是「相」。莊子稱之為「形」。能夠放下「相」與「形」的執著，那就進入莊子稱之為「氣」的境界了。

我們若能放下執著，真誠對待對方，久而久之，對方也會放下執著，真誠對待我們，這樣雙方才能真實且無礙的相感相知。

莊子的「心齋」，就是「虛」的修行。用佛教的語言來說，就是放下我執，也放下法執的般若智慧。

俗話常說「吃齋唸佛」，其實，這句話不妨改為「心齋念佛」。「心齋念佛」就是用般若智慧念阿彌陀佛。這是念佛的最殊勝境界。

「須菩提！於意云何？三千大千世界所有微塵，是為多不？」須菩提言：「甚多。世尊！」「須菩提！諸微塵，如來說非微塵，是名微塵。如來說世界非世界，是名世界。」

強調完精神上的佛法不可執著之後，釋迦牟尼佛又怕弟子執著於物質，所以接下來，又來談物質世界的不可執著。

古印度人認為，物質性的東西，一再分割解析，到達無法再分割的地步，那就是微塵。這有一點類似物理學的基本粒子。只不過，物理學的基本粒子，探索到最後，似乎只能找到最小的粒子，卻不能說這就是基本粒子。因為不同粒子各有不同的存在條件。

古印度人所想的微塵，只有一種，且無法再分割。如果整個世界是由微塵聚集組合而成，而整個三千大千世界，也就是十億個世界，則是由更多的微塵聚集組合而成。釋迦牟尼佛問，這樣的微塵數量多不多呢？毫無問題，當然非常非常非常之多。

但即使微塵的數量驚人，又如何呢？難道微塵就是萬事萬物的本質嗎？當然不是。微塵的數量再多，也只是因緣變化中的一相，並非絕對穩定，恆久長存。這個世界唯一恆久長存的東西，只能是「空性」，無法是別的東西。

我曾經聽過一種很奇妙的說法，大意是說，人的修行成就，不是由努力或覺悟所決定，而是由人體內「炁」與「氣」的含量所決定。從某種角度說，這就是認為微塵可以決定一切。但是，真的是這樣嗎？只想用「炁」與「氣」的含量來決定修行成就，我相信到最後一定是一場空。

破除我們心中對微塵的執著，即是破除我們心中想控制微塵的貪念。破除我們心中對世界的執著，即是破除我們心中想控制世界的貪念。破除我們心中對一切的執著，即是破除我們心中想控制一切的貪念。放下這樣的貪念，我們與微塵及世界，才會呈現出真實的面貌。

當我們放下執著，我們就是真我，微塵就是真微塵，世界也是真世界。而真我包含我與非我。真微塵包含微塵與非微塵。真世界也包含世界與非世界。當眾生都真實，眾生也就都平等了。

所謂的「真實」，就是與「空性」產生連結，進而圓滿無缺，不再躁動、不再貪求，不再分別的心。

一切眾生在放下執著後，都可以真實相遇，彼此成就、互相感激，最終共成善業，一起圓滿。

關於微塵，還有另一種解釋。就是我們稱外界的事物為「外六塵」，稱身體的感官為「中六根」，稱內心的意識世界為「內六識」。外、中、內各有六個，總共有十八個，稱為「十八界」。這個「外六塵」的「塵」，也有人說就是微塵的「塵」。這一說法，大家也可以參考。

「須菩提，於意云何？可以三十二相見如來不？」「不也。世尊！不可以三十二相得見如來。何以故？如來說三十二相，即是非相，是名三十二相。」

如果精神性的佛法，與物質性的世界都不可執著，那麼我們眼前若出現釋迦牟尼佛本尊，請問，我們能不能執著呢？當然也不能執著。

所謂的「三十二相」就是佛所具有的三十二種美好的外貌特徵。有那些呢？例如足安平立、足下生輪、足指纖長、足周正直，還有身毛上向、手足網縵（兩指相連處彷彿有蹼）、手足非常柔軟等。此外，還有肌皮軟細、塵水不著，還有陰馬藏、身形圓好、身黃金色、四十齒牙（一般人三十二顆）、梵音可愛（悅耳）、廣長舌、承淚處滿（眼睛水汪汪）、頂有肉髻、髮螺右旋、眉間生毛等等。這些都是佛陀具足功德的象徵。

經文說，「可以三十二相見如來不？」意思是問，能不能以外貌（三十二相）看到佛的真容、本質、智慧、空性呢？顯然不可以，再好的外貌，都是有漏的功德，因緣漏盡，說結束就結束，這就是無常。而佛的空性智慧則是無漏功德，處於因緣之上，所以不可由外貌得見。

若只憑佛的外貌來認識佛，那就是執著於佛的「相」。事實上，這個「相」並不是佛。一定要放下執著的「相」，才能看到真佛。

在《大般涅槃經》中，釋迦牟尼佛告訴迦葉尊者，魔王波旬將在七百多年後，出來擾亂正法。魔王會找人冒充僧伽，作比丘像與比丘尼像。還會化作須陀洹身，甚至化作阿羅漢身，以及佛色身。魔王將以此相，壞佛正法。

魔王波旬知道，世人喜歡以「相」見佛，於是便投其所好，用佛的「相」來迷惑世人，誤導世人。因為魔王的這個方法十分有效，所以釋迦牟尼佛特別告誡弟子，千萬不要以「相」見如來。

我有個朋友，具神通力。有一次我在筆記本裡批評了一個人，他只是用手碰到這本筆記，就跟我說，這樣批評人不好。又有一次，我講電話時發脾氣，事後跟這朋友見面，他一看到我，就說，如果是他，他不會把每件事卡得那麼緊，因為只要一個環節出錯，整體都會出錯。其實，這正是我發脾氣的原因。類似的經驗，還有好多。

這位朋友告訴我，他的能力，跟修行無關。他認為，大約百分之二或三的人，多多少少都擁有這樣的能力，所以不必過分誇大。還有一點，就是這種能力得來的訊息，並非全面，有時候很破碎。他曾自以為是的，用自己的推想，補足空白的訊息，事後證明都是錯的。

最讓我印象深刻的是，他交往的對象劈腿，他卻不知道。我問他為什麼沒有感應到對方劈腿的訊息?他說，主觀上已經認定的事情，客觀的訊息就會被阻擋，進不來了。這個回答，給我極大的啟發。

其實，神通的能力也是自然中的一「相」，這跟游魚會戲水，鳥兒會歌唱一樣，不必過度誇大。而且，這樣的能力有其界限，獲得的訊息，也非全面，所以當事人要非常節制，也要非常小心，不然會以神通之名而犯下大錯。最重要的一點是，如果有執著、有成見、有過度的預期，那麼連神通也等同虛設，因為真實的訊息已被遮斷了，他只看到自己希望看到的幻影，等於一個瞬眼的盲者。

由此可見，執著心的破壞性有多大。人一旦有執著，連神通力也一無是處了。如果抱著執著心來見如來，所見的如來，又如何不是幻影呢!

還有一位修丹道的朋友曾跟我說，他最討厭「貌似神非」的東西，因為表面很接近，但骨子裡卻完全不同的東西比假的還害人，比假的還容易誤導大家。

執著於美好事物的「相」，有時比直接相信假的東西，更具有欺騙性，也會產生更大的負面效應。

「須菩提！若有善男子、善女人，以恆河沙等身命布施，若復有人，於此經中，乃至受持四句偈等，為他人說，其福甚多！」

一般的布施，是布施身外之物，有更深的緣分，才會進一步布施身內之物。例如：發願在寺廟裡當義工、或者為人講解經義、讓人放下煩惱、提升智慧等等，這些都屬於布施身內之物。如果能終生實踐這種身內之物的布施，那就是「身命布施」了。

不過，還有一種特殊的「身命布施」，例如為了救人，損失一隻手臂，乃至犧牲了生命。或者為了供佛，燃燒身體的局部，以表達虔誠。這類的布施，無法復原，所以說是非常特殊的「身命布施」。

很久以前，有一位出家人，開了一個記者會，當場燃指供佛，表現弘法的決心。當時我看到這則新聞，固然欽佩他的精進與勇氣，但心裡也有些不以為然。因為這個舉動實在太激烈了，而且刻意找記者來拍攝，感覺不是很恰當。

雖然「身命布施」非常殊勝，但對於不可復原的肉體布施，除非因緣不可迴避，否則十分不宜。類似「燃指供佛」之事，佛經雖然有紀錄，但我們一般人千萬不要隨便模仿，否則會給佛門帶來極大的困擾。

與其「燃指供佛」，不如鼓勵大家一起來持誦《金剛經》。我相信這樣的功德，不會比前者少，甚至比前者還要大，也還要多。

這裡再一次提到，「受持四句偈」的福德，比在無限輪迴中，不斷以身命布施的福德還要大。這件事情，《金剛經》反覆提及，也反覆強調。

因為，一切布施、一切修行，最後都是要引領我們的心，進入圓滿的空性境界。而《金剛經》最殊勝的地方，就是直接讓我們看到，我們的心與空性之間，只有一個障礙，沒有兩個、三個或很多個。只有一個障礙，那個障礙就叫做執著。

只要放下執著，這個障礙就被打破了，我們的心就進入圓滿空性了。只要掌握這個法門，我們的心剎那就與佛心相通了，只要學習這個法門，我們就擁有一把進入任何淨土的鑰匙了！

請問，有什麼福德，比擁有能進入任何淨土的福德還大呢？有什麼福德，比我們隨時都可以與佛心相通的福德還多呢？有什麼福德，比讓我們的心成就圓滿空性還不可思議呢？沒有了，也不可能有了！這就是「受持四句偈」的福德，比任何布施的福德都還要大的真正原因！

第十二堂課——第十四分

每一個悲傷故事的背後，
總有一個很深的執著

離相寂滅分第十四

爾時，須菩提聞說是經，深解義趣，涕淚悲泣，而白佛言：「希有！世尊。佛說如是甚深經典，我從昔來所得慧眼，未曾得聞如是之經。世尊！若復有人得聞是經，信心清淨，即生實相。當知是人成就第一希有功德。世尊！是實相者，則是非相，是故如來說名實相。世尊！我今得聞如是經典，信解受持不足為難，若當來世後五百歲，其有眾生，得聞是經，信解受持，是人則為第一希有。何以故？此人無我相、無人相、無眾生相、無壽者相，所以者何？我相，即是非相；人相、眾生相、壽者相，即是非相。何以故？離一切諸相，則名諸佛。」

佛告須菩提：「如是，如是！若復有人，得聞是經，不驚、不怖、不畏，當知是人，甚為希

有。何以故？須菩提！如來說第一波羅蜜即非第一波羅蜜，是名第一波羅蜜。須菩提！忍辱波羅蜜，如來說非忍辱波羅蜜，是名忍辱波羅蜜。何以故？須菩提！如我昔為歌利王割截身體，我於爾時，無我相、無人相、無眾生相、無壽者相。何以故？我於往昔節節支解時，若有我相、人相、眾生相、壽者相，應生瞋恨。須菩提！又念過去於五百世，作忍辱仙人，於爾所世，無我相、無人相、無眾生相、無壽者相。是故，須菩提！菩薩應離一切相，發阿耨多羅三藐三菩提心，不應住色生心，不應住聲、香、味、觸、法生心，應生無所住心。若心有住，即為非住。是故佛說菩薩心，不應住色布施。須菩提！菩薩為利益一切眾生故，應如是布施。如來說一切諸相，即是非相；又說一切眾生，即非眾生。須菩提！如來是真語者、實語者、如語者、不誑語者、不異語者。須菩提！如來所得法，此法無實無虛。須菩提！若菩薩心住於法，而行布施，如人入闇，則無所見。若菩薩心不住法，而行布施，如人有目，日光明照，見種種色。須菩提！當來之世，若有善男子、善女人，能於此經受持、讀誦，則為如來，以佛智慧，悉知是人，悉見是人，皆得成就無量無邊功德。」

這一分的名稱叫「離相寂滅」。所謂「離相」就是不執著於相，不住於相，不被「相」制約、綑綁、束縛。「離」是「分」的意思，也就是「不住」。

「相」是我們的心製造出來，透過生理與心理機制，綜合各種感官訊息，最後成形於心中。只要我們的心一動，意識產生作用，透過眼耳鼻舌身意接收外界訊息，那麼「相」就在心中生出來了。

我們的心有沒有可能「一相不生」？有沒有可能一切感官都不起作用？有沒有可能腦中一片空白，什麼「相」都沒有？我想這很困難。即使有，恐怕也不是我們追求的目標。

如果修行最終是要追求心中什麼「相」都沒有，一片空白，那麼我們為什麼需要眼睛、耳朵？為什麼需要感官？為什麼需要頭腦？不如動一個腦部手術，讓大腦永遠處在什麼都沒有的狀態，豈不是更快達成修行的目的嗎？

《金剛經》「應無所住，而生其心」這句話的重點是「無所住」，而不是什麼都沒有。例如，我們早晨起床，睜開眼睛，看見陽光，也感受到溫暖。那麼，感知光與溫暖，這是不是「相」？是不是「生其心」？這當然是「相」，也是「生其心」，非常自然，完全不必反對。

重點在於，我們的心，是否執著於「相」。是否喜歡早晨陽光，卻討厭中午陽光；是否喜歡在「相」與「相」之間做比較，因而生出許多好惡的情緒。

所謂的執著，就是我們的心有比較、有區別、有立場、有主從，又有好惡、有得失、有成見，有價值評判等等。

只要我們的心有執著，早晨就無法是單純的早晨，光也無法是單純的光，所有事物彷彿被編織在一張大網中，永無寧日地相互較量、相互造作，凸顯自己、貶低他人。

單純的光、單純的溫暖，它會隨緣而來，也隨緣而去。它來時我們不必熱切歡迎，它離去我們也不必刻意挽留，這樣來去自由，毫不沾滯，就是「不住」。

如果執著於光，那麼光就會與智慧、美麗、正義等事物攀緣勾連，又與黑暗對立，於是再與愚痴、醜陋、邪惡等事物攀緣勾連。接著，我們的心就開始歌頌光明，貶低黑暗。這樣的分別讓我們反覆執著，無窮無盡，最後我們整個內心世界就充滿好惡，充滿造作、成見，充滿妄想。

《金剛經》經常提到的「四相」，即「我相、人相、眾生相、壽者相」。其中，「我相」就是以「我」為中心所造作出來的相。「人相」是不從自己角度思考，以「他人」為中心，所造作出來的相。「眾生相」是超越「人」，以不同類別的眾生為中心，所造作出來的相。「壽者相」即超越當下時空，改以不同時空下之眾生為中心，所造作出來的相。這些「相」，雖然不斷有超越，但只要執著，只要分別，只要不停比較高下長短，那麼「相」就會永無休止地繁衍增生，最後糾纏不清，生出無窮的煩惱。

人心如果沒有執著，則每一個「相」都清淨單純、生滅隨緣、來去自由。但是，人心若有執著，則「相」就不是原來的「相」，變成被我們「隨心所欲」改造的「相」了。然後我們執著於此改造過的「相」，以它之名展開我們人生的追求、努力與奮鬥。我們的成就與快樂來自於此，我們的挫折與痛苦也來自於此。

無端造作出來的「相」，都不是真實的「相」，故說「諸相非相」。明白「諸相非相」，就能放下執著。沒有執著，所見的一切都是平等的，我們也能隨緣自在。這樣我們的心就能與釋迦牟尼佛相通相印了，也就是「見如來」了。所以說：「若見諸相非相，即見如來。」

「相」這個字的本義在中國古代，是指為盲人樂官引路的侍者。一個盲者的心中，如果沒有智慧，沒有方向與目標，那麼他就會被「相」帶著團團轉，被「相」牽著鼻子走。如果他有智慧，那麼他就可以指揮「相」，前往他要去的地方。

我們心中，如果沒有「志」，沒有「願」，沒有修行的方向與目標，我們也會被執著之「相」帶著團團轉，被執著之「相」牽著鼻子走，成為「相」的奴隸。

如果我們不知道自己要去哪裡，不知道自己要成為怎樣的人，不知道自己想過怎樣的生活，如果我們毫無覺察的能力，一切喜怒哀樂完全受「相」所制約，那麼我們甚至還不如一個盲人呢！

有修行的人，有覺察能力的人，有志向與願力的人，他的快樂是真實的快樂，悲傷也是真實的悲傷。他會在隨緣的哀樂中，吸取提升的力量，不斷加深覺察的深度。而沒有修行的人，他的快樂可能會慢慢變成悲傷，悲傷會慢慢累積成怨怒，並且慢慢失去力量，無法提升，也無法改變。

我們再回到「離相寂滅」這一分的名字上。「寂滅」是人心不再執著、不再躁動，一切「相」皆隨緣生滅。生滅皆不執著，那就等於無生也無滅了。這就是「寂滅」。

聖嚴法師圓寂時，留下「寂滅為樂」四個字。「寂滅」是一切放下，煩惱完全止息，達到究竟的清淨。這個「樂」，不是快樂，而是平靜、圓滿、感恩與祝福。

爾時，須菩提聞說是經，深解義趣，涕淚悲泣，而白佛言：「希有！世尊。佛說如是甚深經典，我從昔來所得慧眼，未曾得聞如是之經。

這一段是說，須菩提明白釋迦牟尼佛說法的奧義後，竟然忍不住哭泣。他說自己雖然累世修行，卻從來不曾聽過這樣的法門。

「**爾時**」就是彼時。「**聞說**」是指聽聞佛陀所說。「**深解**」就是理解得很深入。既然理解得很深，那就不是普通的理解了，而是內心深處與這份理解完全相應、完全符合，沒有距離。「**義趣**」就是「理趣」，指義理之歸趨、所向。「**趣**」是「向」的意思。

「**涕淚悲泣**」即是形容「大徹大悟」下，重獲新生的狀態。那麼，為什麼人在「大徹大悟」後，不是欣喜若狂，而是「涕淚悲泣」呢？我想，這大概是因為「大徹大悟」彷佛重生吧！所以「大徹大悟」的人會像新生嬰兒般哭泣。

附帶一提，這一段，玄奘的翻譯是：「聞法威力悲泣墮淚」。所謂「聞法威力」，是指心中的成見執著被法的力量破除。玄奘的「聞法威力」，相對於鳩摩羅什的「深解義趣」。前者類似易經的震卦，後者類似易經的巽卦，兩者相錯，殊途同歸。

接著，須菩提告訴釋迦牟尼佛，他累世修行，又跟隨佛陀這麼久，竟然不曾聽過這樣殊勝的法門。

這裡的「**希有**」，是指須菩提聽聞了釋迦牟尼佛的《金剛經》法門後，大徹大悟，痛哭流涕，彷彿重生的稀有。所以，玄奘的譯本，是這樣表達：「甚奇希有！世尊！最極希有！」大家看到了，玄奘連用兩次「希有」，以及「甚奇」與「最極」的字眼。這是對《金剛經》法門無比驚訝，也無比恭敬的讚嘆啊！

「**昔來**」就是從過去到現在。「**慧眼**」與肉眼相對。肉眼是用眼睛與好惡看五蘊諸相，「慧眼」則是不執著於五蘊與好惡。須菩提的意思是，即使從他累世修行所得到的智慧，也不曾聽聞如此深具奧義的法門啊！

「慧眼」讓我想起《西遊記》末尾的一個情節。唐三藏抵達西天，因為沒有送禮給藏經閣的管理員，所以只領得無字天書。釋迦牟尼佛知道此事後，並沒有責怪藏經閣的管理員，只說這個無字的經其實比有字的經更好，不過，既然你們看不懂無字的經，那就去換有字的經吧！

其實，釋迦牟尼佛沒講錯，這個無字的經，無法用肉眼看，只能用「慧眼」看。可惜世人只有肉眼，少有「慧眼」，所以即使拿了殊勝的無字經書，對世人也沒有直接的幫助。

「世尊！若復有人得聞是經，信心清淨，即生實相。當知是人成就第一希有功德。世尊！是

實相者，則是非相，是故如來說名實相。

在哭泣流淚之後，須菩提接著說，如果有人讀了此經，馬上升起清淨心，所見皆是「實相」，那麼這個人就是成就了最高、最上、第一稀有的無漏功德。

請注意「**信心清淨**」這四個字。「信心」一般解釋為信仰之心，或篤信之心。所以，「信心清淨」就是指這顆信仰之心很純粹，很專注，沒有受到汙染。不過，我想進一步補充的是，此處的「信心」，也是聽聞《金剛經》後，升起的信解受持之心。也是相信、理解與實踐，三者兼而有之的心。

「清淨」二字，我們上次講過，凡在佛經中遇到這兩個字，我們都可以用「不執著」去理解，替換。所以，我們也可以把「信心清淨」，解釋成既有信解受持之心，但又不執著於所信、所解、所受、所持。

「**是實相者，則是非相**」。所謂的「非相」，是指打破對相的執著。必須打破執著，打破造作，打破分別與比較，打破無止盡的繁衍增生，讓「相」回到本來的清淨面目，這樣即是「實相」。

在第五分（如理實見分）中有一句經文說：「凡所有相，皆是虛妄，若見諸相非相，即見如來。」也是同樣的意思，非相就是實相，放下對相的執著，就能「見如來」。

那麼如何放下對相的執著呢？例如，我媽媽九十幾歲了，慢慢失去記憶能力，常常找不到鑰匙、皮包，也會懷疑是別人拿走的，於是越找越生氣。遇到這類事情，剛開始我會跟媽媽說道理，說剛才我還看到你把皮包放在哪裡之類的話，然後幫她找，但媽媽還是越找越生氣。久了之後，我知道這樣毫無幫助，因為媽媽的記憶已經碎片化了，講道理只會讓她更挫折。後來我就改變方法，把媽媽當小孩，一邊哄著，也一邊安撫著，這樣媽媽就比較不生氣了。我自己小學時也是一樣，放完一個暑假，常常連暑假作業放哪裡都忘了，最後快開學了，我就一邊找一邊哭，怪媽媽沒有幫我收好。媽媽也是哄著我，要我別急，慢慢找，一定找得到。

講道理也是一個「相」，需要拿起來時，我們就拿起來，需要放下時，我們就放下。不必執著於這個「相」。

又例如我常幫媽媽按摩腳，每次十五到二十分鐘。我每次都趁按腳的機會，跟媽媽講《華嚴經》。我不管她能不能聽懂，或者聽十分鐘就會睡著，我還是一直講，並且相信有講就有作用。這個地方，也不能執著媽媽能不能懂。

有一次，我跟她說，修行就是放輕鬆，有事當作沒事，輕鬆過日子，不要有煩惱，這就是在修行。沒有放輕鬆，常生氣，就是沒有修行。例如你找鑰匙，找不到，沒關係，不要急，慢慢找，這樣就是在修行。如果越找越急，又生氣，那就不是在修行。我問媽媽，你要不要修行？媽媽沒回答，顧左右而言他，說我按摩很久了，一定累了，可以去休息。這事讓我覺得很好玩，因為，人老了記憶力會喪失，但是，逃避功課的本能不會喪失。我問媽媽要不要修行，她就關心我手痠，要我去休息。

總之，對相不要太當真，不要太執著，不要覺得非要怎樣才可以，不這樣就不行。我們要打破內心的執著，隨緣調整，並保持覺察，這樣事情就會往良善的方向發展。

還有一個例子，我退伍後，曾在行天宮附近的家教班教物理化學。有一次，和家教班主任，帶了十幾個學生，一起去碧潭夜遊。當時辦這個活動，是得到學生家長同意的。不過我很好奇，如果是今天，家長會同意老師帶自己的小孩半夜去碧潭夜遊嗎？總之，我們十幾人，坐在碧潭邊，聊天吃零食，唱著一首又一首跟月亮有關的歌。

大約到了半夜一點多，突然，撲通一聲，一位婦人從岸邊跳進水裡。我聽到聲音，心裡有不祥的預感，趕緊跑過去看。果然，這位婦人是要尋短，正一步步往深水區走去。我當時不知哪裡來的靈感，一邊叫住對方，一邊裝糊塗問她，是不是有貴重的東西掉水裡了，需不需要幫忙？婦人只是一直哭，並未回答。我安慰她，東西一定可以找回來，別難過，我們有十幾個人，又有手電筒，一起幫忙找，一定找得到。我這樣一安慰，讓她原本莊嚴的求死之心，變成在水裡撿遺失物品，所以她生氣地拍著水面洩憤。我看她拍水出氣，就覺得大概沒事了。幾分鐘後，岸上守夜的救生員趕來，立刻下水把她扶上岸。

我當時直覺想，如果我把這名婦人當成想自殺的人，恐怕很難把她勸上岸。所以我故意誤會她的意思，而且是一個合理的誤會，又帶著一點幽默，就讓她在自殺這件事上的執著洩了氣。當自殺的執著減弱之後，整件事就往更寬廣的道路上發展，事情也就容易解決了。

我們常說「不要鑽牛角尖」，其實，鑽牛角尖就是執著。已經無路可走了，還要繼續往裡鑽，最後必定死路一條。人會走到無路可走，只有兩個原因：一是執著，二是能力與智慧尚未提升。

人一轉念，就等於是在度自己內在的眾生，甚至有時連外在眾生也一起得度。

「世尊！我今得聞如是經典，信解受持不足為難，若當來世後五百歲，其有眾生，得聞是經，信解受持，是人則為第一希有。何以故？此人無我相、無人相、無眾生相、無壽者相，

須菩提又對釋迦牟尼佛說，我今天有幸親聆佛法，所以信解受持此法門，對我來說，並非難事。但是，若在未來世，乃至在佛法快要消失的最後五百年中，如果有人聽到此經就能信解受持，那麼此人不啻第一稀有之人啊！為什麼呢？因為他並未親聞佛陀開示，而只憑自己的本心，立刻與經文相應，放下我相、人相、眾生相、壽者相，這實在太難得了！

放下「以什麼為中心」的想法，就可以破除對「四相」的執著；放下「以什麼為中心」的想法，就可以感受到自己的內在佛性。

「所以者何？我相，即是非相；人相、眾生相、壽者相，即是非相。何以故？離一切諸相，則名諸佛。」

須菩提接著說：「為什麼呢？因為我相、人相、眾生相、壽者相都是非相。離一切諸相，放下執著，便與諸佛無異了。」

任何「相」，都可以是執著，也都可以放下執著。只要放下執著，一切「相」都是實相。一產生執著，一切「相」就都帶有虛妄的成分。「**離一切諸相**」就是放下一切執著，也就是放下對我相、人相、眾生相、壽者相的執著。

俗話說：「放下屠刀，立地成佛」，其實，這把「屠刀」，就是執著之刀。放下這把執著之刀，我們的心就是佛了。放不下這一把屠刀，每一念的執著如同是在殺生，每一念的執著都是在造業。

佛告須菩提：「如是，如是！若復有人，得聞是經，不驚、不怖、不畏，當知是人，甚為希有。何以故？須菩提！如來說第一波羅蜜即非第一波羅蜜，是名第一波羅蜜。

須菩提說完後，釋迦牟尼佛就說話了。「**如是，如是**」是讚許的意思。類似於口語的：說得好啊！真好啊！正如你所說啊！

釋迦牟尼佛接著說，將來的人，聽聞此經，不要說做到信解受持了，只要能聽聞之後，「不驚、不怖、不畏」，那就是非常稀有之人了。

「信解受持」是包括了相信、解悟與實踐這三方面。現在，釋迦牟尼佛降低標準，即使不信、不解、不實踐也沒有關係，只要「不驚、不怖、不畏」就很好了。

為什麼「不驚、不怖、不畏」也很稀有，甚至也很有功德呢？因為「**不驚、不怖、不畏**」的意思就是不排斥，願意接觸、願意理解、願意感受。只要保留這個親近般若智慧的機會，只要不排斥這個《金剛經》法門，那就很難得了，就很有福報了。

這幾年，我們常常聽到一個詞彙叫「妖魔化」。其實，妖魔化一個對象，就是讓人對這個對象產生「可驚、可怖、可畏」之情。「驚」就是與我們所熟悉的東西不一樣，所以令人吃驚。「怖」就是恐怖，充滿不祥的感覺。「畏」是害怕，表示對方有可能傷害我們。

前面曾提到《法華經》中有一個「五千起去」的故事，說釋迦牟尼佛準備宣講最究竟的佛法時，會上有五千名比丘、比丘尼、優婆塞、優婆夷等，從座席站起，禮佛後離去。為什麼他們要退席呢？因為他們覺得自己修的法門已經是最高的了，不應再有比這更高的法門了，所以退席而去。這一離去，表示這些人無法「不驚、不怖、不畏」地接受究竟佛法。

釋迦牟尼佛接著說，為什麼呢？因為如來所說的第一波羅蜜，即不是第一波羅蜜，所以是第一波羅蜜。

波羅蜜，前面提過，是到達彼岸的意思。任何讓我們從這個充滿煩惱的「此岸」，到達清淨解脫的「彼岸」的法門，都是波羅蜜。那麼，為什麼稱為「**第一波羅蜜**」呢？因為雖然所有的波羅蜜性皆平等，無高低次第，只要專心精進，都能達到般若。但最後還是要以般若為依歸，要靠般若來引導，所以也可以說是第一波羅蜜。

這裡再一次出現「是什麼，即不是什麼，是謂什麼」的句型。意思就是，如來說般若波羅蜜是第一波羅蜜，但不要執著它是第一波羅蜜，才能真正是第一波羅蜜。一旦落入它是第一的執著，反而看不到實相，那麼它就不是第一波羅蜜了。

「須菩提！忍辱波羅蜜，如來說非忍辱波羅蜜，是名忍辱波羅蜜。何以故？須菩提！如我昔為歌利王割截身體，我於爾時，無我相、無人相、無眾生相、無壽者相。何以故？我於往昔節節支解時，若有我相、人相、眾生相、壽者相，應生瞋恨。」

說完「第一波羅蜜」，佛陀又說「**忍辱波羅蜜**」，說忍辱波羅蜜即非忍辱波羅蜜，是名忍辱波羅蜜。其實，六度的六種波羅蜜，都可以用這一句法複誦，但佛陀只舉了第一波羅蜜和忍辱波羅蜜，其它則省略。傳統的註解認為，「般若波羅蜜」是六度中最殊勝的一種，而「忍辱波羅蜜」則是六度中最困難的一種。

「忍辱波羅蜜」究竟有多困難呢？我們舉釋迦牟尼佛前世的一段遭遇為例。釋迦牟尼佛在過去世專修忍辱波羅蜜時，有一次，歌利王帶著妃嬪、侍從進山遊樂，看到有位修行者在靜坐，就命人去干擾他。歌利王知道這位修行者的名字是忍辱仙人後，想知道到底他修行到什麼境地，於是下令用刀慢慢割斷仙人的四肢，從手、腳，到耳、鼻，全身各處慢慢割去。每割一處，都問對方是否能忍？仙人都答能忍。此過程中，仙人沒有對歌利王起一絲嗔心。看到歌利王的暴行，天上的護法神非常不滿，遂降下砂風石雨。歌利王見狀，當下驚怖，向仙人懺悔。忍辱仙人說：「我沒有瞋心，就像我沒有貪心一樣。」歌利王說：「怎麼證明呢？」他說：「如我果真沒有瞋心、沒有貪心，就使我的身體還復如故吧！」話剛說完，身體即回復如故，且以悲心發願說：「我將來成佛時，先來度化你。」

所以，真正的「忍」，不是「忍一時之氣」，而是即使在極端痛苦、不公平、毀辱中，仍能保持此心的清淨與慈悲。仙人不是「壓抑情緒」，而是透過智慧觀照，真正放下「我被害、我受辱」的想法，甚至願意以慈悲心度化對方，真正實踐了忍辱波羅蜜。

「須菩提！又念過去於五百世，作忍辱仙人，於爾所世，無我相、無人相、無眾生相、無壽者相。」

「又念過去於五百世，作忍辱仙人」這句，玄奘譯為「我憶過去五百生中，曾為自號忍辱仙人」。顯然，玄奘的翻譯比較清楚，不會產生誤解。「爾」是彼的意思。「**於爾所世**」即我於彼世。

「**無我相、無人相、無眾生相、無壽者相**」這四相，在《金剛經》裡共出現八次。鳩摩羅什只用了四個名詞翻譯的四相，玄奘譯得比較複雜，譯為「無我想轉、無有情想、無命者想、無士夫想、無補特伽羅想、無意生想、無摩納婆想、無作者想、無受者想，我於爾時都無有想亦非無想」總共用了十個名詞。在玄奘譯的《大般若經》第九會裡，甚至用了十三個名詞。

「無命者想」，意思是指生命沒有永恆的精神實體，只是因果相續的假象。「無意生想」，是指意識不能創造永恆自我。「無受者想」是指沒有承受業報的實體。苦樂感受皆是緣起，只是五蘊的刹那生滅。這些名詞實在很多，我並不想在此一一列舉。但從這裡我們可以看得出來，玄奘的翻譯風格細密而嚴謹，而鳩摩羅什的譯法則更總結式，更平易近人。如果能把兩種譯本，對照著看，一定會很有收穫。讀佛經時即使遇到不懂的名詞，查網路的佛學辭典，或者在任何搜索引擎裡查，慢慢推敲，也應該都可以懂。

「是故，須菩提！菩薩應離一切相，發阿耨多羅三藐三菩提心，不應住色生心，不應住聲、香、味、觸、法生心，應生無所住心。若心有住，即為非住。是故佛說菩薩心，不應住色布施。須菩提！菩薩為利益一切眾生故，應如是布施。

所以，佛陀告訴須菩提，菩薩應該要遠離一切相，生起無上正等正覺之心，不住色生心，生無所住心。如果心有所住，也就是有所執著，就會因外在現象而迷惑，無法有一顆不執著的心了。

因此，菩薩的內心，在布施之時，不能執著於任何相，這樣的布施，才能真正利益一切眾生。

太陽照耀萬物就像這樣，不會執著。太陽沒有想對誰好一點，對誰不好一點。也沒有想給誰多一點，想給誰少一點。陽光沒有執著，所以能真正利益一切眾生。我們就要像那太陽一樣。

「如來說一切諸相，即是非相；又說一切眾生，即非眾生。」

最後，佛說，一切諸相都不是實相，而一切眾生也不是眾生。

如果「眾生」永遠只能是「眾生」，無法成為佛與菩薩，那我們就不必修行了，也不必學習佛法了，生活怎麼舒服怎麼來，安於當個「眾生」就好。正因為「**一切眾生，即非眾生**」，眾生的本性其實與佛無二無別，所以我們才可以成長、可以改變，可以成為佛、成為菩薩。而可以成佛、成菩薩的「眾生」，才是真正的「眾生」啊！

「須菩提！如來是真語者、實語者、如語者、不誑（ㄎㄨㄤˊ）語者、不異語者。」

「**真語者**」就是不說假話的人。「**實語者**」即不說玄虛之言的人。「**如語者**」的「如」是順從、相同、如實的意思。事實是什麼，就表達什麼，沒有多一分，也沒有少一分，這就是「如語」。「誑」是欺騙的意思。欺騙之言，謂之「**誑語**」。「**異語**」就是說不同的話，例如對甲說一套，對乙說另一套，兩套互相矛盾。

「須菩提！如來所得法，此法無實無虛。」

上面那段話的目的，是要讓人知道，佛的語言，每一句都非常真實，絕無虛假。可是，才剛說下一句馬上又否定上一句，出現「**無實無虛**」這四個字。

若依照上一段所說，佛所說的法應該沒有虛、只有實，怎麼接著又說沒有虛也沒有實呢？這不是自我矛盾嗎？這要怎麼理解呢？

禪宗的方法中，這種上一句剛說完，下一句就隨之否定的語言模式，稱為「隨說隨掃」。取義是樹上不斷有枯葉掉下來，這枯葉就是語言。語言不能不說，但是，這個語言，跟葉子一樣，不說時是綠的，說了以後就枯了，掉落地上。所以，說完之後，要把枯葉打掃乾淨，不留痕跡。掃完了，地上沒有枯葉，一片潔淨，所以又說「如來無所說」。

我自己唸《金剛經》時，每一次念到「無實無虛」這四字，身體都震動發麻，感應很大，所以我相信這四個字蘊藏很大的能量。

最高的佛法，是要將矛盾對立的雙方，同時否定或超越，之後，還要再把剩下的細微的執著也清除掉，這叫「雙遮（否定）雙遣（清除）」。而「無實無虛」就是對矛盾對立的雙方同時否定。

那麼，如果佛法既不是實，也不是虛，應該是什麼呢？語言到了這種微妙的境地，就不能再執著於語言了，這樣才不會錯過語言之上的智慧。

請問，昨天的你，跟今天的你，是一樣的呢?還是不一樣的呢?若是回答一樣，就是執著於「實」。你若說不一樣，那就執著於「虛」。無論落在哪一邊，都是執著。

如果「實」與「虛」皆不可執著，那麼請問，我們的心安放在何處?

我跟大家說，我們的心，最後會安放在「實」與「虛」的上方。若「實」與「虛」代表一切二元對立的事物，那麼我們的心，最後要站在一切二元對立事物之上。而站在一切二元對立事物之上，就是般若智慧。

如果我們站在「實」與「虛」之下，那麼「實」就是「實」，「虛」就是「虛」，兩者界線清楚，不能混同。如果我們站在「實」與「虛」的上面，那麼「實」可以不是「實」，「虛」也可以不是「虛」，它們可以相同，也可以不相同;可分別，也可以不分別，這就稱為「無實無虛」。

我有一次騎單車去機車行打氣，通常機車行不會收打氣費用，但是，我去的這家車行老闆卻不耐煩地問我，知不知道打氣要收十元?我剛開始有點詫異，後來看到桌上有個捐獻箱，上面有一張說明，表示打氣收入將捐給某公益團體，我就明白老闆的用心了。於是，我告訴老闆，因為知道你要做公益，所以特別來這裡打氣。老闆聽了很開心，原先不耐煩的表情一掃而空。他告訴我，這附近住家水準比較低，不能接受打氣收錢的事。我猜老闆的良善用心，一定受到不小的挫折。所以我對他引導大家一起做公益的事，大加稱讚。老闆聽了，笑容滿面。但我又跟老闆說，附近住家並不是不支持你做公益，而是手邊不一定有十元。也許，你第一次不收錢，但向他們宣傳這項公益活動，我相信一兩個月後，大家一定都會支持你的。

我們一般人的心，不是執著於「實」，就是執著於「虛」。不是執著於「喜歡」，就是執著於「不喜歡」。我們若是因為「喜歡」或「不喜歡」立刻做出反應，一定會落入執著。如果我們能先站在「喜歡」或「不喜歡」之上，感受整件事情的來龍去脈，最後略作引導，讓事情往提升智慧的方向發展，這樣就比較可以避免執著了。

還有一次，朋友問我，我們拜菩薩，是真的相信眼前這個塑像就是真菩薩，他正在聆聽我們的祈求，並給我們庇佑，還是把這個舉動當成儀式，目的只是求得內心的平靜與安慰？

我們如果當真認為有個菩薩在聆聽祈求，那就是把菩薩看成「實」。如果我們覺得這只是安慰人心的儀式，那就是把菩薩看成「虛」。

真正的菩薩，不該實看，也不該虛看。因為，所有的實與虛，都是方便法，目的只是為了讓我們在修行的道路上，持續往前多走一步。如果「實」看，我們的修行能多往前一步，我們就「實」看。如果「虛」看，我們的修行也能多往前一步，我們就「虛」看。在這樣一步一步的變化之下，最後我們也將成為菩薩。

「須菩提！若菩薩心住於法，而行布施，如人入闇（ㄢˋ），則無所見。若菩薩心不住法，而行布施，如人有目，日光明照，見種種色。

「**心住於法**」就是執著。這一段是說，如果心有所執著來行布施，就等同於走入暗室，什麼都看不到。如果可以不執著地布施，就可以像有眼睛的人在白天看東西一樣，清清楚楚。

執著讓人心陷入黑暗，人心如果被煩惱、欲望等黑暗力量控制，就會眼盲心盲，什麼都看不到了。

有一個古老的故事說，有一個人在熱鬧的市場裡，看見別人身上有金子就伸手去搶，結果一下子就被抓住了。官員問他，市場裡的人這麼多，你怎麼敢一個人行搶呢？那個人回答，我搶黃金的時候，眼中只有黃金，沒看到其它人。

這個故事很普遍，但是，有次我重讀這個故事時，卻感到一陣悲傷。因為，我們大部分人的命運，都跟這個搶劫犯一樣，只看到自己想看到的，眼中只有執著，對於真實的世界如同目盲，什麼都看不到。

或許我們會覺得這個故事十分可笑。但如果我們能更深地看見自己與這個搶劫犯都有的共通特質，也就是只看到自己想看到的，而看不到自己不想看的，那麼可能就會覺得，這是一個悲傷的故事吧！

每一個悲傷故事的背後，通常都有一個很深的執著。不是只看到自己想看的，就是看不到自己不想看的。執著讓人變得可悲，卻又不自知其可悲。

「須菩提！當來之世，若有善男子、善女人，能於此經受持、讀誦，則為如來，以佛智慧，悉知是人，悉見是人，皆得成就無量無邊功德。」

「**當來之世**」即「今後之世」。好比我們講「當今之世」是指現在，而「來」是指「今後」、「未來」的意思。

這一段是說，未來之世，若有人能受持讀誦《金剛經》，那麼此人就會被釋迦牟尼佛清楚感知，清楚看見，都能因此而成就無量無邊的功德。

這裡有一句「**則為如來，以佛智慧，悉知是人，悉見是人**」乍看有點難懂。不過，只要把「則為」二字，理解為「就會被」，那就很好懂了。

「悉知是人，悉見是人」是指佛以其智慧感應到此人的起心動念，也以其「佛眼」看到他的一切言行。換句話說，就是此人的心，已經與佛心相互感應，相互連結了。我們凡夫的心，只要在《金剛經》上下工夫，就能與釋迦牟尼佛連結在一起，並時時受其加被庇佑，獲得不可思議的福德。

第十三堂課

第十五、十六分

真正的信心，超越一切布施，直通佛法根源；
真正的信心，有不可思議的功德

持經功德分第十五

「須菩提！若有善男子、善女人，初日分以恆河沙等身布施；中日分復以恆河沙等身布施；後日分亦以恆河沙等身布施，如是無量百千萬億劫，以身布施。若復有人，聞此經典，信心不逆，其福勝彼。何況書寫、受持、讀誦、為人解說。須菩提！以要言之，是經有不可思議，不可稱量，無邊功德。如來為發大乘者說，為發最上乘者說，若有人能受持、讀誦、廣為人說，如來悉知是人、悉見是人，皆得成就不可量、不可稱、無有邊、不可思議功德，如是人等，即為荷擔如來阿耨多羅三藐三菩提。何以故？須菩提！若樂小法者，著我見、人見、眾生見、壽者見，則於此經不能聽受、讀誦、為人解說。須菩提！在在處處，若有此經，一切世間，天、

人、阿修羅所應供養，當知此處，則為是塔，皆應恭敬，作禮圍遶，以諸華香而散其處。」

我們接著來講「持經功德分」。這一分的意思，依然是在強調，「持經」有不可思議，不可稱量的功德。

所謂的「持經」，依照經文的意思，是指「書寫、受持、讀誦、為人解說」。「書寫」是指抄經。「受持」是依經文而修持。「讀」是看或念經文。「誦」是背誦熟讀。「為人解說」就是為看不懂經文的人，解說經文。做到這幾件事，就是「持經」。

之前有人問我，抄經之後，這些經紙應該如何處理？建議大家，我們如果抄經，一定要認真，要虔誠，要全神貫注，一筆一畫都不隨便。這樣抄經，能量飽滿，功德很大。這樣抄下的經文，日後可選擇適當時機，焚化迴向給祖先。

在「書寫、受持、讀誦、為人解說」這幾件事中，我認為「受持」最重要。我們若能依照經義時時調整自己的身口意，智慧自然能提升，慈悲自然能增長，執著自然能減少。這樣的「持經」功德，當然非常大。

「須菩提！若有善男子、善女人，初日分以恆河沙等身布施；中日分復以恆河沙等身布施；後日分亦以恆河沙等身布施，如是無量百千萬億劫，以身布施。若復有人，聞此經典，信心不

逆，其福勝彼。何況書寫、受持、讀誦、為人解說。

這一段是佛陀對須菩提說，若有人每日每夜，無始無終地以身布施，而又有另一人，聞此經典，信心不逆。兩者比較，後者的功德，勝過前者。

「**初日分、中日分、後日分**」的「分」是「均」的意思。古印度人把一天的活動時間分為六段，白日與夜間各分三段，僧團的日常作息即是依這個時間制度進行。初日分、中日分、後日分是白天的三段，初日分是天剛亮至早晨中段，約為現在的早上六點到十點，這段時間多用來持缽、乞食，準備說法。中日分約為早上十點到下午二點，這段時間多用來講經、說法、禪修，《金剛經》中說法的就是這段時間。後日分約下午二點到六點，多用來禪坐、靜養。

「**身布施**」，是以身體或生命來做布施。佛教經典中有許多這樣的故事，如佛陀割肉餵鷹，或藥王菩薩燃身供佛等。到了現代，身命布施也引申為付出我們的勞力、時間、智慧等身內之物來布施。「身命布施」的「命」，是指生命所涵蓋的一切，其範圍比「身布施」更加全面，也可以說是一種無所保留的布施。

但佛陀在《金剛經》中強調：即使做了無量劫的「身布施」，功德仍不及「聞此經典，信心不逆」。「**信心不逆**」就是完全相信、理解並實踐《金剛經》的道理。

一個人若能讀《金剛經》而徹悟最深的般若智慧，這個人即使不是佛，也離成道不遠了。例如六祖慧能，就是這樣的人。有這樣智慧的人，本身就擁有極高、極殊勝、極不可思議的福報。何況還願意為人講解《金剛經》，開啟更多人的智慧，那種福報，就更加不可思議了。

恆河沙不可勝數，那麼我們就換一個容易數的。有一次，我去淡水一間天主教的靜修院買他們自釀的梅子醋。等待時，跟院裡一位老先生聊天。他突然說，我們天天吃飯，但是一碗飯裡究竟有幾粒米呢？老先生問我知道嗎？我說不知道。

這位先生就是以身布施於此院的義工。我說不知道，但他仍要我猜猜看，我直覺回答說兩千吧！他說不對，因為他數過，不只此數，他要我自己也數數看，並且說，這也是修行。後來我上網查，看到一位中學生拍的視頻，他拿了一碗飯，一粒一粒數，數了一下午，最後得到三千三百四十四顆的答案，讓人十分欽佩。

我講這件事是因為，佛經中經常出現以恆河沙數來布施的句子，看多了，我們會逐漸無感，好像只是一堆形容詞。那麼，不如實際來數一數。數一碗飯有幾粒米，一天要吃幾碗飯，一年吃幾碗，一輩子吃幾碗，然後把所有的米粒加在一起，看看是多少。接著再想像，我們要在這麼多米粒的數量中，反覆輪迴，反覆修行，反覆布施，這是多麼漫長的一條路啊！這樣一想，所謂恆河沙數才會產生實際的感受。

「須菩提！以要言之，是經有不可思議，不可稱量，無邊功德。如來為發大乘者說，為發最上乘者說，若有人能受持、讀誦、廣為人說，如來悉知是人、悉見是人，皆得成就不可量、不

可稱、無有邊、不可思議功德，如是人等，即為荷擔如來阿耨多羅三藐三菩提。

接下來，釋迦牟尼佛告訴須菩提，《金剛經》有不可思議，不可計量的功德。《金剛經》是如來為發大乘菩提心的人，以及修持最上乘佛法的人所說的經。如果有人能受持、讀誦，並廣為人說，如來會知道此人，並看到此人。此人一定會獲得不可思議、不可計量的無邊功德，這樣的人，一定會成為能承擔如來無上正等正覺之道的人。

「**不可稱量**」的「稱」念「ㄔㄥˋ」，就是秤重量。「量」是斗量，是量體積。「不可稱量」即不可勝數。「**如來為發大乘者說，為發最上乘者說**」這個「乘」，一般念「ㄔㄥˊ」，也有人念「ㄕㄥˋ」。「大乘」的「乘」是車載、裝載的意思，照理「ㄔㄥˊ」的發音比較對。但是，「ㄕㄥˋ」是車子的單位，若把「大乘」解釋為大車，那麼後者的發音也未嘗不可。所以，大乘就是乘載眾生的大車。

我曾經看到一種解釋，以「行」解釋「乘」，這也很有意思。若照此解釋，大乘、菩薩乘即大修行；而中乘、緣覺乘即中修行；小乘、聲聞乘即小修行。如同六祖慧能所說：「法無三乘，人心自有等差。」

「**荷擔**」即背負、肩擔與實踐的意思。也就是承擔如來的大願，讓眾生都能離苦得樂，成就「阿耨多羅三藐三菩提」。

所有佛弟子最終都要跨出去的一大步，就是要發大願、修大行。必須不斷有人發大願、修大行，這個如來家業才能傳承不斷。

「何以故？須菩提！若樂小法者，著我見、人見、眾生見、壽者見，則於此經不能聽受、讀誦、為人解說。須菩提！在在處處，若有此經，一切世間，天、人、阿修羅所應供養，當知此處，則為是塔，皆應恭敬，作禮圍遶，以諸華香而散其處。」

這一段是說，「樂小法者」有所執著，無法真正明白《金剛經》的奧義。佛陀告訴須菩提，無論在任何地方，只要有《金剛經》在，一切天、人、阿修羅都應恭敬供養《金剛經》，如同恭敬供養佛塔一般，頂禮、轉繞，供養及散布各種鮮花。

這個「**樂小法者**」的「樂」，應該唸「ㄧㄠˋ」，是追求、喜好、欣賞的意思。如同「仁者樂山，智者樂水」之「樂」，也是念「ㄧㄠˋ」。「樂小法者」指的是喜歡小法的人。小法是指什麼呢？例如世間法就是小法，求福報也是小法，甚至只求自己解脫的法門，也屬於小法。

此處的「**我見、人見、眾生見、壽者見**」，用「見」字而不用「相」字。用字雖然不同，但意思仍是一樣的。這個「見」，是指我們執著於意識心的作用與結果。這個「見」會制約我們看事情的角度，進一步影響我們所做的一切選擇與行為。

電影《全面啟動》有這樣一個設定，主角是一名商業間諜，受託在一名企業家的夢境中植入念頭，影響對方在現實世界的選擇與行為。其實，植入念頭，就等於植入一個「見」，植入一個很深的執著。

真正影響我們命運的東西，既不是命盤也不是八字，而是我們內心很深的執著。這些執著，不斷蔓延，最後控制了我們整個頭腦，決定了我們的行為，也決定了我們的命運。

「**塔**」前面說過，原本是保存、安放佛舍利的地方，引申其意，也可以說是佛弟子緬懷佛陀的象徵性建築。「**經**」則是保存、安放佛之智慧，佛之本懷的地方。所以，「經」的重要性，一點也不比「塔」低。只不過，「經」是文字，所以數量既多，又可複製，而塔則數量較少，且不易複製，所以一般人對「塔」的重視程度遠超過「經」。

佛陀在這裡又重複告訴弟子，《金剛經》所在的地方，就是「塔」所在的地方。佛弟子要像對待佛塔一樣，恭敬地對待此經。

這讓我想起一個故事。有個小和尚在佛像旁邊小便，被住持斥喝，小和尚卻反問，什麼地方沒有佛呢？請告訴我，我就去那裡小便。這句話把住持問住了，一時不知如何回答。那麼，如果你是住持，會如何回答呢？

我們如果沒有執著，照道理，什麼事情都困不住我們。若是被困住，那就代表我們在某些地方還是有所執著。小和尚認為佛無處不在，所以在任何地方小便都沒有差別，若覺得有差別，就是執著。請問，這個說法對嗎？

我的想法是，語言的邏輯與行動的邏輯，不能切割成兩邊，必須有一致性。小和尚若真心認為佛無處不在，那就不能只是嘴巴說說，必須同時擁有相同的行動邏輯才可以。

也就是說，若小和尚真心認為佛無處不在，那麼在行動上，他對待一切人、一切事、一切物，都應該如同對待佛一樣恭敬。如果這樣，那麼他對待住持，也應像對待佛一樣，對待自身也應像對待佛一樣，對待一隻貓、一隻狗，都要像對待佛一樣，才算邏輯自洽。

如果小和尚對待人、對待事、對待物，皆有分別，並未認真，卻只在言語上說佛無處不在，這就是語言邏輯與行動邏輯上的自我矛盾。把語言邏輯與行動邏輯分開，這只是逞小聰明，並無智慧可言。把語言邏輯與行動邏輯合在一起，同等恭敬對待，這樣才有真修行，也才有真智慧。

「**作禮圍遶**」是指如同我們順時鐘方向恭敬繞行於塔的四周一般，我們也要用同樣的規格，圍繞禮敬《金剛經》。「**華香**」不是指花的香味，而是指飾花與薰香。

最後是「一切世間，天、人、阿修羅所應供養」的「供養」。「**供養**」的種類很多，常見的有十種，分別是：一香、二花、三酥燈、四瓔珞、五幢幡（或旌旗、長條旗）、六寶蓋、七衣服、八果實、九音樂、十合掌禮拜。當然，說得更細微一點，「供養」也可以千千萬萬，無處不在。

但在一切供養中，最好的供養，是以自身之修行作為供養。例如我們以懺悔來修行，那麼懺悔就是最好的供養。我們以持戒來修行，那麼持戒就是最好的供養。我們以念佛來修行，那麼念佛就是最好的供養。我們以提升智慧，去除習性來修行，那麼提升智慧，去除習性就是最好的供養。我們以消除煩惱為修行，那麼消除煩惱就是最好的供養。

我們讓自己活得自在，活得快樂，活得自律而有活力，活得充實且感恩，能夠持續學習、精進、提升、付出，那就是對一切諸佛菩薩神明最好的供養。

能淨業障分第十六

復次：「須菩提！若善男子、善女人，受持、讀誦此經，若為人輕賤，是人先世罪業，應墮惡道，以今世人輕賤故，先世罪業，則為消滅，當得阿耨多羅三藐三菩提。須菩提！我念過去無量阿僧祇劫，於然燈佛前，得值八百四千萬億那由他諸佛，悉皆供養承事，無空過者。若復有人，於後末世，能受持、讀誦此經，所得功德，於我所供養諸佛功德，百分不及一，千萬億分，乃至算數譬喻所不能及。須菩提！若善男子、善女人，於後末世，有受持、讀誦此經，所得功德，我若具說者，或有人聞，心則狂亂，狐疑不信。須菩提！當知是經義不可思議，果報亦不可思議。」

此分叫「能淨業障」，意思就是能夠淨化業障、消除業障。這一分的主要內容是說，如果有人因為受持、讀誦《金剛經》，被他人訕笑、侮辱、貶抑、毀損，那麼此人前世累積的罪業，將一筆勾銷，全部消滅，且能證得無上正等正覺。

佛教的「業」，也稱「業力」，是指一種我們看不見，卻能影響事物發展方向與結果的因素。

這種因素的發生與結果，與我們的行為、語言、念頭有密切的因果關係。

我們的行為、語言、念頭若有執著，就會產生「業」。執著越深，「業」就越重。所以放下執著，也等於放下業力。受持讀誦《金剛經》，能讓我們放下這分執著，自然能清除業障。

復次：「須菩提！若善男子、善女人，受持、讀誦此經，若為人輕賤，是人先世罪業，應墮惡道，以今世人輕賤故，先世罪業，則為消滅，當得阿耨多羅三藐三菩提。

「**應墮惡道**」的「惡道」即六道輪迴中的三惡道，也就是地獄、惡鬼、畜生這三道。這一段是佛陀對須菩提說，若有人原本造了會輪迴至三惡道的業，但因為念《金剛經》，修持《金剛經》法門受到他人輕賤蔑視，那麼他的業會被抵銷，不會再墮入三惡道。不但不必再墮入三惡道，甚至還可因此而修得無上正等正覺！

「**當得阿耨多羅三藐三菩提**」的「當得」，這句經文從字面意思來說「當得」就是「應得」的意思。我年輕的時候，讀到此句，十分驚訝。怎麼遭人輕賤蔑視，就可以修得無上正等正覺呢？這樣是不是太容易了嗎？有些人修了幾輩子，都未必修得無上正等正覺，怎麼遭人輕賤蔑視就可以修得？所以我當時認為「當」應該作「如」解釋。「當得」即「如同得」。大家可以參考。

不過，後來我讀《大般若經》，對修得無上正等正覺又有了新的體悟。在《大般若經》中，「當得阿耨多羅三藐三菩提」這一類的句子頻繁出現，而且，結論最後都歸於一處，即不可執著於「得阿耨多羅三藐三菩提」。之後我才懂這一句的真正意思。其實，真正的「當得」，是以無當為當，以無得為得。

原來，不但福德之多少不可執著，連無上正等正覺之有無也不可執著啊！不但方便法不可執著，連究竟法也不可執著。換句話說，釋迦牟尼佛可以說此人得阿耨多羅三藐三菩提，也可以說此人福德無量，但是，此人必須修到不覺得自己得到阿耨多羅三藐三菩提，也不覺得自己有福德，那才是真的得到。

我跟大家說，佛法中的得，都只是方便，不是真得。我們得此方便，可以用來精進修行，也可以用來克服習性。等到我們修到無需外求，圓滿自在了，那時就不需要再有得了。而此不需有得，即是真得。

修行都是在方便中，一層一層往上提升，同時，也一層一層放下執著。

我們在修行中獲得的，與其說是能讓我們處在清淨美好的境界中，不如說是學得放下執著的能力。我們能在清淨美好的境界中，感覺與萬物一起呼吸，感覺與萬物同一根源、同一命運，感覺與萬物沒有界線，彷彿它們就是我們，我們也是它們等等，這是非常殊勝，也非常美好的境界。但是，《金剛經》告訴我們，真正達到這一境界的人，也能瞬間放下這樣的感受。

真正達到這一境界的人，不會只停滯在這個境界中。真正達到這個境界的人，隨時都可以放下這個境界。真正達到這個境界的人，所獲得的，不是這個境界，而是獲得一種不需要獲得任何境界的能力。是一種把心放寬，讓心放下，隨緣接受，沒有窒礙的能力。

所以，此處的「當得阿耨多羅三藐三菩提」，是針對尚未得菩提正法的人說的，是一種鼓勵性的說法。目的是讓他們感覺自己正不斷地接近「阿耨多羅三藐三菩提」，不斷地有體會、有了悟、有提升，也不斷調整習性，精進修行。

這一段還牽涉到一個福報與業力是否可以相抵的問題。請問大家，福報與業力能不能相抵呢？如果我們造了業，能不能用積德的方法，去彌補所造的業呢？其實，這個問題目前在佛教界仍沒有統一的答案。

比較典型的回答有兩種。第一種，認為福報不能抵業力，但是功德可以抵業力。福報歸福報兌現，業力歸業力兌現，大家各自兌現，不能相抵。例如某人很有錢，兒孫滿堂，這是福報。但是，他家庭不睦，兒子為了爭產，吵成一團，甚至對簿公堂，讓他十分傷心，這就是業力了。金錢的福報與煩惱的業力，兩者並存，無法互相抵銷。

但是，為什麼功德可以抵業力呢？說者認為，功德與福報不同。福報是積善業而得來的，本質上也是「業」。而功德是「不以為有功之德」，也就是《金剛經》裡講的「是福德即非福德性」。這樣的功德，可以消滅業力。

佛教所講的「德」，從根本處來講，是指我們內在的究竟智慧。也可以說就是自性智慧，或者佛性，或者般若，或者本心。以此「德」來成就事物，成就眾生，就是「功德」。

第二種典型的回答是，不能。無論福報或功德，都不能抵銷業力。因為即使是無上的功德，也只能保證不再沾染新的業力，而不能消滅之前已經存在的業力。所以，即使是釋迦牟尼佛，也要承受自己過往的業力所產生的業報。

但是，主張不能抵銷的人，如何解釋《金剛經》此處說「先世罪業，則為消滅」呢？這句話不就明明說福報或功德可以抵銷之前的業力嗎？

佛教除了「業」的觀念外，還有一個「緣」的觀念。「緣」就是形成某件事的內部、外部等條件。如果「緣」不具足，那麼雖然有「業」，一樣不能兌現。這就像一顆種子，沒有埋到土裡，沒有得到水分滋潤，是不會發芽的。這顆種子就像「業」，發芽就是「業力兌現」，而土壤與水分就是「緣」。如果沒有「緣」，這個「業」就無法兌現。

所以，主張這種看法的人認為，「功德」並不是把「業」的種子消滅，而只是讓「業」的種子得不到發芽的機會，讓「緣」無法具足，因而無法兌現。歸根到底，「功德」消滅的只是「緣」，而不是「業」。

對這兩種說法，我的想法是，除非放下執著，否則，「業」是執著，「功德」也是執著。這兩者無論怎麼發生，或怎麼兌現，在執著上並沒有分別。「業」與「功德」好像大海上的波浪，浪與浪之間，縱使偶爾會相互抵銷，但是從整體來看，只要執著不停止，大海上的波浪就永遠不會平息。

至於「緣」的觀念，我覺得非常好。我認為，無論「福德」或「功德」都可以化解業力兌現所需要的「緣」。只不過，阻擋「緣」的發生，應該只是暫時，無法永久。因為，終有一天，這個「緣」會龐大到無法阻擋，那麼該兌現的「業」終究還是要兌現的。

所以，我認為，「緣」的阻擋，目的不是讓「業力」永遠不要兌現，而是為了爭取一段修行的時間，讓智慧得到提升。因為，當智慧提升之後，即使業力兌現了，我們承受業力的能力也提升了，那麼因業力而帶來的苦，對我們來說，也就不以為苦了。

所以，回到經文所說。我想這樣解釋這一段：一個罪業很重的人，若因讀誦《金剛經》而遭人輕賤，那麼他會得到極大功德，這個功德大到可以阻斷他的業報之「緣」。即使他原先應該墮入三惡道，現在也不會發生了。他會在三善道中輪迴，憑此功德帶來的善緣，親近佛法，乃至最後證得無上正等正覺。

「須菩提！我念過去無量阿僧祇劫，於然燈佛前，得值八百四千萬億那由他諸佛，悉皆供養承事，無空過者。若復有人，於後末世，能受持、讀誦此經，所得功德，於我所供養諸佛功德，百分不及一，千萬億分，乃至算數譬喻所不能及。

這一段仍是強調受持、讀誦《金剛經》的功德。大意是說，釋迦牟尼佛在遇到燃燈佛之前，已經虔誠供養侍奉過無數無量的佛，沒有違背過諸佛的教言，也累積了無量無數的功德。但是，一個受持、讀誦《金剛經》的人，其功德將千萬倍於釋迦牟尼佛供養諸佛的功德。

「**阿僧祇**」是多到無法數的意思。「**劫**」分為大劫、中劫、小劫。一個大劫有四個中劫，一個中劫有二十個小劫，而一個小劫，大約是七千多萬年。這些都是天文數字。「**於然燈佛前**」是說，在遇到燃燈佛，並接受他的授記之前。「**那由他**」和「阿僧祇」一樣，也是無法計數的意思。

「**悉皆供養承事**」的「供養」，在上一分我們講過，從有形的事情上說，有十件供養，此外也有人簡化為四供養，即飲食、衣物、臥具、醫藥。但從無形上說，最好的供養，就是以修行來供養。所謂「**承事**」，字面意思就是承擔所應負責之事。在佛教界裡，這個「承事」也等於廣義的供養。「**無空過者**」就是沒有白白度過，等於說對每一尊佛的侍奉，都非常虔誠、妥切、用心。

釋迦牟尼佛曾經非常虔誠、妥切、用心地供養過無量無邊的佛，這個功德應該非常大了吧！可是，與持誦《金剛經》的功德比起來，這個供佛的功德，只是小到不能再小的功德。

因為，修持《金剛經》的最大的功德，就是讓我們的智慧得到提升，明心見性，見到真實本心，也能有眾生平等的智慧。與這樣的智慧相比起來，其它的功德都是小功德。

提升智慧是一件非常不得了的事情。為什麼？因為，真實的智慧，會累生累世伴隨著我們走，它不是一次性的，用後就會消失。如果我們的智慧得到開啟，那麼我們所做的每一件事，功德都大過其它人。而且，此功德擴散出去之後，又能啟動其它功德，就像漣漪一樣，一波一波擴散出去，無邊無盡。如此一生十，十生百地擴散出去，乃至累生累世都一直這樣做，那整體的福報將大到不可計量。

大家一定要記住，最能消業力的方法，不是別的，就是提升智慧。因為，智慧是一切德行的根本，也是一切修行的根本。有智慧就能「破去」習性對我們的限制。在智慧之路上能不斷提升的人，才知道如何正確面對功德與業報。

福報如同老天給你一百條魚。智慧則是老天給你整座海洋。

「須菩提！若善男子、善女人，於後末世，有受持、讀誦此經，所得功德，我若具說者，或有人聞，心則狂亂，狐疑不信。須菩提！當知是經義不可思議，果報亦不可思議。」

佛對須菩提說，受持讀誦《金剛經》的功德，非常巨大，如果完整、仔細地說出來，恐怕有人聽了會「心則狂亂」，或者「狐疑不信」。

「**則**」是「即」的意思。「**狂亂**」是狂妄、迷亂的意思。「**狐疑**」則是懷疑、猶豫。傳說狐狸多疑，遇到什麼事情都左右徘徊，觀望不前，所以稱懷疑為「狐疑」。「**我若具說者**」的「具」，是全部、完整的意思。

釋迦牟尼佛說持誦《金剛經》有莫大功德，此事有人相信，有人狐疑，這我們可以理解。可是，釋迦牟尼佛說持誦《金剛經》有莫大功德，此事會讓人「心則狂亂」，這要如何理解呢？

例如，有一個人天天念《金剛經》，他若知道，自己的功德比任何樂於布施的人都大，且大上無數倍，請問，此人會不會因此而驕傲自滿，也因此而輕視布施的人呢？依人類習性來說，這種情況並不少見。其實，這種驕傲自滿，就是狂亂。這樣的驕傲狂亂，恰恰讓他們無法領受《金剛經》的智慧。

另一種情況則相反，就是有人覺得，布施是很難得、很可貴的修行，怎麼可能只靠念幾句《金剛經》，功德就超過布施者呢？這樣太違反常理了，也太不符合比例原則了。因而覺得《金剛經》所說並不是真的。這就是「**狐疑不信**」。

我跟大家說，雖然空性是一切智慧的根本，也是一切功德的根本，但是，我們大部分的人並不相信此事。而對於能幫助我們放下執著的空性，總感覺它會讓我們失去什麼，因而感到害怕。這就是「狐疑不信」的真正原因。

大家是否相信持誦《金剛經》有無邊無量、不可思議的功德呢？這是一個很重要的問題，請大家好好想想，然後試著回答看看。

如果我們認為，讀個四句偈，功德怎麼可能大過供養諸佛的功德？如果這樣想，那就是「狐疑不信」。如果我們認為，《金剛經》太偉大了，一切佛都從此經出，開什麼玩笑，持經功德當然比天還要高啊！如果這樣想，那就是「**心則狂亂**」。

我感覺，願意親近佛法的人，一般都認為持誦《金剛經》有不小的功德。但是，持誦的功德能否大到如經文所說那樣，大部分的人並沒有把握。好，就這兩點來說，其實大部分人都落在經文所說的「狐疑不信」這邊。

有人會說，我們不是「不信」，只是覺得有些不合理。這樣的經文，應該是鼓勵的性質吧！好，即使如此解釋，依然符合「狐疑不信」的指稱。

我來跟大家說，如何避免「狐疑不信」與「心則狂亂」。

首先，大家要知道，重點不在於比較誰的功德大，誰的功德小。若執著於比較，那就是「樂小法者」。若執著於比較，那就永遠停留在可計算、可推理、可思議的有限世界中，而無法進入不可思議、不可稱量的無限世界。只要不要把重點放在比較大小，就不會「心則狂亂」了。

重點在於，我們要在無量無邊的輪迴中，相信持經有無量無邊的功德。而相信這一件事情，除了智慧之外，還需要「信心」。

「信心」是很奇妙的。在宗教裡，信心是創造奇蹟的根本力量。沒有信心，一切不可思議的東西都不必談了。什麼不可思議的因緣、功德、智慧、神通、果報等等，如果沒有信心，這些通通不用談了，因為一定是假的。

真正的信心是超越生命的，是超越「自我」的執著，是可以放下、捨棄一切的，是沒有什麼比所相信的東西還重要的。這樣，才是真正的信心。

在我們一無所有，只剩一條命，或者連命都快沒了的時候，我們內心依然相信的事，這就是我們真正的信仰與信心。沒有什麼比這個信仰與信心更加貴重的了。世界上最貴重的事情，就是這個信仰與信心。再多的七寶、香花、華蓋、衣食、居所的供養，跟這個信仰與信心比起來，千萬分之一都比不上。

「狐疑不信」的人，有正常人的理性思維，這很好，好好修行，也有福報。但是，他們缺少了真正信仰者的信心。沒有這份信心，一切都是可思議、可計算、可推理，有侷限的。有了這份信心，才可能超越一切計算，進入真正無邊無界、不可限量、不可思議的宗教世界。

「狐疑不信」的人，無法相信一個人用全世界的寶物供養佛，所得功德卻不如一個念《金剛經》的人。為什麼不相信？因為他會用常理推斷，覺得不可能，所以不相信。例如梁武帝，他造了那麼多廟，那麼多塔，供養了那麼多僧人，他怎麼可能相信自己的功德小於一個念《金剛經》的人呢？

我們不要覺得梁武帝智慧不夠，其實，大部分人的智慧與修行都不及梁武帝。梁武帝會這樣覺得，大部分人一定也是這樣覺得。

所以，大部分人在解釋為何持誦《金剛經》有如此功德時，總要給這個持經者加上許多條件。例如說，這不是普通的念經，而是這位持經者大徹大悟之後的念經。甚至，也不只是大徹大悟之後的念經，而是已經修成菩薩之後的念經。這就是加上許多條件。

很多講經的師父，也是用加條件的方式，講解念誦《金剛經》功德的不可思議。其實，我自己有時也會這樣解釋。為何要加條件呢？因為我們跟梁武帝差不多，覺得若不加上嚴格的條件，這件事看起來似乎並不合理。

其實，我們不必等到大徹大悟，才得此不可思議的持誦功德。只要真實相信，信心不逆，就能有如此功德。這就是第十五分所說的：「若復有人，聞此經典，信心不逆，其福勝彼」，關鍵就在「信心」。

因為信心本身就是無價之寶。信心本身就能讓人放下執著，信心本身就是修行的原動力。信心是從有形界躍入無形界的唯一跳板，是從有限世界進入無限的世界的通行證。是讓自我瓦解，融入到一切之中，又從一切之中，隨緣化身成為個人的偉大神通。

信心，是不必成佛、成道，也不必大徹大悟，而又最接近成佛、成道、大徹大悟，且最容易成佛、成道、大徹大悟的狀態。

信心，讓一切修行，獲得一種完全不同的能量，因而也讓修行，得到完全不同的成果。

當我們有真實信心的時候，我們一點都不會懷疑，讀誦《金剛經》即可獲得不可思議的功德。當我們有真實信心的時候，我們也不會要求釋迦牟尼佛證明給我們看。我們不會問釋迦牟尼佛，你所說的無量無邊功德在哪裡？指給我看。我們只是相信，不需要兌現。如果一定要馬上兌現才算有，那就不是真實的信心。

真正讓不可思議功德發生的關鍵，就是信心。我們不但相信有，而且相信會兌現，雖然不必在這一世兌現，也不必在下一世兌現，但在累生累世中，我們相信一定會兌現。

《華嚴經》裡有一句話說：「信為道源功德母，長養一切諸善根」。「道源」是指佛法的本源。真正的信心，可以讓我們放下自我、放下我執，這即是一切佛法的根源。換句話說，不是你布施了什麼而得到功德，而是你有信心，因此而生起慈悲與利他之心，並用布施表現你的信心，你讓布施跟信心關聯在一起，互為緣起，這才得到真正的功德。

布施若不是表露你真實的信心，布施若與信心缺少連結，布施如果只為顯現人情、名利、地位，那就什麼功德也沒有。同樣的，任何修行，最後都要兌現在信心、信仰與信念，這個修行才能給我們帶來智慧，以及累積無限的福德。

第十四堂課——第十七分

執著的本質是，你自己挖了兩個坑，然後選擇其中一個坑，自以為是地跳進去

究竟無我分第十七

爾時，須菩提白佛言：「世尊，善男子、善女人，發阿耨多羅三藐三菩提心，云何應住？云何降伏其心？」

佛告須菩提：「善男子、善女人，發阿耨多羅三藐三菩提心者，當生如是心：我應滅度一切眾生；滅度一切眾生已，而無有一眾生實滅度者，何以故？須菩提，若菩薩有我相、人相、眾生相、壽者相，即非菩薩。所以者何？須菩提！實無有法，發阿耨多羅三藐三菩提心者。須菩提！於意云何？如來於然燈佛所，有法得阿耨多羅三藐三菩提不？」

「不也。世尊！如我解佛所說義，佛於然燈佛所，無有法得阿耨多羅三藐三菩提。」

佛言：「如是！如是！須菩提！實無有法，如來得阿耨多羅三藐三菩提。須菩提！若有法如來得阿耨多羅三藐三菩提者，然燈佛即不與我授記：『汝於來世當得作佛，號釋迦牟尼。』以實無有法，得阿耨多羅三藐三菩提，是故然燈佛與我授記，作是言：『汝於來世，當得作佛，號釋迦牟尼。』何以故？如來者，即諸法如義。若有人言：如來得阿耨多羅三藐三菩提，須菩提！實無有法，佛得阿耨多羅三藐三菩提。須菩提！如來所得阿耨多羅三藐三菩提，於是中無實無虛。是故如來說一切法，皆是佛法。須菩提！所言一切法者，即非一切法，是故名一切法。須菩提！譬如人身長大。」

須菩提言：「世尊！如來說人身長大，則為非大身，是名大身。」

「須菩提！菩薩亦如是。若作是言：『我當滅度無量眾生。』則不名菩薩。何以故？須菩提！實無有法，名為菩薩。是故佛說：『一切法，無我、無人、無眾生、無壽者。』須菩提！若菩薩作是言：『我當莊嚴佛土。』是不名菩薩。何以故？如來說莊嚴佛土者，即非莊嚴，是名莊嚴。須菩提！若菩薩通達無我法者，如來說名真是菩薩。」

這一分名為「究竟無我」。這個「我」，好像不言自明，彷彿大家都懂，但其實能真正說出所以然的人很少。什麼是「我」？這個問題關乎我們怎麼看待自己的生命，也關乎我們對佛法的理解。

如果有人問你，你是誰？你會怎麼回答呢？我相信大部分人會回答：姓名、年齡、地址、做什麼工作，擁有什麼興趣愛好等等。但是，這些並不是真正的你。因為，姓名只是代號，年齡只是時間的消逝，地址只是睡覺的地方，工作只是賺錢的方式，興趣只是休閒娛樂。這些只是你擁有的，而不是真正的你。

「我」和「我所擁有的」，並不是同一件事。你擁有一個名字、擁有一個家庭、擁有一個工作、擁有興趣愛好，擁有車子、房子，擁有高爾夫球會員卡，擁有很多朋友，甚至，你擁有一個肉體和頭腦。但是，這些通通不是「我」。我們必須把一切所擁有的東西，暫時放在一邊，然後才能回答，我是誰。

我們所擁有的東西，隨無常變化，因緣生滅，無法長久，說結束就結束。如果我們把所擁有的東西，等同於「我」，那麼這個「我」，也是虛幻不實、生滅不定，猶如夢幻泡影。

放下所擁有的，「我」還剩什麼呢？我跟大家說，「我」還剩三樣東西：感受（情感）、智慧，以及意志。這三樣東西，整合在一起之後，以意志為主宰，做我們想做的事，說我們想說的話，成為我們想成為的人，過我們想過的生活。

這時的「我」，不是擁有什麼的「我」，而是願意付出什麼努力、調整言行、改變自己，讓自己成為什麼的「我」。注意，此時的「我」，不是想成為什麼，而是付出努力、做出改變，讓原來的「我」得到提升，變得更好的「我」。是那個不斷超越「我」的「我」。

這樣的「我」，是一種願力、是一種意志，是朝向目標的努力，是嚮往的力量、是成長的心，是改變自己的修行。

「我」到最後一定是改變自己的修行。人若不修行，不會有真正的「我」。

「我」在修行中，在追求中，在超越中，在不斷改變自己的過程中，最後發現，修行其實不是得到什麼，而是讓自己變得更好。修行不是加法，不是增加什麼而變得圓滿。修行是減法，是減少什麼、放下什麼而回歸於圓滿。修行其實不必向外追求，因為，「我」本身就是圓滿。

佛法的修行，到最後不是成為其它的什麼。佛法的修行，到最後是成為自己，成為一個圓滿無缺，感覺自足且自在的人。

當我們不再向外追求什麼，也不再需要得到什麼時，我們就會能平靜自在，而我們與外在事物的關係，也會變得很平和。事物與事物之間的界線會慢慢模糊，彷彿一切皆可自由來去，毫無阻礙。我們可以成為他們，他們也可以成為我們，彼此感應、氣息互通。此時的圓滿自足，已經不是我的圓滿自足，而是一切萬物的圓滿自足。當萬物都圓滿自足，整個宇宙就都安靜了，也都圓滿了。

「究竟無我」的「究竟」是至高無上的意思，也是圓滿的意思。「無我」即是「我」到了圓滿的狀態，所以連「我」也平靜了，也放下了。

《金剛經》想教我們的，不是把這個「我」當成敵人，然後否定他，接著把他消滅。不是的！

《金剛經》想教我們的是，我們要站在「我」之上，來覺察這個「我」。而不要在「我」之下，被這個「我」所控制。

因為，能站在一切事物之上，來覺察事物，這就是般若智慧。能覺知自己在執著，並有能力放下這個執著，這就是般若智慧。而這就是《金剛經》想教我們的事。

「我」並不是修行的敵人，執著才是。我們要下工夫的地方，在於放下執著，而不在於把「我」消滅。這才是「究竟無我」。

爾時，須菩提白佛言：「世尊，善男子、善女人，發阿耨多羅三藐三菩提心，云何應住？云何降伏其心？」佛告須菩提：「善男子、善女人，發阿耨多羅三藐三菩提心者，當生如是心：我應滅度一切眾生；滅度一切眾生已，而無有一眾生實滅度者，何以故？須菩提，若菩薩有我相、人相、眾生相、壽者相，即非菩薩。所以者何？須菩提！實無有法，發阿耨多羅三藐三菩提心者。

這一段，等於把第二分的內容，原原本本又重複了一遍。而釋迦牟尼佛的回答，也大致如同第三分。唯一不同的是，這裡多了一句：「**實無有法，發阿耨多羅三藐三菩提心者**」。

一般人在度眾生之後，會覺得自己是度者，眾生是被度者，兩者形成因果關係。而菩薩度眾生，沒有分別心，不執著於相，於己於人，都在這一度的緣分中，得到圓滿，所以不必再分誰是度者，誰是被度者。放下這個分別，菩薩就不會被外在的相困住。

所以說：「實無有法，發阿耨多羅三藐三菩提心者」。因為，這個世界上的事，原本都是真實的，但是，一經人心糾纏，執著不放，就遠離真實了。即使像「發阿耨多羅三藐三菩提心」這件事，若我們過度執著於菩提心本身，一直把它當成一件特殊的事，而不是把菩提心融入生活日常，那麼執著就會把菩提心變成假的。

最好的修行，是別人覺得你在修行，而你自己卻不覺得自己在修行。我們若是很有意識地覺得自己在修行，這就表示，我們與所修的東西，還沒有融合為一體。修行的次第，一定是從「有法」，修到「無法」。等到自己不覺得在修某個法了，這才是真正的得法。這就是「實無有法」。

執著就好像希臘神話裡的梅杜莎，頭髮裡有數不清的毒蛇，無論誰的眼神與她對視，立刻變成石頭。我們心中若充滿成見，處處執著，那麼我們也會像長滿毒蛇的梅杜莎，看不到眾生，只看到僵固不動的石頭。

這裡又再一次遇到「四相」，也就是「我相、人相、眾生相、壽者相」。其實，「四相」就是一切相。凡是使用人我、主客的二元對立角度看待事情，或使用時間、空間的角度看待事情，只要有二元對立，有時空分別，就必然帶有執著的成分，那就屬於「四相」的範圍。

熟讀《金剛經》的人，看到這裡，應該會感覺，這一段幾乎重複了第二分與第三分的內容。事實上，《金剛經》從第十七分之後，幾乎百分之五十的經文，都重複了前十六分的內容。這是為什麼呢？為什麼要這樣大篇幅地重複呢？

關於重複的原因，目前並沒有一致的解答。有些人認為，重複蘊含很深的密意。而有些法師則認為，這是佛陀慈悲，反覆叮嚀附囑，並沒有太特別的深意。總之，這是一個沒有標準答案的問題，每一個人都可以根據自己的理解，提出自己的看法。

有一位當代的道源法師是這樣解釋的。他認為，第一到第八分，是在講發心，偏重在「信」。第九到第十六分，是在講「解」，也就是「深解義趣」，偏重在「悟」。第十七到第三十二分，雖然經文類似，但用意完全不同，目的在講「修」，也就是如何實踐的部分。

這個說法，簡單說，就是前半部是「信解」，後半部是「受持」，合在一起就是完整的「信解受持」。我覺得這個講法很好，所以提出來供大家參考。

我個人的體會是，經文的重複，給人的第一印象，就是這件事情很重要，不可輕忽，必須牢記在心。其次，重複的結構，又在某些地方略做更動，這樣的表達在詩歌上稱為「重章疊唱」。其三，這種表達方式可以給人親切感與節奏感，既可加深印象，又可讓讀者理解的深度逐步增加。其三，「重章疊唱」給人一種綿延不絕的感覺，彷彿山外有山，天外有天，佛法重重無盡，怎麼說也說不完。

去年我獨自參加一日北高三六〇的自行車賽事，朋友知道後，各種關切與提醒紛至沓來，讓我受寵若驚。其實，大家提醒的內容，大同小異，也等於是「重章疊唱」。剛開始，我只覺得朋友是禮貌性關心，沒有太在意。但是，重複的關心多到一個數量後，我知道不能再輕忽了，一定要在行動上有積極回應才行。於是，我拜託兩位朋友，一位開保姆車，另一位騎機車前導。經過這樣安排，既回應了大家的關心，也讓騎行安全順利許多。

我的意思是，我們在讀誦《金剛經》時，如果一次次感受到佛陀的諄諄教誨，也一次次感受到佛陀的護念囑咐，我們怎麼可能在行動上毫無回應呢？怎麼可能不做一點事情，不付出一點努力，來回報佛陀如此殷切的教導與耳提面命呢？

所以，在第十七分之後經文重複之前的內容，這不是重複有何意義的問題，而是在提醒我們，是不是應該有所行動了？是不是應該把《金剛經》教我們的事情，用在日常生活上了？是不是應該問自己，心中是否有過不去，也放不下的事情？心中是否有無法原諒的人？我們應該問自己，為何總是在某些同樣的地方卡關？

第十七分之後，我們從經文中所得到的領悟，都應該試著用在生活實踐上，都應該用來改變我們的身口意，而不是用概念的方式保存在頭腦裡。因為，如果不實踐的話，幾乎所有語言上的道理，在頭腦裡放久了，都會成為執念。

真正的「悟」，是我們心中的一些執著被看破、被看淡、被放下。真正的「悟」，是我們心裡有地方被打通了。真正的「悟」，是我們原本過不去的地方、糾結緊張的地方，通通得到了釋放。真正的「悟」，是我們內心情緒不再激烈起伏，同時，痛苦與煩惱也得到療癒。真正的「悟」，會讓我們變得更加成熟美好。

真正的「悟」，在「破」去我們心中某些執著後，這個「悟」會自然瓜熟蒂落，功成身退。如果放下執著後，這個「悟」反而得到一個名分，組合成一套新概念，擁有權威、占據地盤，賴著不走。那麼這個「悟」，也等於是一個新的執著了。

如果我們懂得去實踐，那麼就會明白，「悟」是假的，只有放下是真的。意識的內容是假的，只有保持覺知是真的。情緒是假的，只有脫離情緒漩渦的能力是真的。

如果我們在實踐中得到成長與提升，那麼也會進一步知道，如果沒有假，其實也不會有真。真要感謝假，假也要感謝真。當真與假相互感激之後，我們就能不困在兩者之間，更能站到兩者之上，成就中道。

「須菩提！於意云何？如來於然燈佛所，有法得阿耨多羅三藐三菩提不？」「不也。世尊！如我解佛所說義，佛於然燈佛所，無有法得阿耨多羅三藐三菩提。」佛言：「如是！如是！須菩提！實無有法，如來得阿耨多羅三藐三菩提。

這一段，跟第十分的：「如來昔在然燈佛所，於法有所得不？不也，世尊！如來在然燈佛所，於法實無所得。」兩者內容十分接近。

所有的「法」，從最高意義來說，都是行動的方法、實踐的體悟，是正確使用意識功能的操作心得。並非另有一個「法」，獨立於行動、實踐、操作之外。那些獨立於行動、實踐、操作之外的「法」，只是語言概念，說起來頭頭是道，卻見不了真佛。

真正的「得」，其實是放下。放得下，才表示我們已經得到。如果放不下，反而證明我們還沒得到。所以，「無法可得」，才是真得。或者說，我們真正能得到的，不是外在的法，而是內在圓滿自在的心，以及放下的能力。

還是騎自行車的比喻。請問，我們可以因為閱讀與自行車有關的書籍，而學會騎自行車嗎？當然沒有辦法。雖然，我們在書中可以學到很多知識，但是，書並無法教會我們騎自行車。真正的佛法，不是書，不是知識。真正的佛法，是騎自行車，是擁有騎自行車的能力。

「**佛於然燈佛所，無有法得阿耨多羅三藐三菩提**」，這相當於說，釋迦牟尼佛在燃燈佛前，並沒有得到一套自行車的知識，但是，他學會了騎自行車。並不是燃燈佛說了一些真理，因而讓釋迦牟尼佛學會騎自行車，而是釋迦牟尼佛的心，擁有了平衡的能力，因而學會騎自行車。這個能力只能是內在的自證自悟，而無法從他人的語言中得到。

「須菩提！若有法如來得阿耨多羅三藐三菩提者，然燈佛即不與我授記：『汝於來世當得作佛，號釋迦牟尼。』以實無有法，得阿耨多羅三藐三菩提，是故然燈佛與我授記，作是言：

『汝於來世，當得作佛，號釋迦牟尼。』何以故？如來者，即諸法如義。

這一段是說，如果當年佛陀與燃燈佛見面時，佛陀覺得自己已經得到一種法，叫阿耨多羅三藐三菩提，那麼燃燈佛就不會給他授記。正因為佛陀不覺得自己得到這樣的法，所以燃燈佛才為他授記。

這段內容與第七分：「如來得阿耨多羅三藐三菩提耶？」以及「無有定法名阿耨多羅三藐三菩提」是相關的。我跟大家說，真正的得，是自得，是本來就有，故不必再得。所以，真正的得，必然是以無得為得，以有得為未得。

同樣的，真正的法，即是本心。我們的本心即蘊含一切法。所以，不是這裡一個法，那裡一個法，而是只有一個本心，沒有其它定法。佛陀明白這個道理，所以才得了燃燈佛的授記。

最後一句：「**如來者，即諸法如義**」。「如」是「是」的意思。本來是什麼，就是什麼，不增一分，也不減一分，這就是「如」。所以，「如」就是本心，也可以說是本來面目，也等於「實」或「真」。如來就是到達了「如」的境界的意思。

有時，我們也會使用「真如」、「如實」、「如如」等字眼，來表示萬物的本來面目，或萬物的原本性質。萬物的原本性質是什麼呢？在有為法的世界裡，萬物並沒有什麼永恆不變的性質，所以是「空」或是「空性」。

「諸法如義」是說，一切法、一切現象，回歸其原本的狀態，其實背後並沒有一個實質且不變的東西。簡單說，「諸法如義」就是「諸法性空」。因為是「空」，所以我們抓不住它，也得不到它，更控制不了它。任何我們想抓住它、得到它、控制它的念頭，都是執著。

所以，這段經文的意思就是，如來達到了真如的境界，也就是諸法性空。

我們每個人都嚮往能作真實的自己，成為真實的「我」。其實，從佛法的角度來看，所謂「真實的自己」，其實也是因緣聚合，也是「空」。

人在追尋做「真正的自己」的過程中，會發現三件事：一是並沒有一個不變的「真正的自己」。二是向外追尋會使我們與「真正的自己」一分為二。三是當我覺察自己時，我們一方面放下「真正的自己」這個念頭，另一方面我們反而成為「真正的自己」了。

我們的生命中，似乎都在追尋一個真實且不會改變的東西，一個可以讓我們永遠依靠，也永遠擁有的東西。例如，我們都在追尋不會改變的愛，或者穩定可靠的財富，或者可以永遠保護我們的力量。

然而，這世上並不存在不會改變的東西。我們追求的，最終只是一個自己創造的幻影，一個自我催眠，一個眾人起鬨下的謊言。虛假的東西，都像迷幻藥一樣，先給我們極大的快樂，隨後給我們加倍的失望與加倍的痛苦。

「空」的意義，就是在這個體會下誕生的。「空」，是我們所努力追求的，在初見豐碩成果之後，隨即消滅。「空」，是一切美好的事物，無論我們如何維護都將消逝。「空」是讓我們感到痛苦、失望的東西，會不斷重新來到眼前。只有我們理解，並接受「空」，我們的生命才有一個真實的基點。

我年輕的時候聽羅大佑的歌，其中有一段歌詞是：「你曾經對我說，你永遠愛著我，愛情這東西我明白，但永遠是什麼？姑娘妳別哭泣，我倆還在一起，今天的歡樂將是明天永恆的回憶。」

我第一次聽這首歌時，就被「愛情這東西我明白，但永遠是什麼」這句話深深打動。因為，在「永遠」的面前，有什麼東西能堅持不變呢？在「永遠」的面前，有什麼事情能不讓人疑惑又痛苦呢？如果我年輕時有善根，當下就應該頓悟。

我更小的時候曾看過一部叫《兩小無猜》的電影。男女主角是一對小學生，他們彼此相愛。有一天，他們到墓園散步，女孩看到墓碑上有丈夫紀念亡妻的文字，寫著：「感謝你給我五十年幸福的時光。」女孩便問男孩，「五十年是多久呢？」男生回答：「相當於一百五十個學期吧！」女孩又問：「那你會愛我五十年嗎？」男生略有猶豫。女孩就說，我想你不會。男生馬上反駁：「我當然會，我不是已經愛你一整個星期了嗎？」

其實我們每個人都和這對兩小無猜的孩子一樣，當下的感情是真的，但並不懂什麼是永遠。

面對永遠、面對無常、面對變化，面對美好的事物終將消逝，我們每個人都需要學習一點「空的智慧」。我們要慢慢領悟到，最美好的事物，不在身外，而在我們內心裡。如果我們無法體認內心的圓滿自足，那麼對於外在美好事物的消逝，我們將難以承受。

如果我們能感受到內心的圓滿自足，那麼外在每一樣事物也將無比美好。春天的花、夏天的雲、秋天的月、冬天的陽光，時時與我們內心相互感通，相互照映。這時，日日是好日，變化本身即是圓滿。

「若有人言：如來得阿耨多羅三藐三菩提，須菩提！實無有法，佛得阿耨多羅三藐三菩提。須菩提！如來所得阿耨多羅三藐三菩提，於是中無實無虛。是故如來說一切法，皆是佛法。須菩提！所言一切法者，即非一切法，是故名一切法。

這裡，佛陀再次對須菩提說，若有人說，釋迦牟尼佛已得到無上正等正覺，須菩提，你應知道，無上正等正覺以不得為得，以得為未得。所以，不能說釋迦牟尼佛得到無上正等正覺，但也不能說釋迦牟尼佛沒有得到無上正等正覺。執著於任何一邊都不對，所以說是「**無實無虛**」。從無上正等正覺來說，佛法既有具體內容，也可以說是空。佛法既可擁有，卻也無法擁有。佛法是實、也是虛，既不是實、也不是虛，如此「無實無虛」的佛法，才是如來的佛法。

《金剛經》總共出現兩次「無實無虛」。一次是在第十四分：「如來所得法，此法無實無虛。」另一次就是此處：「如來所得阿耨多羅三藐三菩提，於是中無實無虛。」這兩處講的都是同一件事情。就是阿耨多羅三藐三菩提法不能視之為實，以為可以擁有某種法。但也不能看得太虛，認為沒有這個法。因為，真正的阿耨多羅三藐三菩提法，既不是實、也不是虛，而是超越實與虛之上。

「愛」可以擁有嗎？或者無法擁有？「愛」是永恆的嗎？或者只是短暫？「愛」經得起考驗嗎？還是經不起考驗？「愛」是客觀真實的嗎？或者只是主觀的想像？

從佛法來說，真正的愛，一定超越相對事物之上。真正的愛，一定也是「無實無虛」。真正的愛，一定與我們內在的真實圓滿合一。

一個內在真實而圓滿的人，才懂得真正的愛，也才能真正愛人。一個內在缺乏真實圓滿的人，他的愛，只是不斷向外索求，想填滿內心的不圓滿，但卻怎麼也填不滿。

《金剛經》的修行方法，簡單說就是回到真實而圓滿的內心。具體的方法就是「放下」，以及「不要執著」。

釋迦牟尼佛接受燃燈佛「授記」時，有沒有得到究竟佛法呢？若回答有，佛就「破」你，告訴你沒有。為什麼要「破」？因為你的心此時建構了「究竟佛法」。把「究竟佛法」看成是很偉大、很神祕，很難得的東西。這個附加上去的建構，讓「佛法」變成不是本來的「佛法」，所以要把它「破」去。

但如果你回答，釋迦牟尼佛並沒有得到「究竟佛法」，以為這個回答會得到佛陀的讚賞，結果卻相反，佛陀還是要「破」你！為什麼？因為回答「沒有」的時候，也是一種建構。你故意讓

「究竟佛法」少了一些東西，讓佛法變得不那麼偉大、神祕與難得，所以也要「破」。

所以，我們心上念頭一動，無論這一動是落在生滅、垢淨、增減、虛實的哪一邊，只要落於一邊，我們的心就離開原本的狀態，開始建構了。只要開始建構，我們就要「破」。

所以，「無實無虛」也等於「破實破虛」。因為，「實」不可取、「虛」也不可取；真不可取、假也不可取。相對立的兩邊皆不可取。兩邊皆不取，兩邊皆破去，為的是讓我們在兩邊之間沒有立足之地，只好提高維度，站到兩邊的上面。

我年輕時服兵役，新訓中心的指揮官，很喜歡在正中午叫大家全副武裝，提槍揹包，用立正的姿勢聽他訓話一小時。過程中，好幾個人頭暈，倒了下來。有一次，我汗流浹背、心煩氣躁，眼前泛黑。這時只要我一放鬆，立刻就會倒下。但若我提起一口氣，硬挺一下，似乎再撐一下也可以。這就是兩邊。

在我正想倒下時，突然聽到指揮官說：你們不要覺得現在很苦，你們要想像自己正在練功，正在蹲馬步、在站樁、在調息。能這樣想，你們不但不覺得現在很苦，還會有回甘的感覺。

我很奇妙的，這句話我竟聽進去了。然後我真的開始調息，真的用練功的心情站立。這時，我感到一陣微風吹來，讓我清涼無比，眼前景物立刻明亮起來。此刻的我，慢慢不煩躁了，剛才兩邊的選擇，也不復存在了。

脫離困境的方法，是站到困境之上。如果眼前有兩條路，你無論選哪一條路，結果都不會很好。請問，該如何選擇呢？

我跟大家說，眼前有兩條路這個「相」，是我們自己執著建構出來的。兩條路中必須選擇一條路來走，這個「相」也是我們自己執著建構出來的。我們在自己的執著建構中找路，自然怎麼走都不對啊！無論怎麼選，都是窮途末路！

若是運用不執著的智慧，我們就會勇猛一躍，跳到相對的兩邊之上，超越兩邊，看到另一條無限寬廣的道路。

如果能跳到兩邊之上，你就會看到，自己之前的心，全是執著、全是建構、全是愚痴。那樣的執著，如同先挖兩個坑，然後告訴自己，除了選擇其中一個坑跳進去之外，別無他法。人心之執著，就有這樣的危險，就有這樣的愚蠢。但是，若沒有跳到兩邊之上，我們對這樣的危險與愚蠢，也毫無所知。

「須菩提！譬如人身長大。」須菩提言：「世尊！如來說人身長大，則為非大身，是名大身。」

「**人身長大**」是指福報很好，所以身形高大。例如佛所表現出來的報身，也常常是「人身長大」。因為最大的福報，來自於修行，所以「人身長大」也可以代表修行的成果。

這裡，佛陀問須菩提，「人身長大」是不是真的「人身長大」呢？「人身長大」是不是真的很有修行，很有福報呢？在一般人眼中，「人身長大」當然是好相，當然是大福報，當然很有修行。可是，在佛陀的眼中卻不是如此。

這裡又一次出現《金剛經》的知名句法：「人身長大，則為非大身，是名大身。」這種句法，用最簡單的方式理解，就是「大身」與「非大身」是一組相反的東西，我們只有超越「大身」與「非大身」的對立，站到它們之上，才能夠得到更真實的「大身」。

美與醜是相反的，如果我們一味追求美而排斥醜，最後也不會得到美，而只會得到俗。必須超越美與醜，我們才知道什麼是真正的美，也才知道什麼是真正的藝術。

「須菩提！菩薩亦如是。若作是言：『我當滅度無量眾生。』則不名菩薩。何以故？須菩提！實無有法，名為菩薩。是故佛說：『一切法，無我、無人、無眾生、無壽者。』須菩提！若菩薩作是言：『我當莊嚴佛土。』是不名菩薩。何以故？如來說莊嚴佛土者，即非莊嚴，是名莊嚴。須菩提！若菩薩通達無我法者，如來說名真是菩薩。」

所以，佛陀又對須菩提說，菩薩不應執著於兩端的任何一端。如果一個菩薩說：「我應該救度一切眾生」，那麼他就不是菩薩了。為什麼不是菩薩了呢？因為他執著於救度，又執著於眾生。菩薩不應執著於名，也不應執著於實，沒有分別，超越於名實之上，才是真菩薩。所以佛陀才會說：「一切法，都應該放下執著，才是真正的佛法」。

同樣的，如果菩薩說：「我應該建立淨土來度化眾生」，那麼他也不是真正的菩薩。為何不是真正的菩薩呢？因為他仍然對淨土有執著。要知道，淨土只是修行者清淨心的化現。所以，能放下一切執著的菩薩，才是真正的菩薩。

一個人若發了「**我當滅度無量眾生**」的大願，就是走在成為菩薩的道路上了。而一個已經成為菩薩的人，已經沒有人、我、他，以及從前、現在的區別，所以也不會有我和眾生的區別，沒有我是菩薩這個執著，也沒有「當滅度無量眾生」這個執著。

菩薩如果還需要用「我當滅度無量眾生」這個願，來證明自己是一個菩薩，那麼他就還不是一個菩薩。一個真正的菩薩，不需要證明什麼，也不需要菩薩這個名分，因為他已經在這個名分之上，而不在這個名分之下。

《金剛經》真的是一部甚深的經典。例如，「**實無有法，名為菩薩**」這一句，你會不會把它理解成，「菩薩」這個名沒有意義，是空的呢？當然，這個理解也沒有錯，只不過，「菩薩」這個名有沒有意義，仍要看對誰而說。如果針對我們根基淺的人來說，「菩薩」這個名還是很真實的，菩薩的加持還是很重要的。但是，從菩薩的高度來看，這個名卻應該放下。

「**一切法，無我、無人、無眾生、無壽者**」。所謂「無我、無人、無眾生、無壽者」，就是站在人我之上，也站在一切時間與空間的視角之上。擴大來說，就是要站在一切之上，才能看到真正的法，明白真正的智慧，領悟真正的自性。

我用「站在一切之上」的這個說法時，大家會不會覺得很奇怪？因為，「一切」已經涵蓋所有了，已經無所不包了，為何還有「之上」？

能站在一切之上的只有「空性」。空能包容一切，所以它在一切之上。

「**若菩薩通達無我法者，如來說名真是菩薩**」這一句是說，如果菩薩通達了無我法，也就是空，如來就說他是真正的菩薩。

先跟大家說一個故事。從前聖嚴法師在日本念博士時，面臨沒錢生活的窘境。這時，突然有人願意資助他，且不願透露資助來源。等到聖嚴法師取得博士學位後，又過了好幾年，他才知道，當年的資助，來自一位在美國做生意的沈家楨居士。

這位沈家楨居士寫過一本《金剛經研究》的小書，書中就討論了「無我法者」這四個字。沈居士認為，「無我法者」有兩種解釋：一是指「無我」的法，也就是「諸法無我」。這裡的「我」，不是「人我」相對的「我」，而是「本質」、「本性」的意思。另一種解釋是，「無我法者」是「無我」及「無法」的合稱。也就是說，不但沒有「我」的執著，也沒有「法」的執著。他認為後者的解釋好過於前者。我覺得沈居士的看法很值得參考，所以介紹給大家。

「我」這個字，在甲骨文中的本義其實是一種兵器，類似於大斧。「我」這個字的根源，來自於人與人之間的殺伐戰鬥，爭強爭勝。所以，「我」在根源上，是充滿鬥爭性的，很想證明自己的價值高過於他人，以自己為中心，喜歡製造差異，又不喜歡平等。

從這個角度來說，「無我」就是讓那個喜歡鬥爭的「我」平靜下來，讓那個想證明自己的價值高過於他人的「我」安定下來，讓那個喜歡製造差異的「我」放鬆下來。

只有放下這個喜歡證明自己的價值高過於他人的我，眾生才可能平等，萬法也才可能平等。

換句話說，「無我法」就是「正等法」、「平等法」。放下我執，才能成就「正等正覺」。

第十五堂課

第十八、十九、二十、二十一分

福報就像一場好夢，不可長久，
只要夠虔誠，佛都可以給你。
但永恆不變的東西，佛給不了你，
必須自己透過修行才能得到

一體同觀分第十八

「須菩提！於意云何？如來有肉眼不？」
「如是，世尊！如來有肉眼。」
「須菩提！於意云何？如來有天眼不？」
「如是，世尊！如來有天眼。」
「須菩提！於意云何？如來有慧眼不？」

「如是，世尊！如來有慧眼。」
「須菩提！於意云何？如來有法眼不？」
「如是，世尊！如來有法眼。」
「須菩提！於意云何？如來有佛眼不？」
「如是，世尊！如來有佛眼。」
「須菩提！於意云何？如恆河中所有沙，佛說是沙不？」
「如是，世尊！如來說是沙。」
「須菩提！於意云何？如一恆河中所有沙，有如是沙等恆河，是諸恆河所有沙數，佛世界如是，寧為多不？」
「甚多。世尊！」
佛告須菩提：「爾所國土中，所有眾生若干種心，如來悉知。何以故？如來說諸心，皆為非心，是名為心。所以者何？須菩提！過去心不可得，現在心不可得，未來心不可得。」

這一分名為「一體同觀」。我們先來說什麼是「一體」？

我年輕的時候以為，「一體」就像一個機械鐘，拆開來是許多齒輪、彈簧與螺絲，合起來才成為「一體」的鐘。進一步看，個別的齒輪、彈簧與螺絲，價值很低，必須合成「一體」，才有真正的價值。

但是，隨著年紀的增長，我慢慢體會到，佛法並不是從這一角度來講「一體」。佛法更從「平等」的角度來講「一體」。

我們所有人，無論是富貴貧賤，或者愚智美醜，都在因緣變化的大海中，載浮載沉、東飄西蕩，度過生老病死的一生，無一例外，也無人能逃。從根本上說，我們所有人的命運都相同。這個相同，就是「一體」。這個「一體」，也是平等。

我過去靜坐，都是用腹部呼吸法，剛開始很有幫助，後來卻很容易昏沉、犯睏，於是改用其它的呼吸法。學習新的呼吸法後，我有一個體會，就是剛開始是覺知鼻子在呼吸，後來變成覺知呼吸是從鼻子、喉嚨、氣管，慢慢擴大至整個胸腔，都在呼吸，而且是同一個呼吸。然後，又覺知頭部、脖子、肩膀也在一起呼吸。再擴展到腹腔與下半身。在呼吸中，身體慢慢成為一體，忘記各部分的分別。有些剎那，我甚至覺得周邊的一切，也在同一個呼吸中。似乎，在呼吸法的練習中，最後我們也將通往「一體」的覺知。

還有另一個體會，一切眾生，在無限時空的尺度下，都是一樣的；在無限的因緣變化下，所有眾生的差別，最後都將被抹平。例如你十八歲的時候，青春美麗、容光煥發，是人人羨慕的班花，比身邊任何朋友都漂亮。可是，當你與其它人都九十九歲時，大家趨於一致，誰比誰漂亮這件事，已經不存在了。從這個角度來說，你和你的朋友是趨於「平等」的，也是趨於「一體」

的。

在永恆運行的生滅變化之下，萬物想擴大差異，其實是很耗費能量的，反而趨於一致才是自然。一切差異最後會慢慢被弭平，太高的會變低、太低的會變高，「一」與「非一」最終是「平等」的，也是「一體」的。

用「一體」的角度看萬事萬物，就是「同觀」。「同」是「平等」的意思。

「須菩提！於意云何？如來有肉眼不？」「如是，世尊！如來有肉眼。」「須菩提！於意云何？如來有天眼不？」「如是，世尊！如來有天眼。」「須菩提！於意云何？如來有慧眼不？」「如是，世尊！如來有慧眼。」「須菩提！於意云何？如來有法眼不？」「如是，世尊！如來有法眼。」「須菩提！於意云何？如來有佛眼不？」「如是，世尊！如來有佛眼。」

凡夫用「**肉眼**」看世界，用執著之心過生活。那麼，釋迦牟尼佛有沒有「肉眼」呢？你若說有，佛要敲你的頭。你若說沒有，佛也要敲你的頭。為什麼？因為你此時的心，在「肉眼之下」，執著於「肉眼」，所以無論怎麼回答，都不對。你還沒開口，釋迦牟尼佛便已看透你的心，所以給你零分。

什麼是執著於「肉眼」呢？例如我年輕時學打坐，知道一個口訣叫「眼觀鼻，鼻觀心」。但我練了之後，覺得不對勁。因為眼睛看著鼻子，這明明是鬥雞眼啊！看了幾分鐘，眼睛就疲勞不堪，這樣怎麼打坐呢？然後鼻子怎麼觀心呢？鼻子又沒有視覺，怎麼看藏在胸腔裡的心呢？這樣理解，就是執著於「肉眼」。

其實，眼睛並不是眼睛，眼睛說到底，其實是念頭。眼觀鼻，不是叫肉眼盯著鼻頭看，而是要念頭跟呼吸在一起，不要讓念頭離開呼吸。而鼻觀心的心，可以解釋為意識。意識也要跟呼吸在一起，不要離開呼吸。廣義的意識，即是我們身心靈的全部。這個全部，都要跟呼吸在一起，這就是鼻觀心。

「**天眼**」是神通之眼。別人看不到的，你看得到，這就是「天眼」。例如，地底下藏了一箱黃金，沒有人知道，但是你一看就知道，這就是「天眼」。

「**慧眼**」即是用「般若智慧」觀看事情。「**法眼**」是了悟一切法、一切因緣，所以能看透一切現象背後的因果。「**佛眼**」是用空性觀看一切，也看到一切皆是空性。

心向外看是「肉眼」。心向內看，才能修成「天眼」、「慧眼」、「法眼」。心能修到如如不動，一切解脫、一切放下、一切平等、一切無礙，那就是「佛眼」了。

那麼，「肉眼」、「天眼」、「慧眼」、「法眼」、「佛眼」是同一雙眼睛，還是不同的五雙眼睛呢？當然是同一雙眼睛。這五眼，是以心的執著程度來做分別。如果此心充滿執著，那就是「肉眼」。如果執著很少，那就可以修得「天眼」。如果沒有執著，那就可以修得「慧眼」、「法眼」與「佛眼」。關鍵在於「心」，而不在於「眼」。

佛陀具足這五眼，能完全照見萬事萬物的本相，及一切眾生的心念，在度眾生的時候，也能沒有分別，沒有執著地使用。

「須菩提！於意云何？如恆河中所有沙，佛說是沙不？」「如是，世尊！如來說是沙。」「須菩提！於意云何？如一恆河中所有沙，有如是沙等恆河，是諸恆河所有沙數，佛世界如是，寧為多不？」「甚多。世尊！」

佛經對於數量上的形容描述，常常讓人驚嘆不已，充滿興味。例如《莊子》已經是一本很有想像力的書了，但他描述大鵬鳥時，說鵬鳥拍動翅膀激起三千里的水花，起飛後直上九萬里的天空。對古人來說，這個場面已經震撼力十足了。但是，跟佛經比起來，還是差了一大截。佛經常常使用「幾何級數」的概念，打破我們固有的想法，提升心靈的境界，非常有撞擊力，也極具啟發性。

這一段經文是形容佛世界數量之多。一條恆河裡的沙子多不多？當然多，多到難以計算。但是佛陀接著說，如果每一粒沙子都是一條恆河，那麼如此多的恆河，總共有多少沙呢？這就很嚇人了，因為這等於在難以計算的數量上，再乘上一個難以計算的數量，完全超乎一般人想像的數量。這就是佛經陳述經義時希望得到的效果了，因為這就是「不可思議」。當我們承認有一個「不可思議」的境界在自己之上時，就能學會謙卑，學會不要以自己為中心來看事情，也學會了站在「不可思議」的高度來看世界。

但是，經文又跟我們說，每一粒沙，也是一個「佛世界」。什麼是「佛世界」？我們講過，我們目前居住的世界是小世界。一千個小世界，稱為小千世界；一千個小千世界，稱為中千世界；一千個中千世界，稱為一個大千世界。一個大千世界是就一個佛世界。如果每一粒沙，都代表一個大千世界，又是恆河沙數量的恆河沙數，如此大千世界的總數大不大？那真的太大太大了，大到超乎想像，大到不可思議。

佛經的文學象徵，就是不斷地讓我們進入不可思議之境。然後，面對這個極致的不可思議之境，突然，心念一轉，隨即放下，棄如敝屣。這種顛覆既有概念，破除執著的方式，極為高明、極為藝術、極具智慧，簡直出神入化。

大家一定都看過這樣的影片：一群西藏僧人，用彩色的沙子，在地上繪製一幅非常複雜的大型壇城，面積可能有二十幾平方公尺。當僧人們花費很長的時間，兢兢業業、日夜不休地終於把壇城繪製得瑰麗絢爛，細膩入微，並畫下圓滿的句點後，就在眾人讚嘆的目光下，繪製者拿起掃把，若無其事，毫不珍惜地把眼前完美的作品整個破壞，棄如敝屣，然後人去樓空，只留旁觀者瞠目結舌地在那裡。

如何在現實世界中展演「一切有為法，如夢幻泡影」呢？這就是最好的呈現了。

佛告須菩提：「爾所國土中，所有眾生若干種心，如來悉知。何以故？如來說諸心，皆為非心，是名為心。所以者何？須菩提！過去心不可得，現在心不可得，未來心不可得。」

「**爾所國土中**」的「爾」是「彼」的意思。這一段是說，在一切國土中的眾生，他們的心處在什麼狀態，釋迦牟尼佛通通知道。為什麼知道呢？因為心的狀態雖多，其真實處卻只有一個。為什麼是這樣呢？因為執著於過去的心，什麼也留不住；執著於現在的心，什麼也留不住；執著於未來的心，一樣什麼也留不住。最終都回歸於空。

這一段話有三個重點。一是「眾生若干種心，如來悉知」。二是「諸心皆為非心，是名為心」。三是「過去心不可得，現在心不可得，未來心不可得」，也即所謂的「三心不可得」。我們一個一個來講。

「**眾生若干種心，如來悉知**」，這句話可以有兩個解釋。一是眾生的心，無論在想什麼，這些內容，釋迦牟尼佛通通知道。為什麼全球八十幾億人，每個人心裡想的事情都不一樣，佛陀通通可以知道呢？答案很簡單，因為釋迦牟尼佛有他心通。

其實，我們心裡在想什麼，不是只有自己知道，別人無法知道。不是這樣的。我認識好幾個朋友，都有或強或弱的他心通。有一次，我桌上擺了兩本書，一位朋友來訪，他遠遠一看，就知道我比較喜歡哪一本書。我問他是怎麼知道的，他說你喜歡的書，會散發一股愉快的能量。如果你不喜歡這本書，即使翻閱的次數一樣多，也沒有同樣的能量。大家想想，連凡人都有這樣的能力了，何況是釋迦牟尼佛。

「如來悉知」這件事，我們可以再說深入一點。我們每個人都希望自己被他人理解。因為，被人理解就代表你的價值被看到，也被肯定。不過，真正讓我們感動的理解，不是別人瞭解我們自己已經知道的，而是別人瞭解了連我們自己都說不明白的。這樣的理解，是我們透過對方的眼睛，看到真實的自己，所以更為可貴。

所以，當鍾子期說出他對伯牙彈奏音樂的理解後，伯牙視之為「知音」。這並不是因為鍾子期說出伯牙自己已經知道的東西，而是他說出了連伯牙自己都說不清楚的東西。這樣的「知音」才尤為可貴。

我們自己對自己總有一種朦朧的、說不清楚的體認，雖然知道內在有一些什麼和別人不一樣，但我們不知道這是什麼，以及是否有價值。總要在這個東西被別人「認」出來了，被別人知道了，理解了，有所表達，有所反應了，我們才清楚這是什麼，也才知道它的價值所在。

這個「認」出我們是誰的人，並有能力形象化我們內在世界的人，就是我們的「知己」、「知音」。

一個人最大的福報，是他感覺自己被「天」或佛菩薩瞭解了、知道了。而一個人最高的智慧，是他感覺自己可以瞭解「天」或佛菩薩了。人與「天」與佛菩薩之間的交流之路打通了，就有最大的福報與最高的智慧。

所以，當我看到「如來悉知」這四個字時，有一種喜悅之情出現。因為，在沒有人能理解我們時，佛陀可以理解。而當我們不理解自己時，也可以透過拜佛，繞一個彎，理解我們自己。

回到經文，「眾生若干種心」，也有另一種解釋，這裡的「心」，是指心的狀態，而不是指「心」的內容。「心」的狀態有兩種。一種是「執著心」，一種是「不執著心」。對釋迦牟尼佛來說，毫無疑問，這很好分辨。

「**諸心**」就是常人的心。常人的心，包含一切，裡面有凡有聖，有欲望有智慧，什麼都有，故稱「諸心」。這顆「心」既是「肉團心」，也是「智慧心」，還是「修持心」，當然，也是「佛心」。這顆包羅萬象的心，現在通通放下，通通不要執著，什麼都不是了，那就是「諸心非心」。

放下是一種方法，目的是讓我們的心，站到放下的事物之上。例如你害怕鬼魂，但是，仔細思考後，你發覺你所害怕的東西，是自己創造出來的，事實上鬼魂並不存在。於是你慢慢放下這個害怕，這就是站到害怕之上。可是，若不是用放下的辦法，而是鼓勵自己要勇敢對抗害怕，這樣你仍和害怕站在同一個維度，有時它打敗你，有時你打敗它，你無法站到害怕之上。

「諸心」與「非心」也不是兩種相反的心，而是要在「諸心」中看到「非心」，也要在「非心」中看到「諸心」。這樣才算站到「諸心」與「非心」之上。因為，它們本來就是同一個心。

我年輕時追女朋友，有時對方心情不好，我就會問對方為什麼心情不好？對方不說，我就猜。我問是不是A原因?對方搖頭。我又問是不是B原因?對方又搖頭。無論我怎麼猜,即使猜了一百次,對方也是搖頭。後來我就想,這大概就是女人的心吧!你們看,這樣不對,那樣也不對,無論說對了或說錯了,都不對。為什麼呢?因為她為什麼心情不好的答案並不重要,你若認為這是重點,那麼你的心就在她的心之下,怎麼回答都是錯的。你在她心上找答案,不如回到自己的心上找答案。你在自己心上找到答案,並調整了自己的心,她的心情就會變好了。

再來是「三心不可得」的問題。這一句話非常有名,談論的人很多,各種精彩的說法都有。不過,最常見的說法,仍是用破除「時間相」的角度來解說。

例如,我們會問,有沒有「**過去**」呢?過去已經流逝了,不可能回頭,留下的只有腦中的記憶,以及我們對此記憶不斷延伸的建構與執著而已,故稱「不可得」。「不可得」就是不真實、不穩定,仍一直處在變化與流逝中。

那麼有沒有「**現在**」呢?現在只是剎那,只是夾在未來與過去之間,一條無限狹小的隙縫,剎那即過,根本不可能把握,甚至不可能存在,所以一樣是「不可得」。

那麼有沒有「**未來**」呢?未來瞬息萬變,也還沒到來,我們只能一廂情願地空想臆測,所以也是「不可得」。這樣的解釋,是針對「時間相」來說。

還有一種解釋,就是針對「**心**」的狀態而說。因為,在過去、現在、未來的任何一個時空,只要我們的心,想要留住任何事物,無論是多麼美好的事物,都將徒勞無功、一廂情願,最後必然走向幻滅。

在無常中，在因緣變換中，沒有任何一樣東西，可以真正被我們「擁有」。這就是「**不可得**」。接受這件事情，並理解這件事情，是一切佛法智慧的開端。

我跟大家說，過去、現在、未來的區分，以及時間的線性單向穩定流動，這是一個人間大劇場。在這個劇場裡，每一個人都忍不住想上去演戲，都想得到他人的喝采。演久了，我們就把它當真了。所以，如果我們可以放下對「時間」的執著，我們就可以放下劇場，然後放下演戲、放下角色、放下劇情，然後放下對每一幅畫面的執著。

如果時間是真的，那麼因果就會是真的，變化也會是真的。如果變化是真的，那麼一切都是假的。

反過來說，如果時間是假的，可以放下，那麼因果就是假的，變化也是假的，那麼我們就可以站到永恆與變化之上，看到一個更真實的東西。

法界通化分第十九

「須菩提！於意云何？若有人滿三千大千世界七寶，以用布施，是人以是因緣，得福多不？」

「如是，世尊！此人以是因緣，得福甚多。」

「須菩提！若福德有實，如來不說得福德多，以福德無故，如來說得福德多。」

「法界」可以理解成我們所生活的現實世界。「通化」就是通通處在變化之中。在我們的生活世界中，每一樣東西，最後都會幻滅，都留不住，都會變成另一種不在我們預期之內的東西，這就是「法界通化」。

這一分的經文講的依然是布施的福德。請問，用全世界的寶物去布施，這樣得到的福德，多不多呢？當然很多。那麼請問，這份福德，是不是「法界」裡的福德呢？當然是啊！既然屬於「法界」裡的福德，那麼它就會變化、會幻滅，無法留住，也「不可得」。

梁武帝建寺齋僧無數，他問達摩大師，我布施這麼多，請問有沒有功德？達摩回答，沒有功德。梁武帝聽後不高興，就不和達摩談了。

當初，梁武帝若不是問達摩，而是問須菩提，須菩提一定告訴他說，功德非常大，得福甚多。梁武帝聽到這一答案，一定滿心歡喜。或許，他會進一步問，為何得福甚多呢？如果梁武帝這樣問，那他就與佛結下善緣了。如果他不接著問，只止於滿心歡喜，那麼他的佛緣也就到此為止了。

如果梁武帝問了，須菩提就會轉達釋迦牟尼佛的開示，告訴他，福德這東西，無論多大，只要你的心仍在因緣世界中流轉，那麼你的福德也會在因緣世界裡流轉。轉來轉去，這福德必然變化，必然幻滅，到頭來一場空。

凡在因緣裡流轉的東西，有來必有去，有生必有滅，有得必有失。這樣來來去去，變化不定的東西，就叫「無實」。你如果想要「無實」的東西，那麼要多少有多少，釋迦牟尼佛都可以許給你。可是，所有你得到的，都將失去；所有你感到的美好，都將幻滅。

如果你要的，是一個不受因緣左右，是一個得到就不會失去，來了就不會離開，生了就不會滅的東西，真實且究竟的東西。很抱歉，這樣的東西，即使釋迦牟尼佛有再大的神通，也給不了你。因為，這個東西，不存在於外在世界，只存在於你的心中，也只能靠你自己覺悟而得到。

就像我做了一個好夢，這個夢境好到難以想像，我既是全世界最富有的人，又擁有全世界最高的神通法力。請問，我在夢中，福報大嗎？我若問須菩提，他一定說，福報甚多。但是，這終究是一場夢啊！你要說福報甚大，沒問題。你要說沒有福報，其實也可以。

若我把美好的夢境當成大福報，醒來後發覺一切都是假的，我一定會很難過，甚至難過到得了憂鬱症。可是，我若明白，再好的夢境，也是「無實」，也是一場空，那麼我醒來後，一點也不會難過，甚至，我會覺得自己很幸運，竟得了這樣好的夢。

不懂「無實」的人，以為自己有所得，其實並沒有得到。明白「無實」的人，知道自己沒有得到，反而會感恩於自己曾經得到。

福德就跟一場好夢一樣，不可長久。既然不可長久，那麼只要你夠虔誠，佛菩薩都可以許給你。但如果你要的是一個永恆長久的東西，那麼這就不是佛菩薩可以給你的，必須你自己透過修行而得到。

離色離相分第二十

「須菩提！於意云何？佛可以具足色身見不？」

「不也，世尊！如來不應以具足色身見。何以故？如來說具足色身，即非具足色身，是名具足色身。」

「須菩提！於意云何？如來可以具足諸相見不？」

「不也，世尊！如來不應以具足諸相見。何以故？如來說諸相具足，即非具足，是名諸相具足。」

「離色離相」的「離」，可以理解為心不受色相的綑綁，也不沾黏在色相上。或者，也可以理解為離開色相，保持一段距離。我比較喜歡後者的理解。因為，與對象保持距離，不涉入地看，這就是「觀」。所以，把「離色離相」進一步理解為「觀色觀相」，也是可以的。

對於「色」與「相」，我們要有「觀」的態度。它是它，我是我，彷彿可以互不相干，也彷彿隸屬兩個不同世界。但是，這兩個世界也不能太當真，彷彿真的各有一個世界一樣。因為，隨著緣分的必要，我們也必須在這兩個世界自由來去。

這一段的經文，大體與第五分的內容差不多。在第五分中，佛陀問須菩提：「可以身相見如來不？」答案當然是不可以，因為「如來所說身相，即非身相」。最後佛陀作出結論：「凡所有相，皆是虛妄。若見諸相非相，則見如來。」

看到「相」的不真實，看到「相」的虛妄，知道「相」不是我們以為的那個樣子，因而放下對「相」的執著，這就是見「諸相非相」。能見「諸相非相」，就能「離色離相」，也能「觀色觀相」。

第五分的「身相」，即是此處的「**具足色身**」。佛的身相，必然是最美好、最圓滿、最莊嚴的色身，所以稱為「具足色身」。也可以稱為「圓滿色身」。有如此色身的人，一定是福報最大的人。可是，再好的色身，再大的福報，只要還在「相」的世界裡流轉，終究逃不開幻滅。

非說所說分第二十一

「須菩提！汝勿謂如來作是念：我當有所說法。莫作是念！何以故？若人言如來有所說法，即為謗佛，不能解我所說故。須菩提！說法者，無法可說，是名說法。」

爾時，慧命須菩提白佛言：「世尊！頗有眾生，於未來世，聞說是法，生信心不？」

佛言：「須菩提！彼非眾生，非不眾生。何以故？須菩提！眾生，眾生者，如來說　非眾

生，是名眾生。」

「非說」是指不包含在此說之內的。「所說」是指包含在此說之內的。如果「所說」是A，那麼「非說」就是非A。請問，「A」與「非A」是什麼關係呢？若以數學概念來理解，我們會說它們不相等。但在佛法，我們不會說它們不相等。我們會說：如果沒有A即不會有非A；如果沒有非A，也不會有A。

「A」與「非A」必須同時存在，或者同時不存在，不能一個存在另一個不存在。例如「生」與「死」，也必須同時存在，或者同時不存在。當同時存在時，就稱為「有生有滅」，當同時不存在時，就稱為「不生不滅」。

佛法的智慧，就是要在「有生有滅」的現象中，看到「不生不滅」的「空」。也在「不生不滅」的「空」中，看到「有生有滅」的現象。

從佛法的智慧來說，「A」與「非A」應該是「如」的關係，或者說是「正等」的關係。「正等」不同於相等。不是說「A」等同於「非A」。不是這樣的。而是說，「A」的成立要以「非A」為前提；同樣的，「非A」的成立，也要以「A」為前提。它們彼此依賴，無法獨存。其次，「A」與「非A」，有一個共同的根源，皆是「空」。

讓我用一種新的方式來解釋「空」。例如有一個空瓶子，你倒入粉紅色的草莓果汁，它就是一瓶草莓汁。你也可以倒入黃色的柳橙果汁，這樣就是一瓶柳橙汁。如果，這個瓶子是玻璃實心的，什麼都倒不進去，就什麼果汁都不是了。瓶子的「空」，是一瓶草莓汁的前提，也是一瓶柳橙汁的前提。沒有這個「空」，事物的可能性就不存在了，一切歸零、一切死寂。

因為有這個「空」，所以瓶子成為繽紛的世界，各種果汁、各種飲料，花樣繁多，目不暇給。所以，瓶子的「空」，是瓶子繽紛世界的共同根源。沒有這個「空」，繽紛世界即無法存在。

這也是《金剛經》的核心主題。就好像你以為這是一瓶草莓汁，但是，草莓汁一定會被客人喝掉，然後店家再換上柳橙汁，或者葡萄汁。無法永遠是一瓶草莓汁。

《金剛經》希望我們的「心」學會這樣的運作方式：當我們看到一瓶草莓汁時，我們要知道，它不會永遠是草莓汁，將來必然會變成別的。可能會變柳橙汁或葡萄汁，甚至是咖啡或紅茶。當我們理解這種變化無可避免時，我們才會明白，原來萬事萬物的背後，都有一個「空性」。

用《金剛經》的經文來看，「心」的運作方式就是：是什麼，即非什麼，是名什麼。

最後那句「是名什麼」，就是不執著於事物本身，也不因事物會產生變化而迷惑苦惱，而是在一切變化的背後，看到一個更真實的東西，那就是「空」。

「須菩提！汝勿謂如來作是念：我當有所說法。莫作是念！何以故？若人言如來有所說法，即為謗佛，不能解我所說故。須菩提！說法者，無法可說，是名說法。」

這一段是佛陀告訴須菩提：你千萬不要理所當然地認為我有說法，別這樣想，如果有人真的這樣想，那麼就是在「謗佛」，因為他不能懂我究竟在說什麼。須菩提啊！所謂的說法，其實是無法可說，這才是說法啊！

這一段的關鍵在：「**說法者，無法可說，是名說法**」，換成我們熟悉的句法就是：「所謂說法者，即非說法，是名說法」。這裡的「無法可說」即相當於「非說法」。

「**無法可說**」不是沉默不言，而是沒有一個固定不變的法可說。因為所有的法，都是應機隨緣，隨對象的不同、根器的不同，而說不同的法。而所有法的目的，都是讓修行者放下執著，得到自在與解脫。

之前的課程中，我努力用各種不同方式，把「是什麼，即不是什麼，這才是真正的什麼」這個《金剛經》的特殊句法做出說明。而這次，我把之前各處的說明，統合在一起，分門別類，整理出來。

《金剛經》中用這個句型討論的主題，可以分作情、法、理、心、修辭五類。我從「情」這一類開始慢慢往下說明。

「情」就是我們的感覺、感受。我們讀《金剛經》，一開始就遇到菩薩「度盡無量無邊眾生」，實際上卻「無一眾生得度者」的問題。這一令人感到困惑矛盾的問題，其實也是《金剛經》「是什麼，即不是什麼，是名什麼」的句型變化。

我們當時曾用感覺、感受來解釋這件事。大意是說：每一個眾生並不只是眾生，他們都是某種程度的菩薩。因為，每一個眾生都有能力在別人的修行過程中，提供或大或小的助益，而成為對方的菩薩。同樣的，每一個菩薩也都有機緣，在自己修行的過程中，接受他人或大或小的幫助，因而視對方為菩薩，視自己為眾生。

所以，不但菩薩能度眾生，其實眾生也能度菩薩。菩薩與眾生很難絕對分出誰是眾生，誰是菩薩。也就是說，在菩薩行上，度者與被度者之間，並沒有一條明確的界線。

如果沒有一條清楚的界線告訴我們，誰是菩薩，誰是眾生，又何來「菩薩度盡無量無邊眾生」呢？

眾生與菩薩皆有度化他人的能力，所差者，只是能力大小，與專注程度的不同。所以，真正的菩薩，不會把自己當菩薩，也不會把眾生當成眾生，因為他知道，菩薩也是眾生，而眾生也是菩薩。最後，菩薩與眾生，你中有我，我中有你，無法再區分清楚了。

換句話說，也許「度」的過程是有的，但是，誰度誰呢？誰是度者，誰是被度者呢？誰是菩薩，誰是眾生呢？這個分別並不存在，因而說「無一眾生得度者」。主體的菩薩都失去明確稱謂了，又何來「眾生得度」呢？

如果眾生也在行菩薩道，那麼請問，眾生還會是眾生嗎？如果菩薩也需要接受眾生的幫助，請問，菩薩還會是菩薩嗎？顯然，如果眾生不是眾生，那麼菩薩自然不會堅持自己是菩薩了。

再換個角度來說，菩薩之所以成為菩薩，必須感謝眾生。因為眾生接受了度化，才相對地成就了菩薩。是眾生用反面的方式，把發願成為菩薩的人，度成了真菩薩。當菩薩明白整件事的道理時，就會覺得，自己並非菩薩，反而眾生才是他的菩薩。因為若沒有眾生，他也無法成就為菩薩。

以上，都是從感覺、感受上著手，所以說是「情」的說明方式。

下面來說「法」的解釋方式。而這裡的「法」，指的是方法、手法，或者操作的方式、產生作用的方式。

此一方式就是所謂的「雙遮雙照」，也可以稱為「雙破雙立」。什麼意思呢？就是矛盾對立的雙方，以及在邏輯上不可並存，只能一存一廢的雙方，我們或者同時肯定它們的存在，或者同時否定它們的存在，絕對不是取一捨一。

在這裡，「遮」就是否定，「照」就是肯定。「破」就是否定，「立」就是肯定。兩者同時肯定，也同時否定，就是「雙遮雙照」或「雙破雙立」。

為何要有這個方法呢？因為究竟的佛法超越邏輯，不受邏輯的制約。如果究竟的佛法也受邏輯制約，那麼邏輯就是最高的佛法了。以後釋迦牟尼佛就來教導邏輯學，當邏輯老師就好了，不必再講甚深般若智慧法了。

但是，語言本身很難跳脫邏輯的限制，所以，從根本上來說，受邏輯限制的語言，並無法表達最高的佛法。但是，除了語言，我們又無法找到其它有效率的表達工具。怎麼辦呢？只剩一個辦法，就是在使用語言時，故意讓語言自相矛盾，讓它無法自圓其說，讓語言自己打破自己，自己瓦解自己。透過這個語言的自我矛盾與自我瓦解，我們想讓那個比語言還要高，也比邏輯還要高的佛法被看到。

這就是說明什麼是「法」。我們必須用一種不符合邏輯的方式來表達究竟的佛法。語言若不自我瓦解，佛法就出不來。如同種子的外殼若不破裂，蘊藏在種子內的生機，也無法生根發芽，開花結果。當種子外觀完好的時候，我們不知道生命在哪裡。而當種子的生機撐破外殼時，我們就看到生命了。

我用一個故事來說明，大家或許會更有實感。禪宗的五祖弘忍大師，要弟子寫偈來表達自己對佛法的見地，要把衣缽傳給真有見地的人。神秀是眾望所歸的大師兄，眾人都認為他的程度最高，不敢跟他比，乾脆就都不交偈了，只等著看神秀的作品。最後，神秀在心理壓力極大的情況下，寫了一篇，想交又不敢交，忐忑不安，十分煎熬，搞到全身發熱，晚上失眠。最後神秀決定，不交紙本的偈，而是趁著半夜四下無人，把偈寫在牆上。隔日，如果師父看了沒反應，那就表示偈子沒見地，他就默不作聲，繼續修行。如果師父看了覺得好，他再承認是自己寫的。

後來，弘忍大師看到牆上的偈，一眼就知道寫這偈的人還沒悟入般若智慧，但是，老和尚還是說了三句話。哪三句話呢？一是告訴所有門人，「依此偈修，免墮惡道」。二是告訴所有徒眾，「依此偈修，有大利益」。三是告訴所有人要「炷香禮敬，盡誦此偈，即得見性」。於是眾人紛紛誦偈，讚歎不已。

我問大家，這首偈子明明沒有了悟佛法，為何弘忍大師要說這三句話呢？尤其第三句說：「盡誦此偈，即得見性」，這不是謊話嗎？出家人可以這樣打誑語嗎？

換成另一個場景，當慧能請人把他做的偈寫在牆上時，弘忍看到，知道慧能的偈子有見地，卻拿起鞋子把牆上的字抹去，說「亦未見性」。然後，趁著三更半夜，偷偷把衣缽傳給慧能，並要他速速離開。這是怎麼回事呢？怎麼弘忍大師的語言，跟他的行為完全對不上，也完全相反呢？

其實，透過這種矛盾與相反，才更能表現出佛法的真實樣貌。因為真實的佛法，既不違眾，也不從眾。不違眾叫做「恆順眾生」，也就是跟著眾生，隨緣修行。眾生在哪裡，你也在那裡。因為在親近中，你才有機緣影響眾生，救度眾生。而所謂的不從眾，就是不講人情，不看面子，只用最高的佛法來破眾生的習性與執著。「不違」與「不從」，兩者相反，如何同時成立？又如何同時不成立呢？這就叫「雙破雙立」。

神秀與慧能的偈，一個未見性，一個已見性，但是老和尚對此兩者同時否定。這是「雙破」。老和尚私下分別找兩人來到面前。他告訴神秀，偈言尚未見性，給予指點，並鼓勵他再寫一偈，這其實是一種「立」。另外，老和尚也找來慧能，傳衣缽給他，但不讓他留在寺中，要他往南方去，並隱居多年後，再出來傳法。這也是一種「立」。這就是「雙破雙立」。

這個方法，我們要懂得學。例如在公司當主管的人，遇到下屬表現良好，應該公開表揚，讓大家知道。而遇到下屬有做得不好的地方，除非是屢勸不改，否則應該私下告誡，鼓勵他要自我調整。肯定的事情要公開肯定，這樣肯定的力量才會更大。而否定的事情則要私下否定，私下給予對方調整改過的機會，這其實也是一種肯定。兩者都是肯定。

修行的時候，師父則常常顛倒過來，做對也罵，做錯也罵，用兩邊否定的方式來調教弟子，目的是逼迫弟子跳脫矛盾，讓智慧得到提升。

回到五祖為何要肯定神秀的偈。首先，神秀是最用功的弟子。其次，眾人都已認定神秀的偈子最好。所以，師父若公開否定神秀，那就壞事了。為什麼?因為神秀眾望所歸，如果連神秀都被否定了，大家心裡一定大受打擊，覺得神秀如此精進，尚且無法成就，那我們還努力什麼呢?不如收拾回家種田算了。此時，公開否定等於傷害了眾人的求道之心，太不慈悲了。所以五祖不但不能否定，還要加以肯定。肯定之後再伺機讓事情往提升的方向走。於是五祖私下叫神秀來談話，告訴他偈子尚未見性，並指導他見性的關鍵，鼓勵他再寫一偈。這樣就是公開肯定，私下慰勉關懷，而慰勉關懷也成為一種肯定。

大家要知道，肯定與否定都是慈悲，也都是智慧。而無論使用肯定或否定，慈悲或智慧，最後都是要人往上提升。

同樣的，對於慧能的偈，老和尚先公開否定，卻私下又予以肯定，授予衣缽。為何要公開否定？因為慧能既沒有資歷，又不識字，若公開肯定，那麼眾人一定會對修行產生疑惑，覺得修行是天生的，後天怎麼努力也沒用，因而不想修行。此時，否定成了慈悲。既保全眾人的向道之心，也保護了慧能，免遭他人忌妒。老和尚的心思，慧能完全看懂，知道自己是被肯定的。能在智慧與慈悲中無礙，也能在肯定與否定中無礙，且又同時成就眾生，這才是解脫自在的佛法。

下面再從「理」上來說。這個「理」，其實就是指邏輯。佛法既要超越邏輯，卻也同時要使用邏輯、借助邏輯。

怎樣使用邏輯呢？首先，佛要說的法，如果是最高的佛法，而不是方便法，那麼這個最高的法，一定超越語言所能表達。其次，如果用語言表達一個超越語言所能表達的事物，那注定無法成功。除非，我們理解的不是語言本身，而是藉由語言，理解到語言之外的東西。

從最嚴格的標準來說，只要使用語言，就必然無法等同於最高的法，只能是方便法。簡單一句話總結，語言本身就是方便法，無法、沒有法，才是第一義的最高佛法。

所以，當佛問我們，佛有沒有說法啊？我們要理解，這裡的「法」是指阿耨多羅三藐三菩提法，也就是最高的佛法。我們只能說，佛沒有說法。為什麼？因為，任何能用語言完整表達的法，都只是方便法，不會是第一義的最高法。我們若說，佛有說最高的法，那就等於說，佛不知道語言無法表達的最高的佛法，也等於說，我們誤以為這番語言就是最高的佛法了。

所以，此段經文說：「**若人言如來有所說法，即為謗佛，不能解我所說故**」，我們若說佛陀有說法，那麼這個用語言表達的法，只能是方便法，不會是最高的佛法。可是，佛陀又說自己要講的是最高法，不是方便法。所以，我們若說佛陀有所說法，那就是暗指，佛陀用方便法冒充第一義法，佛陀不懂方便法與第一義法的分別。這明明是「謗佛」，簡直不可原諒。

還有一種情況，就是我們執著於佛陀的語言，以為這就等於最高的法，那就說明我們還不懂什麼是最高佛法，也就是「不解佛所說義」。所以，最後只能承認，佛並沒有說法。當然，這個「法」，是指最高的佛法，而不是一般的方便法。

以上是從「理」上說。哲學上有一句名言叫「說不可說的東西」。《金剛經》就是釋迦牟尼佛用語言「說不可說的東西」。可是，明明是「不可說的東西」，又怎麼能用語言來說呢？如果佛陀這樣說，而我們也這樣聽，那就錯了。佛陀可以這樣說，但我們卻不能只是聽到佛陀的語言，而要聽到語言以外的東西。必須聽到語言以外更真實的東西，才能對應到佛陀「說不可說的東西」。

下面我們來講「心」。「心」就是我們頭腦的各種作用。這個作用，大家都有經驗，包括喜怒哀樂的情緒，還有思考、理解、記憶，以及意志、欲望、動力等等，這些都是「心」的作用。而在這些作用裡面，屬於意志的部分，有一種很特殊的功能，我們可以稱之為「形成價值」的功能。

什麼是「形成價值」的功能呢？例如眼前有一堆牛糞，還有一朵玫瑰花，我們會覺得玫瑰花比較美麗，牛糞比較醜。這就是在「美」這個價值上，我們有一個比較心，覺得玫瑰花比較高，牛糞比較低。我跟大家說，所謂的「價值」，就是分別事物高下的一種角度。

「價值」非常重要。一個人的心中若沒有幾項明確的「價值」，作為行事的標準或動力，那麼這個人就會變得很散漫、很迷茫，不得要領。可是，有時過度執著某些價值，這也很麻煩，因為很容易與他人執著的價值產生衝突。

人類的悲劇、人生的煩惱，很多都是執著於自己的價值，又否定他人之價值而產生的。從究竟的佛法來說，「價值心」就是「分別心」、「執著心」，應該要放下。可是，從修行的角度來說，我們又必須樹立正確的價值，並努力實現這個價值。那麼，我們到底是應該要有價值心呢？還是應該放下價值心呢？

其實，「價值」只有在對我們的智慧有提升作用時，只有在對我們的習性有調整作用時，它才是「價值」。如果某種「價值」，對我們的智慧沒有提升作用，又無法改變我們的習性，而我們仍堅持這個價值，這就是執著了。

什麼是提升？我告訴大家，提升就是我們可以站到這個價值之上，超越這個價值，並得到自由、得到自在，不受阻礙。

舉例來說，努力工作，提升效率，這是正面的價值。可是，努力很消耗能量，努力過後常常疲憊不堪，甚至產生各種負面情緒，又很傷身體。那麼，要如何超越努力這個價值？要努力卻不感到辛苦、也不消耗，還能保持心情愉快，這件事情可能嗎？

這件事情，完全可能。例如我白天上班，晚上上課、錄音、寫講義，週六日要找時間讀書，還要辦免費演講等等。我常常每天工作十一個小時，幾乎沒有空閒的時間。在一般人眼中，我應該非常辛苦，可是，我卻覺得很愉快，好像也沒怎樣在努力工作。因為事情雖然多，不過都是我喜歡做、有能力做，且在做的過程中可以得到快樂並學到很多東西的事。

那麼我有努力工作嗎？或者，我沒有努力工作嗎？為什麼我花這麼長時間在工作，卻不覺得消耗呢？原因可能很簡單，就是「努力」已經不是我追求的價值了。「努力」已經在我所追求的之下，不在我所追求的之上。所以，你說我很努力工作，我接受；你說我沒有努力工作，我也同意。

當我們超越某樣事物時，當我們在某樣事物之上時，肯定或否定這樣事物，對我們就沒有影響了。

如同一個菩薩，如果已經是一個真正的菩薩，那麼你說他是一個菩薩，或說不是一個菩薩，對他來說，並沒有差別。你說他是菩薩，他會說，對，我是菩薩；你說他不是菩薩，他也會說，對，我不是菩薩。如果是這樣，他就是真菩薩。

有一次，懺公上人去見廣欽老和尚，他問老和尚，道場快建成了，應該如何使用，才能更好地利益眾生？老和尚說，不必有這樣的掛礙。有這道場，我們這樣做，沒有這道場，我們也是這樣做。像我這承天禪寺，我也是每天做該做的事，若到了要放下的時候，我說走就走，隨時可以離開。

廣欽老和尚常說，我是修行人，不是廟公。意思就是，廟公會被廟綁住，有廟或沒有廟，對廟公差別很大。修行人不被任何他所創造的東西綁住，有道場或沒有道場，對他差別並不大。

最後是「修辭」。簡單說，就是省略。省略什麼呢？就是佛陀說「是什麼，即非什麼，是名什麼」這樣的語言模式，其實是一種省略。例如佛陀說「是福德，即非福德，是名福德」，完整的句子應該是這樣：佛用方便法（世俗諦）來說福德，這個意義下的福德，完全不同於第一義（最勝諦）下的福德，必須用第一義來理解福德，才是佛想要說的真正福德。這就是修辭。

以上就是從情、法、理、心、修辭這五個角度，跟大家分享《金剛經》的核心義理。

爾時，慧命須菩提白佛言：「世尊！頗有眾生，於未來世，聞說是法，生信心不？」佛言：「須菩提！彼非眾生，非不眾生。何以故？須菩提！眾生，眾生者，如來說非眾生，是名眾生。」

這一段的大意是說，須菩提對「佛陀有沒有說法」這件事，已經沒有執著了，可是，他開始擔心，如此精深微妙的法，未來的眾生真的能聽懂嗎？我們這些弟子，親聞佛陀說法，都要三番五次之後才能懂，未來的眾生無法親聞佛陀說法，他們真的能懂這麼深的佛法嗎？真的會相信，並實踐嗎？

釋迦牟尼佛告訴須菩提，不要定性眾生不會改變。因為，所有眾生都可以學習與提升。如果提升了，就不是你認為的眾生了。眾生可以成為不是原來的眾生，這樣的眾生才是真正的眾生啊！這依然是「所謂眾生者，即非眾生，是名眾生」這一句型的變化。

如果執著於眾生是眾生，當然不相信他們能聽懂如此微妙的佛法。但是，如果明白眾生跟佛一樣，都具備「空性」，那麼眾生就不是眾生，而是成佛的種子了。言下之意，未來的眾生，一定有人可以聽懂這樣的甚深微妙法。

這裡稱須菩提為「**慧命須菩提**」，與之前的稱呼法相比，多了「慧命」二字。這個「慧命」可以是對出家人的尊稱，也可以引申為弘法的意思。因為出家人以智慧為命，不以肉身為命。又出家人也以弘揚、傳承佛法為命，故稱「慧命」。這裡因為須菩提關心未來眾生能不能傳承此佛法的問題，所以釋迦牟尼佛稱他為「慧命須菩提」。「**頗有眾生**」的「頗」是「很」的意思。「頗有」即「多有」。

第十六堂課

第二十二、二十三、二十四、二十五、二十六分

生而為人的可貴，不在報身，而在化身。
修行即是在修我們的化身

無法可得分第二十二

須菩提白佛言：「世尊！佛得阿耨多羅三藐三菩提，為無所得耶？」
佛言：「如是！如是！須菩提！我於阿耨多羅三藐三菩提，乃至無有少法可得，是名阿耨多羅三藐三菩提。」

這一分是「無法可得」分。大家聽我講《金剛經》這麼久了，是否已體會到最高的佛法是「無法可得」？

例如一個修行人，他花了幾年或幾十年的時間修行，後來悟出一些很寶貴的道理，他很珍惜這

些道理，不輕易傳授與人。請問，這位修行人是「有所得」？還是「無所得」？

我從前拿這問題問一學員，他回答說，「有所得」就要繳稅，所以「無所得」比較好。惹得大家笑成一團。不過，表面看這是笑話，但是，認真一想，其實不是笑話。因為，「有所得」真的要繳稅。這個稅，不是錢財，而是業力，是因緣、是生滅、是無常。

凡可以得到的，必然都可以失去。有得有失，就有生滅、有無常、有業力，想逃也逃不掉。只有不假外求的東西，本自具足的東西，可以不失去。因為，它超越在得失之上，所以可以稱之為「無得之得」，當然，也可以稱之為「無失之得」。

般若智慧就是不落在兩個相對事物之下，而是站到兩個相對事物之上的智慧。

有時，我們讀佛經，忽然之間，覺得讀懂般若智慧了，可是沒多久，又覺得自己完全不懂了。有時，我們聽法師開示，茅塞頓開，認為自己明白了，可是兩天過後，又充滿疑惑了。這種「冰炭滿懷抱」的景況，對學習般若的人來說，是很正常的事。

這樣的情況，有三個原因：第一個原因是，我們一般人的意識，都落在相對事物之下。如何知道我們落在相對事物之下呢？例如快樂與痛苦，我們都想選快樂，不想選痛苦，這樣就落在相對事物之下了。如何能站到相對事物之上呢？很簡單，不過度追求快樂，也不過度逃避痛苦。如果我們領悟到，在快樂與痛苦中都有可以學習的東西，這樣我們就能某種程度站在快樂與痛苦之上，也能某種程度擁有般若智慧了。

第二個原因是，般若是讓我們學會如何放下，而不是學會如何得到的。第三個原因是，般若是一種心的運作能力，而不是一種知識或邏輯規則。

我們在修行過程中所悟出的道理，最好是可以幫助我們放下心中許多原本放不下的，而不是讓我們得到更多放不下的，甚至被這些放不下的東西所控制。

任何道理，只要能幫助我們放下或減輕心中的東西，都是某種程度的般若智慧。如果某些道理已經不能幫助我們放下心中的東西，那麼這個道理對我們來說就不是般若智慧了，也不再像之前那樣可貴。此時，這個道理，我們也應該放下了。所以，從這裡來看，悟得的任何道理，是「有所得」呢？還是「無所得」呢？

我們一般人總習慣性地以為，得到是好事，失去則是壞事。這種根深柢固的思考習慣，跟般若智慧的運作方式恰恰相反。如果無法調整這一根深柢固的習慣，那麼我們對於般若智慧，必然是一下子懂，一下子又不懂了。

我年輕時有一個朋友，十分喜愛音樂，擅長幾種樂器，後來他決定出家。出家前師父對他有一個要求，就是三年內不能碰樂器。如果覺得自己做不到，就建議他放棄出家的念頭。後來他做到了。當時朋友跟我講這件事時，我驚嘆一聲，原來修行就是要修「放下」啊！

對喜歡的東西要放下喜歡，對不喜歡的東西也要放下不喜歡。對過往的悲傷要放下，對期待中的快樂也要放下。人不要被外在的東西控制，也不要被內在的好惡纏縛，更不要被成見綁架，這樣才能回到生命的原點，讓生命彷彿重生般地再活一次。

隨緣的真正意思，其實也是放下。人若沒有足夠的智慧，也無法真正隨緣。

般若智慧並不是一種知識，而是一種心的運作能力。如果它是知識，那麼我們讀書就能懂它，聽師父講解也能懂它，可惜它不是。

我總是把學習般若比喻成騎自行車。因為沒有人是因為讀了十本或二十本與自行車有關的書而學會騎自行車的。學會騎自行車，是因為我們身心結合在一起，透過不斷地練習，最後把「平衡」這件事，熟練地操作出來了。般若智慧也是身與心結合在一起，互相配合，最後把「放下」這件事，熟練地操作出來。

一個人會騎自行車，不是因為他很用功，讀了很多書。也不是因為他聽聞了什麼騎車的祕訣，而是他透過不斷的練習，最後擁有了「平衡」的能力。同樣的，一個人也無法因為閱讀或聽聞，而擁有般若智慧的能力。他只能透過反省、覺知、感悟、實踐，而擁有「放下」的能力。

我們對正反兩面事物，不貪著任何一邊，都願意試著練習「放下」的能力，哪怕只能部分「放下」，那也等於擁有某種程度的般若智慧了。

回到經文。這一分，須菩提向釋迦牟尼佛提出一個問題：「佛陀證得無上正等正覺，其實並沒有任何證得嗎？」這個問題，在經文中一問再問，佛陀的開示，也是一說再說。原因我們講過，如果沒有一問再問，一說再說，我們很容易又回到日常的思考習性。而日常的思考習性，恰好與般若智慧的運作方式相反。

釋迦牟尼佛回答：「如是！如是！」正是如此，一點不假。佛陀再強調一次：「**我於阿耨多羅三藐三菩提，乃至無有少法可得，是名阿耨多羅三藐三菩提**」。真正的無上正等正覺，你無法從中得到任何東西，連一點點都得不到，這樣才是真正的無上正等正覺。

因為，真正的正覺，就是此心完全以般若的方式運作。而般若的運作方式，是放下掛在心上的東西，而不是得到什麼東西，然後把它掛在心上。

當我們覺知自己心上有一個不屬於自己的東西，並且願意試著放下、學習放下、經常放下，最後擁有放下的能力，那麼此心即可得自在、得無礙、得自由。因為，大部分的東西都無法綁住此心了。

覺知是指，知道我們的心被什麼東西綁住。般若智慧是指，我們有能力放下那些綁住我們的東西。

當此心有能力放下，且進一步，也不再製造任何綁住自己的東西，那麼這顆心就圓滿了。

我的想法是，為了方便理解，我建議大家把「空性」、「佛性」、「般若」、「無上正等正覺」，乃至於「放下」、「不住」、「清淨」與「不執著」，都當成同一種東西看待。

「空性」不是一種有實質內容的東西，所以它不是一種知識。「空性」更接近於一種心智的運作方式。知道如何正確運作心智，就很容易明白什麼是「空性」。若不知道如何正確運作心智，就會在「空性」上不斷製造問題，並讓自己綑綁在這些問題上動彈不得。

淨心行善分第二十三

復次：「須菩提！是法平等，無有高下，是名阿耨多羅三藐三菩提。以無我、無人、無眾生、無壽者，修一切善法，則得阿耨多羅三藐三菩提。須菩提！所言善法者，如來說即非善法，是名善法。」

「淨心行善」的「淨心」，就是「不執著」的意思。我們的心，以「不執著」為「淨」，以「執著」為「染」。

此心若能「淨」，那麼「自在」就會發生，「無礙」也會發生，「平等」也會發生，「無分別」也會發生，「觀」也會發生。其實，這些都是同一件事，我們不要把它們想成不同的東西。「淨心行善」就是以「不執著」、「自在」、「無礙」、「平等」的心來行一切善法。

「**阿耨多羅三藐三菩提**」即「無上正等正覺」。「無上」代表這是最高的法。「正等」代表萬法平等、眾生平等，也代表救度一切眾生的菩薩道。「正覺」即徹底覺悟，看破生滅變化，超然物外，從最究竟的「空」來觀看一切，也即是融入於般若智慧之中。

分開來看，「正等」是慈悲，「正覺」是智慧。但是，「正等」可以通「正覺」，「正覺」也可以通「正等」。智慧可以通慈悲，慈悲也可以通智慧。所以，它們又是一體的。

經文中的「**是法平等，無有高下**」，即是從「正等」的角度來說。不但「諸法平等」，同時也是「眾生平等」。我們的心若執著於「我、人、眾生、壽者」中的任何一項，則依此而形成的任何法，都不會平等。

不同的法，對應著不同因緣。凡夫總是落在某種因緣之中，隨我們落入的因緣不同，也有相對應的法，適合我們去修。所以，一切法對應一切因緣眾生，無一法可棄，也無一眾生可棄。能修一切善法，即能度一切眾生。故說「**修一切善法，則得阿耨多羅三藐三菩提**」。這裡的「得」，我建議大家把它理解成「契入」，而不是得到。

以不執著的心，來修一切善法，度一切眾生，就可契入「阿耨多羅三藐三菩提」。可是，心都不執著了，又何來善法與不善法的區分呢?所以，後面接著又說：「**所言善法者，如來說即非善法，是名善法**」，再一次把「善法」這個「名」給抹去，也把想留住善法不放的執著心給抹去。

釋迦牟尼佛說法的目的，是讓我們能夠放下心上的東西，可是，我們在學法的過程，卻不知不覺把這個法，以及與此法相關的所有東西，通通掛在心上。這樣並不是真正的放下，而只是用一套稱為「法」的東西，去置換另一套不被承認為「法」的東西而已。

為了真正的放下，佛陀每說一次法，就要掃除一次法，就是所謂的「隨說隨掃」。如此說完即掃，掃完再說，目的是為了讓我們對「放下」這件事情充滿覺知，也是為了讓「放下」這件事情成為我們的能力，而不是知識。

福智無比分第二十四

「須菩提！若三千大千世界中，所有諸須彌山王，如是等七寶聚，有人持用布施。若人以此般若波羅蜜經，乃至四句偈等，受持、讀誦，為他人說，於前福德，百分不及一，百千萬億分，乃至算數譬喻所不能及。」

這一分稱為「福智無比」，意思就是讚嘆受持讀誦《金剛經》可以獲得非常大的福德與智慧，大到無有可與比擬者。

在古印度的傳說中，「須彌山」乃眾山中之最高者，足以稱王，故說「**須彌山王**」。如果拿與「須彌山王」同等體量的「七寶」來布施，功德自然很大。可是，釋迦牟尼佛再一次提醒我們，「受持」、「讀誦」或「為他人說」《金剛經》，其福德將百千萬億倍於布施七寶者。

這次，我們用「自足」的觀念來解釋這句話。我告訴大家，最大的福德，就是我們對福德不感到缺乏，感覺能夠自足，沒有需求。如果我們一直想擁有更多福德，而且越多越好，那麼無論我們得到多少福德，我們的福德依然有缺、依然不足，依然無法圓滿。

所以，天底下最富有的人，不是擁有很多東西的人，而是覺得自己什麼都不缺的人。是那些覺得自己本自具足，一無所求，對什麼都感到滿意的人，才是真正富有的人。

而那些表面富有，卻經常憂慮煩惱的人，他們總是對這樣的結果不滿意，對那樣的結果不高興，他們總是想得到那些得不到的，又不滿足於自己已經得到的，相對來說，他們反而是一個匱乏的人。

《金剛經》是一部可以讓我們生命得到圓滿的寶經。因為，它讓我們的心看到比福德更高的東西，因而能站到福德的上面，對福德不再感到匱乏，也不再亟於索求。

因為，一個生命圓滿的人，即使福德平平，他還是能感覺自足、心安，感到充實且感恩。一個生命圓滿的人，對福德沒有太大的渴望，但福德也不會離他太遠；一個生命圓滿的人，對福德沒有太大的得失心與分別心，常常在不知不覺中，站到了福德之上，而不是居於福德之下。

大家可以想想看，如果你的財富增加十倍，請問，你的快樂會增加十倍嗎？幸福感會增加十倍嗎？生活的充實感會增加十倍嗎？你感受到的生命意義與價值，會提升十倍嗎？當然不會！

財富帶給我們的幸福感，必然是邊際效益遞減的。相反的，財富帶給我們的煩惱，則是邊際效益遞增的。當我們理解，我們的財富與我們的幸福越來越不相干的時候，我們才能真正地財富自由。

同樣的，某種程度的福德會與我們的幸福密切相關。但是，隨著我們的成熟，我們也會慢慢理解，福德在某個程度後，就與我們的幸福不相關了。

當我們感受到福德與我們的幸福逐漸不相關的時候，我們就會明白，福德並不是一切，福德也不能解決所有人生問題，這世上有比福德更高的東西。

當我們感受到這世上有比福德更高的東西時，我們才有機會與能力，站到福德之上。當我們有機會與能力站到福德之上，我們才能用平常心看待福德，才能不亟於索求，也才不會感到匱乏，同時又能放下。

所以，我們不必期待自己讀了《金剛經》之後，大徹大悟，連福德都能放下。老實說，過早放下福德，常常也是假的。我認為，我們在修行的時候，還是應該追求福德。因為，一個福德匱乏的人，比一個擁有福德的人，更難放下福德。常常是一個追求過福德，擁有過福德，也感受過福德邊際效益遞減的人，他才有餘裕，平衡地看待福德，也才有能力站在福德之上，並放下福德。

一個能站在福德之上的人，才能知道，一切都是福德。無論是好的或不好的，都有道路能通往福德。因為，一切都是福德，才是無窮無盡的福德。

化無所化分第二十五

「須菩提！於意云何？汝等勿謂如來作是念：『我當度眾生。』須菩提！莫作是念！何以故？實無有眾生如來度者。若有眾生如來度者，如來即有我、人、眾生、壽者。須菩提！如來說有我者，則非有我，而凡夫之人，以為有我。須菩提！凡夫者，如來說則非凡夫，是名凡

夫。」

此分名為「化無所化」。「化」是度化的意思。「化無所化」就是度化無量眾生，卻無一眾生得度者。

如果我們對太陽說：「太陽啊！你好偉大，你讓萬物生長，讓大地洋溢生機。」太陽應該會回答：「其實我什麼也沒做，我只是做我自己而已，我只是依照因緣來發光發熱而已。」太陽不是為了施惠萬物而發光發熱，太陽只是發光發熱卻被認為是在施惠萬物。

如果我們繼續對太陽說：「太陽啊！你的偉大，正在於你不覺得自己偉大。雖然你不覺得自己偉大，但是，你的光與熱卻真真實實地讓萬物生生不息，這個恩惠是無法否認的。」我想，太陽會回答：「謝謝你的稱讚，不過，無論多少人稱讚我，或者多少人抱怨我，我仍然會繼續發光發熱。我不會因為你的稱讚而多做幾分，也不會因為其它人的抱怨而少做幾分，我仍只是原本那個太陽。」

太陽是因為永不停止的發光發熱，而被稱為太陽。菩薩也是因為永不停止的度眾生，而被稱為菩薩。不要認為太陽必須抱著「我當造福萬物」的念頭才能發光發熱，也不要認為菩薩是抱著「我當度眾生」的念頭才成為菩薩。

太陽並不覺得自己的光與熱施惠於萬物，也不覺得應該得到萬物的感激。菩薩也是這樣，如來也是這樣。

菩薩與如來，他們只是成為真實的自己，並未「有目的、有企圖、有作意」地為誰做什麼。眾生若覺得太陽的光與熱很好，那就拿去用吧！若眾生一時接受不了光與熱，太陽也覺得沒關係，等你想用時再用吧！

太陽的光與熱，如同佛菩薩的智慧與慈悲。

意識的生滅變化，就像風景，隨緣看看無妨。我們對這風景，固然不能太執著，但也不能太不當一回事。如果過於執著，我們的心就會被這風景困住。如果太過不當一回事，我們也會眼高手低，與眾生失去連結。

因為，菩薩的起點雖然是發願度化眾生，但是，菩薩最終成為菩薩，卻是因為超越了度化眾生這件事，也超越了菩薩自己，才成為真正的菩薩。

經文說，「**汝等勿謂如來做是念：『我當度眾生。』**」在這句話裡，有「我」又有「眾生」，還有「應當」。這就明明白白被意識侷限了，也是明明白白是在執著了。如果能放下這個「我」，其實，「我」又何嘗不是「眾生」呢？「度眾生」何嘗不是在「度我」呢？

如果「度眾生」就等於度自己，那麼「度眾生」不就是一件很自然，也很平常的事嗎？哪有什麼「應當」或「不應當」呢？

「我」若與「眾生」對立成為兩件事情，那麼「我」就會覺得自己很特別，很慈悲，很有功德。如此的話，「眾生」就會很難度，「度眾生」也會成為很辛苦的事。「我」若與「眾生」是同一件事情，「度眾生」就會變成一件簡單且平常的事情。

這一分，釋迦牟尼佛講得很明白。他說，如果菩薩認為，他與眾生不同，菩薩是度者，而眾生是被度者，菩薩應該這樣這樣，而不應該那樣那樣。如果菩薩心中有這樣的念頭，那就是菩薩心中還有放不下的東西。放不下就是不清淨，就是「著相」，也即是執著於「我、人、眾生、壽者」。

於是，釋迦牟尼佛進一步說：「**如來說有我者，則非有我，而凡夫之人，以為有我**」。這裡的「則」是「乃」或「乃是」的意思。這裡雖然只舉「我」來說明，實則是包含了「我、人、眾生、壽者」四者。

我們不可把「我」當成真有，也不可把「人」、「眾生」、「壽者」當成真有。因為他們只是因緣變化中的一「相」。凡夫之人，看不透這個「相」，以為「我」是真有。其實，一歲的「我」，不同於十歲的「我」，而十歲的「我」也不同於二十歲乃至三十、四十、五十歲的「我」。請問，哪一個年齡的「我」，才是真的「我」呢？

有一個印度智者克里希那穆提的故事。一位老婆婆來找克里希那穆提，問他會不會通靈，因為他太想念過世的先生了，希望透過通靈與先生見面。克里希那穆提了解她的情況後說，沒問題，我會為你通靈，但是，你希望我召喚你幾歲的先生呢？是二十歲、三十歲？還是五十歲、六十歲？或者其它的年齡？

雖然「凡夫」執著於「我、人、眾生、壽者」，但是，才說「凡夫」，便又執著起「凡夫」與「非凡夫」的區別，於是，佛陀馬上再補一句：「**凡夫者，如來說則非凡夫，是名凡夫**」，連這「凡夫」也跟「我」一樣，只是因緣變化中的一「相」啊！

從這一句話，我們可以知道，《金剛經》總是從心的正反兩面來說法，既要你不執著於正，也要你不執著於反。這樣的兩面說法，既顧全了「第一義法」，也兼顧到現實世界的「方便法」。或者說，既顧全了「最勝諦」，也兼顧到「世俗諦」。例如，執著於功德，並不代表沒有功德，但不執著於功德，則功德更大。這就是兩面兼顧的情況。

法身非相分第二十六

「須菩提！於意云何？可以三十二相觀如來不？」

須菩提言：「如是！如是！以三十二相觀如來。」

佛言：「須菩提！若以三十二相觀如來者，轉輪聖王即是如來。」

須菩提白佛言：「世尊！如我解佛所說義，不應以三十二相觀如來。」

爾時，世尊而說偈言：「若以色見我，以音聲求我，是人行邪道，不能見如來。」

這一分名為「法身非相」。「法身」是「三身」中的一身。「三身」是指佛的法身、報身、化（應）身。「三身」的觀念很重要，雖然之前都曾分別講過，但不妨再講一遍，因為每一次的表達，似乎都會有一些新的理解。

先來說法身。佛的法身即是自性身，或者，也不妨理解成「空性」。這個「空性」是凡夫肉眼看不到的。至於報身，則是累世功德反應在佛的肉身與能力上，例如呈現種種莊嚴好相，以及聰明過人、悟性很高，乃至擁有神通等等，這些都屬於報身。化（應）身則是佛在接引救度眾生之時，會依據對方的因緣與需求，呈現各種方便救度之相。例如，我們若在病苦中，那麼佛菩薩可能會化為醫者相，來救度我們。以上三者，即是佛的三身。

這三身不是佛的專屬，我們凡人也有這三身。所以，大家一定不要小看自己，不要妄自菲薄，因為，釋迦牟尼佛有的，我們都有。唯一的差別，只是我們覺知的程度沒有釋迦牟尼佛那麼深而已。

我們每個人都有佛性，也都具有般若智慧，這即是我們的法身。我們在一念之間，能放下貪愛，有所節制，能做幾個深呼吸，放下緊張與負面情緒，能放下想要贏過別人的好勝心，能看到自己身口意的分裂，願意懺悔，懂得感恩，這些作為，都得益自法身的薰染。我們若能常常提起一念，提醒自己，法身就在我們內心裡，我相信對每一個人的修行，必有莫大的幫助。

除了法身，當然，我們也有累世的業力或福報，反應在我們的容貌、資質、身形，或者個性上，這即是我們的報身。同時，我們每一個人都有自己生命的因緣，我們要善於把握與引導這些因緣，讓自己往修行與智慧的方向發展。我們還要幫助身邊的有緣人，讓大家都可以變得更好，都可以修行，都可以得成就。就是我們的化（應）身。這個「化」，當然是要往提升的方向變化，而不是往沉淪的方向變化。

我們每一個人都有一個肉身，肉身每天都在變化，每天都有所不同。這樣的變化，其實也是化身與應身。這個「應」，是對應的意思。意思是說，有怎樣的因緣業力作為因，就對應出怎樣的果，兩者彼此相應。

可是，作為一個修行人，我們不能只是順著因緣業力而「應」，還要「逆著習性」，要引導因緣來「應」。我們要善於跳出習性，也要學習提升，親近善知識，改變我們的舉止威儀，同時精進功課，讓我們的「身」與「心」都產生變化。從這個意義來說，修行即是在修我們的化（應）身。

報身必然受福報與業力左右，但是，化（應）身卻可以跳脫在福報與業力之上，自己作主。生而為人的可貴，在於他有化（應）身，而不在他有報身。

此一分經文中的「法身非相」，即等於「不應以三十二相觀如來」。因為「法身」不是「相」。如果只用「相」來看如來，那頂多只能看到如來的「化（應）身」與「報身」，看不到如來的「法身」。

「須菩提！於意云何？可以三十二相觀如來不？」須菩提言：「如是！如是！以三十二相觀如來。」佛言：「須菩提！若以三十二相觀如來者，轉輪聖王即是如來。」

經文說：「**若以三十二相觀如來者，轉輪聖王即是如來**」，這個「轉輪聖王」也稱「轉輪王」。他不是佛，甚至也不是菩薩，那麼他是誰呢？原來古代印度有個神話，預言將來會出現一個集「慈悲」與「智慧」於一身的聖王，由他來統治全世界。這時，天上會出現一個轉動的金輪，讓大家知道他就是聖王。這位聖王所開創的王朝，就稱為轉輪聖朝。後來，佛教、耆那教與印度教都繼承了這個神話，所以，孔雀王朝時代的阿育王，便被稱為轉輪聖王。佛教傳到中國後，那些大力支持佛教的皇帝，也常常被稱為轉輪聖王。轉輪聖王雖然不是菩薩，但是他的地位相當於菩薩。

轉輪聖王並不具備跟佛一樣的智慧，但是他樂善好施，很有福報，所以呈現出跟佛一樣的三十二種好相。如果我們只用三十二好相來看如來，那轉輪聖王也有三十二好相，他也成為如來了。

須菩提白佛言：「世尊！如我解佛所說義，不應以三十二相觀如來。」爾時，世尊而說偈言：「若以色見我，以音聲求我，是人行邪道，不能見如來。」

《金剛經》不斷出現「解佛所說義」與「不解佛所說義」。這個「義」，當然是在語言之外的義，而不是在語言之內的義。如果是在語言之內的義，那就是執著於語言了。跟凡夫執著於三十二相沒有差別。

既然不能以「三十二相」觀如來，我們依理可知，也不能以「語言」觀如來，不能以「邏輯」觀如來，不能以「藝術」觀如來，即不能以任何價值來觀如來。因為，如來在一切價值之上，而不在一切價值之下。

我前些天看書時，想到一個例子：如果現在有兩列火車，一列比另一列長百分之五十，都是高速行駛，然後等一下要對撞。請問，你要搭比較長的那輛，還是比較短的那輛火車？

很多人都會選擇搭乘比較長的那一輛。但是，我問大家，既然知道兩輛火車要相撞，為什麼還要搭上去呢？你腦子在想什麼呢？明明知道要撞車，為何不避開，仍要搭上去呢？這就是我們的頭腦被綁架了。

我常問大家，兩個選項一正一反，互相矛盾，你要選擇正的，還是選擇反的？這個問題，大家聽多了，都知道既不要選正，也不要選反，而要跳到正反兩面之上。但是，換成火車的例子，很多人又糊塗了，竟然想要搭上去。

面對任何對立的事物，我們不要太快選擇其中任何一邊。因為，這樣的選擇，很容易陷入習性。我們要試著跳到它們的上面，不讓自己被任何一邊所綁架。

如果我們經常做這樣的練習，久而久之，我們就會養成習慣，不陷在事物之中去反應，而可以站在事物之上去覺知。當我們可以站到一切事物之上來覺知時，我們就是在親近空性了，也能從空性中領悟智慧了。

下面，釋迦牟尼佛說了一段四句偈：「**若以色見我，以音聲求我，是人行邪道，不能見如來**」。簡單說，如來之所以為如來，不在報身與化身，而在法身、法性、空性。想要離開空性來認識如來，那就是欺師謗佛，步入邪道。

這四句偈的內容，非常嚴肅，非常不講情面，標準立得非常高。既然佛說：「以色見我，以音聲求我，是人行邪道，不能見如來」，那麼，我們若去寺廟裡，看到莊嚴的釋迦牟尼佛塑像，是該拜還是不拜？該不該誦念釋迦牟尼佛的聖號？若拜下去，念下去，那就要小心了。因為會問，這算不算「人行邪道」？算不算以色見如來？以音聲求如來？想到這裡，你就知道這句話有多重了，有多嚴格了。

通常大家不會想到這個問題，但是一想起來，實在令人毛骨悚然。原來寺廟裡的佛像金身做得那麼大那麼莊嚴，竟可能讓人誤入歧途，竟可能誘人走上邪道。塑佛像到底是接引我們到佛身邊，還是拉開我們與佛的距離呢？

我們可以用這句話，去問身邊的朋友，請教他們，參拜佛的莊嚴金身，符不符合《金剛經》所說的：「若以色見我，以音聲求我，是人行邪道，不能見如來」？我猜大家對這個問題都會感到苦惱。那麼請問，面對金身大佛，我們到底是拜，還是不拜？

我跟大家說，拜一定是要拜的，但是，在每一次拜的過程中，我們一定要有一個小小的提升，小小的懺悔，一定要去除一些習氣，一定要放下一些原本放不下的事情。如果我們參拜之前是這樣的習氣，拜了幾百次之後，還是這樣的習氣，原封不動，毫無半點改變，那就坐實了是「以色見如來」了。

只要能提升一點點，能去掉一些些習氣，乃至能多一點點精進的心、平靜的心、穩定的心、寬和的心，那就表示我們自己產生了一些改變。只要有這樣的改變，那就表示我們並未執著於佛的金身法相，而是藉此金身法像的提醒，進行了內在小小的修行，同時也感受了自己內在的佛性。久而久之，哪怕我們不在寺廟裡，眼前並無金身大佛，但是念頭一轉，也能當下提升，當下改變，彷佛我們的心裡面，本來就有一尊金身大佛。

第十七堂課 第二十七、二十八、二十九、三十、三十一、三十二分

只要發了菩提心，
修一切法都容易有大功德，
修一切法都容易有大成就

無斷無滅分第二十七

「須菩提！汝若作是念：『如來不以具足相故，得阿耨多羅三藐三菩提。』須菩提！莫作是念：『如來不以具足相故，得阿耨多羅三藐三菩提。』須菩提！汝若作是念，發阿耨多羅三藐三菩提心者，說諸法斷滅。莫作是念！何以故？發阿耨多羅三藐三菩提心者，於法不說斷滅相。」

這一分名為「無斷無滅」。「斷」是切斷前後相連的東西，使之互不相關。「滅」是讓生滅變

化的東西，停止變化，不再有生，也不再有滅。標題用「無斷無滅」，是呼應經文「發阿耨多羅三藐三菩提心者，於法不說斷滅相」。之後講解經文時，還會向大家說明什麼是「斷滅相」。

「**如來不以具足相故，得阿耨多羅三藐三菩提**」這句經文，是把上一分「不應以三十二相觀如來」的意思，再否定一次。「具足相」就是諸相圓滿，具足三十二好相。上一分說，好相是報身，不代表法身，所以修持法身、空性不能執著於報身。

但到了這一分，佛陀又把自己剛才的話顛覆了。佛陀說，千萬不要以為我釋迦牟尼佛是因為完全否定了外在的種種好相，才徹悟最高的佛法。如果有人認為要徹悟最高佛法，必須完全否定一切相，這種說法叫做「斷滅相」。我們修最高佛法，修無上正等正覺的人，不以「斷滅相」說法。

什麼是「**斷滅相**」？「斷滅相」就是以「斷」以「滅」為好，以「空」為好，以「連續」以「生成」為不好。為何不能有「斷滅相」？因為，所謂的對錯，所謂的選一邊、捨一邊，其實都是執著。

我告訴大家，在矛盾對立的雙方，我們認為有一邊是對的，有一邊是錯的，我們應該選擇對的一邊，捨棄錯的一邊，就是一種「斷滅相」。

前些時間，我連續四周都在高雄上課，最後一堂課時，助理跑來跟我反應，說圖書館的場地管理人員，處處刁難，說話又不客氣，讓他很不舒服，差一點跟對方吵起來。我問，對方刁難了什麼呢？他說，請對方協助提供白板，他們說沒有，還說沒有義務提供這個。又因我們稍晚下課，影響他們準時下班，對方也抱怨連連。還有同學喝水，水滴在桌上沒擦，對方也要求改進等等。我告訴他，這事如果讓我們台北班的班長來處理，他會買一份小禮物，送給管理人員，感謝他這幾周的協助，也對各種增添他麻煩的事向他道歉。助理聽完，就知道自己太衝動，然後謝謝我告訴他做事的方法。後來下課，我看他去找管理員，後來那位管理員也來教室跟我打招呼。我稱讚管理員把這教室維護得很好，他也含蓄地說，還有很多需要改進的地方，請我不吝指教。最後大家都很歡喜。

什麼是「斷滅相」？就是只用一兩次談話，就把對方「定性」，認為對方刁難、拿蹺、公務人員心態、多一事不如少一事等等。「定性」就是認為對方就是這樣，無法改變了。如此一「定性」，事情就成了死局，再也無法往提升的方向走了。這就是「斷滅相」。做人做事都不宜斷滅相，何況修行。

如果說，「要破一切相，才能見性」，請問這話對不對？如果從修行中的某一階段來說，如此要求自己，破除對相的執著，這是對的。但是，普遍來說，不分階段，想要一體適用的話，這句「要破一切相，才能見性」就是「斷滅相」。因為它把「相」與「性」對立起來，變成有相無性，有性無相，兩邊誓不兩立了。

佛教剛傳入中國時，有一個爭論，就是「一闡提（梵文音譯）」能不能成佛的問題。所謂「一闡提」就是不信佛法、善根斷滅的人。依邏輯來說，既然不信佛法，又無善根，怎麼可能成佛呢？佛法是成佛的道路，不修善法，如何成佛？這是邏輯的說法，大家都認同。可是，晉朝的道生和尚，獨排眾議，他主張「一闡提」也有佛性，所以也可以成佛。

好，問題來了！從邏輯上說，一闡提不信佛法，無法成佛。但是，從究竟的佛法來說，有佛性就能成佛。兩邊的矛盾如何化解呢？我跟大家說，「一闡提不信佛法」這一「定性」就是斷滅相。

當然，有人會說，一闡提不信佛法，這是一闡提的定義，屬於基本邏輯，怎麼能推翻呢？其實，執著於邏輯的人，經常陷入斷滅相。誰說一闡提永遠只能是一闡提，無法成為別的呢？用釋迦牟尼佛的語言，他會說，能夠成為不是一闡提的一闡提，才是真正的一闡提。

不受不貪分第二十八

「須菩提！若菩薩以滿恆河沙等世界七寶，持用布施。若復有人，知一切法無我，得成於忍。此菩薩勝前菩薩所得功德。何以故？須菩提！以諸菩薩不受福德故。」

須菩提白佛言：「世尊！云何菩薩，不受福德？」

「須菩提！菩薩所作福德，不應貪著，是故說：不受福德。」

這一分的「不受不貪」，大家要注意，這個「受」，不要解釋成「接受」，而應該當成執著來理解。下面我們會再說。

這一分，把之前所說，受持讀誦《金剛經》有無量福德的根據，徹底說明白了。經文大意是說，有一個菩薩，用無量無數的寶物布施，這個福德固然很大，可是，還有另一個菩薩，他明白了「諸法無我」，成就了「無生法忍」，那麼後面這位修行的菩薩，福德要比前一位布施菩薩大非常多。

簡單說就一句話：修行本身就是最大的福德，智慧提升本身就是最大的福德，放下執著本身就是最大的福德，其它福德都無法跟它們相比。

那麼再進一步問，這個修行是指哪一種修行呢？這一段經文告訴我們，這個修行，指的是「無我」的修行。所謂「無我」，廣義來說，就是「無我、無人、無眾生、無壽者」。「無我」一項只是代表，實則涵蓋其它三項。

現在我們明白了，受持讀誦《金剛經》為何福德很大呢？因為《金剛經》就是教導我們修行「無我」的經典。任何受持讀誦《金剛經》的人，都有機會成就「無我」的境界。即使一時還無法成就，也可以說已經走在成就「無我」的道路上了。

這個「無我」的修行，一語道破，其實就是般若智慧的修行。說到底，最大的福德、無量的福德，其源頭就是般若智慧。雖然各種修行都有大福德，但是只有般若智慧能超越福德，站在福德之上，不被福德所侷限。

下面我們來解釋「**一切法無我**」與「**得成於忍**」這兩句。

「無我」的根本意思，可以理解成沒有主體。我舉個例子，大家就知道什麼是主體了。例如我二哥，小時候很愛吃豆沙包，鄰居長輩都知道，所以常買豆沙包給他吃。這件事，主體是我二哥，現象是二哥愛吃豆沙包，兩者相伴發生，彷彿形影不離。然後主體愛吃豆沙包這件事，成為主體的性質與特徵。大家一想到豆沙包，就想到我二哥。然後，累積各式各樣的主體與現象的關係，這個主體慢慢就被「定性」了，最後竟然變成「主體性」，彷彿此「性」不會有任何改變。

有一次，我二哥吃豆沙包吃到很撐，後來竟難受到嘔吐，一夜無法睡覺。從此以後，他就變了一個人，再也不吃紅豆了，甚至一看到紅豆就想吐。一直到他六十幾歲，我都沒見他吃過紅豆。這代表什麼呢？這代表原本被視為「主體性」的那個東西改變了。事實上，主體並沒有一個固定不變的性質。所謂固定不變的性質，其實是人為攀附上去的。

佛法中不喜歡說「性」。因為「性」就是本質，既然萬事萬物都會改變，哪有不變的本質呢？我們誤以為有「性」的萬事物，是在因緣中累積出來，並被人執著的東西。看似有、彷彿有，其實並沒有。在這個世界上，唯一能稱為「性」的東西，只有一個，那就是「空性」。除了「空性」之外，其它都沒有性，都會改變。

我再舉一個例子。中美洲有一個小國家，二十年前，觀光業非常發達，人民生活富足康樂，當時有人做民調，問國民想不想併入美國，成為其一州？結果百分之九十的人都反對。結果十幾年後，這個國家經濟遇到困難，陷入蕭條，於是有人又做一次民調，問國民想不想併入美國，成為其一州？結果百分之九十的人都同意。這就是「國家」，這個被認為最具主體性的東西，其實也沒有一個固定不變的「性」。

我們若看透這一點，就會懂得，「我」這個主體，固然目前有各種特質個性，各種習性愛好，各種喜歡與不喜歡的事物。這些內容，短時間看，彷彿是固定不變，彷彿有一個「性」在背後支撐一切現象。然而，長期來看，這些所謂的「性」，並非固定不變，它們會隨著因緣的變化而不斷做出調整。

如果「我」的內容會隨因緣而不斷變化，那麼請問，所謂的「我執」，到底在堅持什麼，執著什麼呢？我們堅持與執著的態度，彷彿是把這個「我」，當成永恆不變的東西了。然而，只要因緣變了，「我」是不可能不變的。

當我們人生到了四十歲，也就是我們人生走過一半的時候，我們會慢慢理解，那些以「我」為名而堅持不放的東西，其實並不能真正代表「我」。而能真正代表「我」的東西，其實是不必堅持的。即使你放手，它也還在，不會消失。

「空性」就是這樣一種特殊的東西。它不是因為堅持而存在，而是因為放下堅持而存在；它不是因為擁有什麼而存在，而是因為放下什麼而存在；它不是因為抓住某種不變的東西而存在，而是接受一切變化而存在。

隨著年紀的增長，我們會發覺，掛在我們心上的東西，有百分之八十，都不是必要的，也不是不可捨去的。這些東西，有時來、有時去，生滅不定、憂樂不定，並沒有我們想像中那麼真實，所以，我們也不必被這些沒那麼真實的東西綁住。

如果我們不被那些掛在心上的東西綁住，也就是說，我們心上並沒有什麼非要不可的東西，也沒有什麼不可替代的東西。這時，「我」彷彿是天空，而掛在心中的東西，如同是在天空中的浮雲，它們來來去去，自由自在。此時，天空是自由的天空，浮雲也是來去自由的浮雲。這樣的「我」，就是放下執著的「我」。而當「我」放下執著之後，「我」就不是原來那個「我」了，因為這個「我」已經帶有「空性」的智慧。

「**一切法無我**」的「一切法」，就是自由自在徘徊在天空中的白雲。「無我」就是有能力放下「我」的「我」，也是帶有「空性」智慧的「我」。

我建議大家不要把「無我」理解成「我」不存在。因為，把「我」說成存在或不存在，這都是「斷滅相」。我比較常把「無我」理解成，「我」並沒有我們想像中那麼真實。不存在的不是「我」，而是那個有明確的本質，有清楚的界線，有不變內容的那個「我」。

「**得成於忍**」的「成」是成就的意思。「忍」則很微妙，很難解釋，且不宜直接解釋為忍耐。我跟大家說，佛經中稱我們這個世界為「娑婆」，意思是「堪忍」。為何稱為「堪忍」呢？因為這個世界有各式各樣的苦，需要我們去忍受，只要我們活一天，就要忍受一天。表面稱為「堪忍」，實則是「不堪忍受」。可是，當我們修行到一個地步之後，會慢慢明白，這些苦其實是可以放下的，而且這些苦也並沒有想像中那麼真實。這時，「忍」就沒有那麼必要了。如果連對於「苦」，也可以視為平常，無需用「忍」了，這就稱為「得成於忍」。

我有個朋友是經絡按摩師，我剛給他按摩時，總是痛得哀哀叫，甚至痛到流眼淚。後來我覺得，哀哀叫不但不能緩解疼痛，反而覺得更痛。後來我改變方法，用調節呼吸的方式，在痛的時候吐氣，不痛的時候吸氣。這一方式，竟讓我覺得情況獲得改善。朋友發覺我在調整呼吸，就教我打坐的呼吸法。我之後每天練，持續了一個月，再去按時，發覺只有在少數地方會覺得痛，其它地方幾乎不太痛了。我問朋友原因，他說，痛是因為經絡不通，而正確的打坐與呼吸法，可以打通身上不通的地方，所以痛感會大幅降低。

我想說的是，如果經歷人生各種「苦」時，我們還需要很用力地忍耐，那就表示，我們內心還有很多不通的地方，還有很多罣礙、很多執著。如果只有少部分的「苦」需要忍耐，而大部分的「苦」我們已能接受，並不覺得有多苦，那就表示，我們已經放下很多執著了。

下面說「**菩薩不受福德**」。這個「不受」如果解釋成不接受，不但有點怪怪的，而且還會再次跟「福德」是真有還是假有這個問題糾纏不清。所以，我建議把這個「不受」，理解成不被福德綁住、束縛，也不執著於福德，這樣就容易懂了。

菩薩不應執著於福德，最簡單的原因，是菩薩的智慧在福德之上，而不在福德之下。我們的心如果在福德之下，就會「貪著」於福德，被福德綁住，一遇到福德就失去自由。

「**貪著**」就是捨不得、放不下、依戀、糾纏、沾黏。我們對某些東西「貪著」，我們的心就會被這些東西卡住。而且，不單單這些東西會卡住我們，一切與這些東西相關的東西，也會卡住我們。結果是，一分的「貪著」，必然帶來十分的煩惱，以及十分的不自由。

威儀寂靜分第二十九

「須菩提！若有人言：『如來若來、若去，若坐、若臥。』是人不解我所說義。何以故？如來者，無所從來，亦無所去，故名如來。」

這一分的標題是「威儀寂靜」。此處的「寂靜」，除了有不執著的意思之外，也有「空性」的意思。至於「威儀」，是因為經文中提到「來去坐臥」四字，昭明太子便把「來去坐臥」理解為出家人的「行止威儀」。

所謂的「威儀」，簡單說，就是指外貌與言行必須端正、恭敬、莊嚴，並合乎規範。在「儀」字之前用「威」字，表示這個「儀」是很有力量的。是怎樣的力量呢？我感覺是一種折服與攝受的力量。

例如我們平常生活很放鬆，隨便開玩笑、蹺腳、打哈欠、不拘小節。可是，出家人的日常生活並不能這樣放鬆。出家人吃飯就要有吃飯的樣子，做事就要有做事的樣子，時刻都非常節制、認真，而且專注。所以，假設我們在上課時說一些開玩笑的話，忽然來了一位出家人，大家的表情一定會改變，講話也莊重了，態度也恭敬了，舉止也謹慎了。為何會有這樣的改變呢？這一方面是我們對這位出家人的尊敬，而另一方面也是這位出家人顯現出一種折服與攝受大眾的力量。

有時，我會在市場或人潮往來較多的路旁，看見出家人以建寺為名，托缽募款，或只是單純的化緣。我覺得這樣的化緣，難度很高。我不是說路人願不願意與他結善緣，而是這種化緣方式，考驗的就是這位出家人的威儀，以及他有沒有一種超乎語言之上的折服與攝受的力量。這是很嚴格也很困難的考驗。

例如有些出家人帶著電子播放機，一邊放著誦經的音樂，一邊坐著化緣。這樣的行止，可以說毫無威儀可言。當然，有一些出家人，衣著潔淨、態度恭敬、姿態端正，靜靜地站在路邊，這樣其實就很有攝受力了。

我曾見過一位出家人，站在路旁，口誦佛號，聲音穩定而緩慢，竟能微妙地影響到路人走路的速度。似乎路人願意放慢腳步，聽他念完一句完整的佛號再離開。這樣細微卻深長的攝受力，真的很強大。

既然講到威儀，我們就再多說一些。佛門裡的「威儀」非常多，有一些有明文規定，有一些則是自己對自己的要求。但是，最基本的，每個人都要遵守的有四項，也就是「行、立、坐、臥」。經文中的「來、去、坐、臥」，就類似於佛門的「行、立、坐、臥」。

威儀一般講究「行如風、坐如鐘、臥如弓、立如松」。「風」是指和風或清風。走路要像風一樣，不疾不徐、不徘徊，也不左顧右盼，很安詳地走過。「鐘」和「松」都是給人非常穩定的感覺。要注意的是，「鐘」是全身都不動，所以，坐著的時候，除非必要，盡量不要亂動。例如這裡摸摸，那裡抓抓，這種習慣能免則免。至於「松」，是指身體如同松樹的主幹基本不動。例如我們站立做事，最好不要上半身與下半身一起動。若上半身做事，下半身一定要穩定，如同松樹主幹。若要移動位置，則要等下半身移動好了，上半身再開始做事。千萬不要上下一起動，這樣就沒有威儀了。「弓」是彎曲，指臥時身體微側彎，很穩定地躺著，不要頻繁變化姿勢。又例如我們在寺廟裡吃飯，不交談，不東張西望，細嚼慢嚥，一心一用，這也是「威儀」。

佛陀十大弟子中的舍利弗、目犍連，在皈依釋迦牟尼佛之前，曾帶領徒眾依止外道修行。有一天，舍利弗遇見馬勝比丘，馬上被他的威儀折服，於是上前問他的老師是誰？又問他的老師都教了什麼？馬勝比丘回答，他的師父是釋迦牟尼佛，常教導眾人「諸法因緣生，諸法因緣滅」。舍利弗聽完，馬上有所觸動，便告訴目犍連，我們的老師出現了，釋迦牟尼佛可以做我們的老師。從這個故事我們可以知道，威儀攝受的力量非常強大。

「**若來、若去；若坐、若臥**」多加了一個「若」字，是什麼意思呢？這個「若」是「如」的意思。也可以解釋成「相同」，或者「這樣子（然）」。因為佛有「如來」的稱號，又因為「如」即是「若」，而且既然有「來」，就會讓人聯想到有「去」，乃至有「坐」與「臥」。簡單說，就是先執著於「如來」二字的文字相，於是陸續得到「若來、若去、若坐、若臥」這四種攀緣相。

「如來」的「如」，梵文的含義爲相同、如同、如此，與中文之「如」十分貼合。最高的「如」，就是最高的相同、最高的平等，也即是「正等」，有時也譯成「真如」。

這句經文，玄奘大師翻譯成：「若有說言，如來若去、若來、若住、若坐、若臥，是人不解我所說義。何以故？善現！言如來者即是真實、真如增語，都無所去、無所從來，故名如來、應、正等覺。」此段經文的意思是說，有人認為，「如來」就是在行住坐臥中，皆以「真如」之相，如實地展現。釋迦牟尼佛說，持這種看法的人，並沒有真懂我的法義。我的真實法義是，「真如」並沒有來，也沒有去，沒有坐，也沒有臥。因為「真如」本身如如不動。

我們在整本《金剛經》中，一直遇到同樣的問題，就是我們明明看到釋迦牟尼佛做了一些事，說了一些話，但是，釋迦牟尼佛卻告訴我們，事實上，他什麼都沒做，什麼也沒說。天啊！這很令人抓狂！明明看到聽到，卻要說看到聽到的東西不存在。這是怎麼回事呢？但這就是佛教最深的智慧。

佛教把智慧區分為世俗諦與最勝諦這兩個層次。世俗諦相應於我們的色身，最勝諦則相應於我們的法身。也就是說，當你深信眼睛看到的、耳朵聽到的，那麼這些訊息所累積出來的智慧，便是色身的智慧，或世俗諦的智慧。

然而，從最勝諦的角度來說，從法身智慧的角度來說，我們所看到、聽到的信息固然真實，但是，並沒有我們想像中那麼真實。法身智慧要我們不要執著於從眼睛和耳朵所得來的感受，當然，也不要過於執著我們鼻子、舌頭、身體等感受，甚至，也不要過於相信我們的頭腦。簡單說，就是不要太相信五蘊六識，不要被五蘊六識牽著鼻子走。

為什麼不要太相信五蘊六識呢？因為我們的五官所感，以及腦中所思所想、所好所惡，先天上即帶有執著的成分，後天則更充滿了人為的建構。

我們的頭腦不停地在訊息上增加或減少。我們頭腦所感受到的一切訊息，認真來說，都不是事物原本的樣子，而是經過加工、經過建構，經過調整後的樣子。

我相信大家一定看過許多會造成視覺錯覺的圖片。例如兩個方形的顏色明明一樣深，但在不同背景下，我們卻覺得它們一深一淺，差距很大。又例如原本是一條直線，但放在某一背景下，我們就覺得它是彎曲的弧線，而不是直線。這些錯覺，並不是眼睛造成的，實際上是我們的頭腦造成的。是我們眼睛看到的訊息，在頭腦裡，又被重新整理一次，所以產生錯覺。不僅視覺如此，其它各種感官，也都有各種各樣的錯覺。

這些錯覺，並不是後天環境造成，而是先天就存在於我們頭腦中的機制。它代表我們看到什麼，或者感覺到什麼，並不全由外在客觀事物決定，而很大一部分也由我們頭腦自己決定。換句話說，我們頭腦可以自己決定它想看到什麼，想感覺到什麼，我們的頭腦不只是接受訊息，同時也在製造訊息，以及扭曲訊息。

我們的頭腦不僅在製造訊息，也不斷在累積訊息與感受，並進一步激發我們的欲望，引導我們喜歡什麼、討厭什麼、期望得到什麼，逃避什麼等等。這些都是頭腦不易改變的習性。

所以，最高的智慧，是能覺知頭腦的伎倆，並試著停止頭腦不斷增強的好惡，停止建構、停止執著、停止增加沒有必要的愛欲，停止增加沒有必要的煩惱與瞋恨。

最高的智慧就是，我們知道不能讓頭腦再這樣繼續下去了，所以突然大喝一聲，夠了！一切都停止吧！不要再建構一些有的沒的東西，別再讓事情複雜化，別再隨著情緒激盪起伏，別再製造焦慮了，安靜下來吧！

當頭腦不再慣性運轉，不再一受刺激就急於反應，不再沒事找事，也不再沒事就感到無聊。當頭腦開始學會安靜地看自己，開始懂得覺知，懂得問自己：「我知道我現在在做什麼嗎？這樣做是必須的嗎？除了這樣，難道沒有其它的做法嗎？」當我們懂得對自己提出這樣的問題，我們的頭腦才會慢慢安靜下來。

回到最初的問題。釋迦牟尼佛有沒有走來走去，有沒有出去化緣，有沒有打坐，晚上有沒有躺下來睡覺，如果有，這就是「若來、若去、若坐、若臥」！但是，這是你的肉眼、肉身的感受，不妨暫時放下。

如果我們在打坐的時候，發覺釋迦牟尼佛來到我們身邊，與我們一同打坐，會不會很激動呢？會不會很興奮、很緊張、很歡喜，甚至不知所措呢？會不會感動到想要流淚呢？

其實只要我們足夠安靜與專注，釋迦牟尼佛就在我們身邊，他時刻都在我們身邊，不會來來去去，有時在這裡、有時在那裡。所以，如果釋迦牟尼佛在我們身邊，我們才激動流淚，他不在我們身邊，我們就昏昏沉沉。如果這樣，那就表示我們還沒有真正了解釋迦牟尼佛想要教導我們的事情。

當我們的心安靜下來了，我們才知道，原來原本不同的萬事萬物，最終都是相同的、平等的，沒有差別的。

讓頭腦停止躁動，停止不安，讓頭腦（心）安靜地觀看自己，這是不執著的基礎，是平等心的基礎，也是般若智慧的基礎。

一個學習般若智慧的人，一個學習真如心的人，不妨試著用「平等心」接納因緣所帶來的不同結果。不妨在面對改變時，既歡喜改變前的狀況，也接受改變後的狀況。

就像，生死是生命最大的改變，那麼一個學習般若智慧的人，在面對自己與他人的生死時，應該可以比一般人多一些平靜，也比一般人少一些痛苦。為什麼？因為擁有平等心的人，對於變化前與變化後的差異，會用平等心去接納、去消化、去理解、去包容、去適應。

真正的平等心，會像一面鏡子一樣，照映萬物的生滅變化。雖然鏡子裡面的影像不斷變動，但是鏡子本身卻如如不動。這個鏡子，既是法身，也是般若智慧。超越於影像之上，也讓影像自由地呈現。

有一個古人的解釋，我覺得很好，一併寫在下面。他認為「**如來**」二字，拆開來說，「本覺爲如，今覺爲來」。所謂的「本覺」，就是般若智慧，也即是「空性」、「自性」。「今覺」就是當下頭腦的意識。如果「本覺」沒有甦醒過來，沒有發揮作用，那麼「今覺」就是執著的意識。如果「本覺」已經甦醒了，覺悟了，那麼「今覺」也可以融入「本覺」，並無分別。所以，「如來」的意思就是，一切的「今覺」，都能融入「本覺」，兩者「不二」。

我年輕時讀《金剛經》，一直把「若來、若去」理解成自由自在地來去，沒有牽掛，非常瀟灑的樣子，有點類似莊子的「翛（ㄒㄧㄠ）然而往，翛然而來」。這樣理解，過於浪漫，雖然不是全錯，但少了很重要的「覺知」。

總之，「若來、若去」是仍執著在「相」中，還沒理解到平等在「相」之上，平等可以超越分別，平等可以如如不動，平等即是法身之別名。

一合理相分第三十

「須菩提！若善男子、善女人，以三千大千世界碎為微塵；於意云何？是微塵眾，寧為多不？」

須菩提言：「甚多。世尊！何以故？若是微塵眾實有者，佛則不說是微塵眾。所以者何？佛說微塵眾，即非微塵眾，是名微塵眾。世尊！如來所說三千大千世界，則非世界，是名世界。何以故？若世界實有者，即是一合相；如來說一合相，則非一合相，是名一合相。」

「須菩提！一合相者，則是不可說，但凡夫之人，貪著其事。」

這一分的名稱是「一合理相」，到後面我們講解經文中的「一合相」時，我再向大家解釋何謂「一合理相」。

這一段經文提及「**三千大千世界碎為微塵**」的問題。同樣的，在第十三分的經文中，也出現過「微塵」的問題。

我們都認為這個世界非常真實，你看那大海河川、高山森林、日出月升、蟲魚鳥獸，何等壯闊，何等美麗，怎麼會是假的呢？再看人類的都市，各種宏偉的建設，移山倒海，人力勝天，怎麼會是假的呢？但是，釋迦牟尼佛說一句「碎為微塵」，讓這些偉大的景物全部不見了，只剩下多到不可想像的微塵物質。

這個世界的東西貌似非常真實，但是，若有一顆直徑超過三十公里的隕石撞上地球，那麼這一切美好的事物，都將碎成粉末微塵。

我們要知道，一切造化，無論是自然的或人為的，都無法長久，說變就變、說壞就壞。今日起高樓，明日即可樓塌去；今日宏偉壯觀，明日世間無常。從長期來看，一切事物終將散為微塵。

好，那麼化為微塵之後，是不是就持久了、永恆了，不會再改變了呢？也不是，因為科學家告訴我們，五十億年之後，太陽壽命結束時會膨脹數百倍，最後把地球吞噬。所以，連微塵自身也無法永久，它可能化成能量，在宇宙中耗損殆盡。也可能相互結合，又變成別的不知名的東西。

經文說「**若是微塵眾實有者**」。這個「實有」，可以理解為真實不變的事物。佛法說，「真實」必須「不變」，而「不變」的東西也才能「真實」。

我有一次作夢，夢見跟一個人約會，逛街聊天，一起爬山，同進同出，非常快樂。後來我們去餐廳吃飯，我上完洗手間出來，對方竟然不見了。我問隔壁桌客人與服務生，他們都說不知道。我四處尋找，也沒有結果，心中十分失落。夢醒後，那份失落依然存在，久久無法散去。我為自己這樣的失落，感到十分好笑。

請問，我夢中這段感情，是「實有」嗎？當然不是。但是，為何我依然感到失落呢？因為我某種程度把它當成「實有」了。夢境之所以是夢境，主要是因為它不持久。但是，現實中的一切，難道就持久了嗎？

我們在現實中，也如同在夢中，必須反反覆覆地，一次又一次地，讓自己從失落的深坑中爬出來，讓自己從夢境的悲傷中醒過來，也讓自己從不是「實有」的挫折與痛苦中，重新站起來。必須一次又一次這樣經歷，我們才能清楚地知道，《金剛經》中所說的「實有」究竟是什麼。

佛法中有一句話叫「當下體空」。這句話真的重要！「當下體空」的意思是，對於眼前所知、所見、所感的一切，知道它們終究無法持久，終究要幻滅，終究留不住，終究要變成其它的東西，因而明白眼前一切並非「實有」，所有的感受只是夢幻泡影，由此而體會到「空」。

處在變化之中的「微塵」，並非「實有」，所以釋迦牟尼佛不說它是「多」，當然也不會說它是「少」。為什麼？因為它不穩定，還會繼續變。例如，一個使用高槓桿投資期貨的人，雖然他當下資產估值上億，但我們無法說他是否有錢或沒錢，因為，他明天可能負債累累，也可能資產翻倍。這種變化不定，讓我們說他有錢或沒有錢，都沒有真實意義。

那麼，「微塵」何時才是「真微塵」？「世界」何時才是「真世界」？一個當下有錢的人，何時才是「真有錢人」？答案不難。當我們能夠以最高的智慧看「微塵」時，「微塵」才是「真微塵」。為什麼？因為只有最高的智慧能夠接受並肯定微塵，又同時接受並肯定微塵變化之後的一切（非微塵）。只有這樣，「微塵」才成為「真微塵」。只有在接納變化的智慧之下，萬物才各得其所，也才平等無別。

當事業成功時，別人會尊重禮遇你。但是，一旦事業失敗，別人不再尊重你，甚至還為難你、鄙視你、批評你，不屑靠近你。請問，你會因此而憤恨不平，感嘆不已嗎？

有沒有一種人，在你事業成功時，關心你、愛護你。而在你事業失敗後，依然關心你、愛護你？有沒有這樣的人，無論你成功或失敗，都用同一種溫暖的方式對待你，沒有差別？能夠這樣對待我們的人，就是我們的大善知識，是我們的人生導師，也是我們至親至愛之人。佛與菩薩，就是我們至親至愛之人。

只有在至親至愛之人的面前，我們才可能成為真正的自己。富有的你是你，貧窮的你也是你，兩者平等、無差無別。

因為，必須有比變化更高的東西，例如慈悲、愛、智慧等，才能撫平一切變化所帶來的傷痛，呈現真實與永恆。

微塵並不實有，時刻變化，微塵是這樣，三千大千世界也是一樣。

下面，經文說到「一合相」。關於「**一合相**」這個名詞，各家解釋略有不同。我自己的體會是：泯除分別，只從合一的角度來看事情，即是「一合相」。例如，從分別相來看，萬物各個不同。但是，萬物皆由因緣所生，所以從因緣的角度來說，萬物皆同。這樣的角度即是「一合相」。又例如，「是法平等，無有高下」，這種「平等相」也是「一合相」。

「一合相」可以破除我們對於「分別相」的執著，這是好事。但是，我們能不能執著於「一合相」呢？當然不能。因為，只要執著，就會讓事情產生正反兩邊的對立。只要執著，就如同用刀把東西切開，從此一分為二。執著於「一合相」，就是讓「一合相」與「非一合相」互相對立。

因此，過於貪著「一合相」，則「一合相」就不是真正的「一合相」了，所以經文才說：「如來說一合相，則非一合相，是名一合相」。

經文又有「**不可說**」。傳統認為，闡明佛法的方式有五種，一是粗說，就是解說字面意思，相當於白話翻譯。二是細說，就是加上道理的剖析。三是密說，這大概屬於個人體會與實際操作經驗的部分。四是妙說，也可以稱為「深密說」，這是無法用邏輯理解，但在修行上又是真實可信的部分。五則是「不可說」，指完全超乎語言所能表達，一說就錯，完全無法講，只能靠默契，心領神會。

其實，「空性」就是屬於不可說的部分，無論怎麼說，都會帶來分裂，製造矛盾，引起誤解。但是，不說又不行，只好一邊說，一邊叮嚀聽者不要執著於所說。一般人聽了所說，覺得有收穫，但又很難不「貪執」在他的收穫上，這就是「空性」最困難的地方。

我曾夢見去聽一個法師講經，上課中，他要求大家只聽就好，不要做筆記。他說，能寫下來的，都不是真正的佛法。真正的佛法不怕忘記。忘了就再聽，反覆聽，來回領會，不必強記。凡記得住的，就把它落實在生活的操作中，持續不斷，一直到覺得佛法平凡無奇，沒什麼可記的，也沒什麼可說的，好像生活本身就是佛法，好像吃飯睡覺也是佛法，好像連呼吸也不離佛法，這樣就可以了。我覺得這個夢真是太貼切了！

最後，回到這一分的名稱「一合理相」。「一合理相」就是把「一合相」分為「理」的部分，以及「相」的部分。「理」的部分就是指不執著於「一合相」。若是有執著，則「一合相」就不是「理」了，而成為「貪著」之「相」了。

知見不生分第三十一

「須菩提！若人言：『佛說我見、人見、眾生見、壽者見。』須菩提！於意云何？是人解我所說義不？」

「不也，世尊！是人不解如來所說義。何以故？世尊說我見、人見、眾生見、壽者見，即非我見、人見、眾生見、壽者見，是名我見、人見、眾生見、壽者見。」

「須菩提！發阿耨多羅三藐三菩提心者，於一切法，應如是知、如是見、如是信解，不生法相。須菩提！所言法相者，如來說即非法相，是名法相。」

我請問大家，如果我拿著一朵花，這朵花是我早上從花園採下來的，花瓣還帶著露珠，然後問你們，這是什麼？大家會如何回答呢？

多數人只會說這是一朵花。有些人會更仔細一點，說它是一朵什麼顏色的花。另有些人，懂得欣賞，會說這是一朵半開的美麗花朵，花瓣上還留有露珠。還有一些人，對花有研究，會說出花的品種，以及種植方法等等。當然，也有人抱持懷疑精神，會用手摸摸，確定它會不會是一朵人造花。不同的人，看到花的內容與角度都不盡相同。這就是我相、人相的差別。

如果這裡有幾條狗，請問狗所感受到的花，會跟人一樣嗎？當然不會。因為狗的眼睛只能分辨藍、黃與灰色，無法分辨紅色，所以，牠看到的顏色一定跟人看到的不同。另外，狗的嗅覺十分靈敏，所以牠聞到的味道也和人聞到的不同。而且，花對狗來說，並沒有什麼象徵意義，所以，狗的感受必然跟人的感受不一樣。對其它動物來說，自然也各不相同。這就又加入了眾生相。

如果有一個已經在地球生存了幾十萬年的外星人，他的感知無比敏銳，記憶力無比強大，幾十萬年來的一切訊息，都過目不忘。當他看到我手中這朵花時，記憶中便浮現幾百幾千種相類似的花朵姿態，也浮現它們幾百幾千次開花、花謝、枯萎、死亡，最後化為塵土的過程。這相當於壽者相。

請問，有沒有一種「相」，既超越我相、人相、眾生相、壽者相，而又不違背我相、人相、眾生相、壽者相的呢？

我想，只有一種說法可以符合。那就是：「這裡有個東西」。至於這是什麼東西？是什麼內容？今後將如何變化？我相、人相、眾生相、壽者相可以各有看法。

「這裡有個東西」，這個描述是最少執著的描述，也是五蘊成分最少的描述。因為，這一描述是剛剛離開「空性」的最樸素描述。在「這裡有個東西」之外的描述，就都是我相、人相、眾生相、壽者相的執著、建構、增添，以及攀緣了。

若有人問，什麼是「空性」？我們若不想著我、人、眾生、壽者相，唯一可能的回答方式，就是「空性」即「這個東西」。

若再問，「這個東西」是什麼？我們就可以學禪宗的師父，用手敲對方的頭。為什麼？因為若回答，就是執著，也是建構。敲他的頭，就是讓他知道，「空性」不可執著，也不可建構。

經文說：「**佛說我見、人見、眾生見、壽者見**」這是指釋迦牟尼佛在說法時，會依照聽者的根器與因緣，善用「我見、人見、眾生見、壽者見」，給予對方最好的引導。這樣的引導，只是一種方便法，目的是為了讓對方放下目前的執著，並不意味著，「我見、人見、眾生見、壽者見」即是究竟佛法。

「我見、人見、眾生見、壽者見」用得好，可以幫助眾生放下執著，那麼它就是佛法。「我見、人見、眾生見、壽者見」用得不好，反而增加眾生的執著，那麼就不是佛法。善用「我見、人見、眾生見、壽者見」，即可用執著破執著，不陷在「我見、人見、眾生見、壽者見」的迷惑中。若不知如何善用，那麼一切執著都是邪見。

「**如是知、如是見、如是信解，不生法相**」。請注意，這裡的「如是」，就如同「這個東西」。除了「這個」之外，不要有別的。若有別的，就是執著與建構。知見不離開「這個」，就能避免落入執著「相」中。所謂「不生法相」，就是不生執著心、建構心，也不生除了「這個」

之外的任何東西。也等於這一分的名稱「知見不生」。

應化非真分第三十二

「須菩提！若有人以滿無量阿僧祇世界七寶，持用布施。若有善男子、善女人，發菩提心者，持於此經，乃至四句偈等，受持、讀誦，為人演說，其福勝彼。云何為人演說？不取於相，如如不動。何以故？『一切有為法，如夢幻泡影；如露亦如電，應作如是觀。』」佛說是經已，長老須菩提，及諸比丘、比丘尼、優婆塞、優婆夷，一切世間天、人、阿修羅，聞佛所說，皆大歡喜，信受奉行。

這一分名為「應化非真」，意思是一切皆在變化中，一切如同夢幻，不必太過當真。我們若太過當真，就見不到真正的佛法。

這一分有三個重點：一是發菩提心，二是「不取於相，如如不動」，三是如夢幻泡影的四句偈。

《金剛經》的緣起，來自須菩提問釋迦牟尼佛一個問題，這個問題用白話文說就是：發了菩提心的善男子、善女人，應該如何修行？

現在，我們來到《金剛經》的最後一段經文，釋迦牟尼佛又重提一次發菩提心。這一段經文讓我們明白，所有不可思議的福德，所有不可思議的福報，所有不可思議的神通化現，所有不可思議的加持攝受，所有不可思議的與佛陀相感通，都來自於發菩提心。有發菩提心，才有這些福德；沒有發菩提心，就很難有這些福德。

與其說受持讀誦四句偈的福德，千萬倍大過於用七寶布施的人，不如說是因為發了菩提心，才讓受持讀誦四句偈的福德，以不可思議的幾何級數增加。這是《金剛經》極容易被忽略的秘密。而釋迦牟尼佛一直留到最後，才一語道破，說出這個大秘密。

《金剛經》給我們的法門就是：發菩提心、行菩薩道、修般若智。也就是說，我們用累生累世的法緣善根來發菩提心；用累生累世的慈悲喜捨、懺悔感恩來修菩薩道；再用累生累世的平等、放下、看破、不執著來修般若智。

佛法中的發菩提心，其實就是發四個大願，一般稱為「四弘誓願」：眾生無邊誓願度、煩惱無盡誓願斷、法門無量誓願學、佛道無上誓願成。

發菩提心，可以說是一切法門的法門。只要發了菩提心，無論是修任何法門都比較容易有大功德，也比較容易有大成就。

《金剛經》的法門，表面看起來很容易，誰都可以學，但是，真正要學進去，也是要累生累世親近佛法，累生累世具足善根，累生累世提升智慧，才能真正走進這個法門啊！

「**如如不動**」可以解釋為「如同真如一般靜止不動」。但是，我們讀過《易經》，知道「終日乾乾」、「王臣蹇蹇」與「君子夬夬」，這類疊詞都有加強語氣的意思。所以，「如如」也不妨解釋為「如之又如」，也就是持續且深入地保持在「真如」的狀態中。而所謂的「不動」，就是不離開「真如」的狀態。處在「真如」的狀態就能站在諸相之上，不取於相。

那麼此心如何才能「如如不動」呢？方法就是下面這首四句偈：「一切有為法，如夢幻泡影；如露亦如電，應作如是觀。」

所謂的「**有為法**」，就是一切隨因緣而生滅變化的現象，都稱為「有為法」。例如有個故事叫「黃粱一夢」，說唐代有個姓盧的考生，在旅店等吃飯時打了瞌睡。睡時夢見自己中了狀元，沒多久當上高官，又娶得美貌的妻子，之後生了五個兒子，兒子們長大後個個成才，而他自己則到八十歲才辭官。此時，一聲雞鳴吵醒盧姓考生，他發現身在旅店，而店主的黃粱飯則尚未煮熟！一個人因為用功而考得狀元，因為得狀元而升高官，因為升高官而娶賢淑美妻，然後子孫滿堂，幸福快樂等等，這些都是隨因緣而變化的「有為法」。而只要依賴因緣的事物，必然變化無常，無法長久。

這首偈子用四個譬喻，比喻這樣的無常與變化。一是夢中之幻象、二是泡沫上的七彩影像、三是早晨的露珠、四是空中的閃電。前兩者是針對影像之不真實而言，後兩者是針對時間之短暫而言。

夢幻能當真嗎？如果我夢見中了彩券五億的獎金，請問我醒來後，能揮金如土，請所有朋友去五星級飯店吃飯慶祝嗎?若我真的這樣做，那就是愚痴了。其實，人生的一切遭遇，無論順境逆境，從百年之後來看，都如同一場夢。我們若過於當真，遇到順境就驕傲自滿，遇到逆境就悲傷挫折，那也是愚痴。

我有一位朋友，不到四十歲就過世，我去他家上香時，同行友人念著這四句偈，我突然受到觸動，感覺每一個人都只是五彩繽紛的肥皂泡泡，雖然，有些泡泡早一點破掉，有些則晚一點破掉，但是，終究每一顆泡泡都會破掉。難道，這些泡泡真的有什麼不同嗎?能夠把人生當成一場夢來活，能不被夢境控制我們的一切感受，能知道在夢境之上還有更真實的東西，能這樣看人生，我們才能慢慢擁有一顆「如如不動」的心。

最後，我想跟大家講一下《駭客任務》這部電影，作為我們《金剛經》課程的結束。在這部電影的第三部中，人類居住的錫安快要被機器章魚攻陷的同時，虛擬世界也快要被電腦人控制了。接著，主角尼歐為了解救世界(包括虛擬的世界與錫安的世界)，跑去跟電腦人決戰。最後結果是，他與電腦人互相抵銷，同時消失，之後虛擬世界與錫安世界恢復和平，兩者都度過危機，平安地保存了下來。

這部電影，表面好像是在說，母體的虛擬世界是一場夢，而人類居住的錫安則是清醒的。但結尾卻暗示大家，母體與錫安都是建構出來的，都是夢幻泡影，並無本質的不同。

只要是建構出來的事物，必然是生滅變化的「有為法」。只有放下建構，放下好人壞人的區別，讓善念惡念一起消失，如同尼歐與電腦人最終一起消失。只有把尼歐和電腦人一起放下，而不是選擇其中的任何一個，才能恢復真正的和平與寧靜。

金剛經白話講座：放下的人生修行

作　　者　王思迅
封面設計　陳俊言
責任編輯　張海靜
行銷業務　王綬晨、邱紹溢、劉文雅
行銷企畫　黃羿潔
副總編輯　張海靜
總 編 輯　王思迅
發 行 人　蘇拾平
出　　版　如果出版
發　　行　大雁出版基地
地　　址　新北市新店區北新路三段207-3號5樓
電　　話　02-8913-1005
傳　　真　02-8913-1056
讀者服務信箱　E-mail andbooks@andbooks.com.tw
劃撥帳號　19983379
戶　　名　大雁文化事業股份有限公司
出版日期　2025年7月初版
定　　價　600元
I S B N　978-626-7752-11-1

歡迎光臨大雁出版基地官網
www.andbooks.com.tw

國家圖書館出版品預行編目（CIP）資料

金剛經白話講座：放下的人生修行／王思迅著. -- 初版. -- 新北市：如果出版：大雁出版基地發行, 2025.07
面；17×23公分

ISBN 978-626-7752-11-1（平裝）
1. CST：般若部

221.44　　114008006